当代政治学十讲

阎小骏 ◆ 著

- 走进政治学
- 发展理论：现代化之批判
- 民主和转型理论：现实与迷思
- 政权组织形式：新制度主义的框架
- 国家理论：从利维坦到福利国家
- 政治参与理论：为什么和怎么样？
- 在国家和市场之外：建设美好社会
- 社会运动理论：对抗性政治简析
- 政治认同理论：我们是谁？
- 植根于人类历程的政治学

中国社会科学出版社

图字：01-2016-6629号

图书在版编目（CIP）数据

当代政治学十讲／阎小骏著 .—北京：中国社会科学出版社，2016.12（2021.12重印）
ISBN 978-7-5161-9381-5

Ⅰ.①当… Ⅱ.①阎… Ⅲ.①政治学 Ⅳ.①D0

中国版本图书馆CIP数据核字（2016）第279207号

当代政治学十讲ⓒ香港中文大学2016 本书由香港中文大学拥有所有版权。现授权中国社会科学出版社出版简体版，本书限在中国内地发行。

出 版 人	赵剑英
责任编辑	赵 丽
责任校对	冯英爽
责任印制	王 超

出 版	中国社会科学出版社
社 址	北京鼓楼西大街甲158号
邮 编	100720
网 址	http://www.csspw.cn
发 行 部	010-84083685
门 市 部	010-84029450
经 销	新华书店及其他书店
印刷装订	北京君升印刷有限公司
版 次	2016年12月第1版
印 次	2021年12月第5次印刷
开 本	710×1000 1/16
印 张	17.5
字 数	226千字
定 价	39.00元

凡购买中国社会科学出版社图书，如有质量问题请与本社营销中心联系调换
电话：010-84083683
版权所有 侵权必究

序

北京大学燕京学堂院长　袁　明

  阎小骏教授的《当代政治学十讲》，对当代世界政治中的一些核心问题进行了梳理、归纳和阐述。本书视野开阔宏大，论述深入浅出，思想深刻而激扬。究竟什么是政治科学？"现代化"是否是"西方化"？何谓"民主"？政权、政体、政府与国家之间是什么关系？日渐活跃的社会和社会运动将如何影响人们的生活？面对经济全球化的巨大挑战，世界各地的人们如何选择自身的"身份认同"和"政治认同"？

  所有这些问题，古典政治学都无法给出答案。因为现在地球上几十亿人面对的挑战，远远超出古典政治学奠基人所处的地域、环境和认知。

  《当代政治学十讲》，直面现代社会人们遇到的困惑与问题，介绍了"与我们日常生活密切相关的政治学的主要理论"。综合地看，本书贯穿理论阐述和现实感知两条主线。在理论阐述部分，读者可以充分领略政治学历史发展的丰盈根基，而在现实感知部分，读者又可以不断聆听历史的当下回响。阎小骏教授在本书中，既激活了古代的精神资源，又提出了当下的时代课题，如良政（good governance）、市民社会（civil society）、身份认同（self identity）等。

  书中许多见识和论点可圈可点。如："当代政治科学发展的最新成果是政治认同理论";"人类社会通向现代化的道路可能远远不止一条,真正的发展要以'人'为中心";"现代社会中多元文化、多种身份的并存,是创新和发展的最根本驱动力。现代的多元文化国家必须要有宽容性和包容性"。

在阎小骏教授笔下,政治科学理论回归了它应有的五彩缤纷的样貌。《当代政治学十讲》呈现给读者的自然首先是政治学,而且是政治科学这一主干。但是因为作者以广博知识的精心养护,它又呈现出经济学、社会学、人类学、文化学、历史学等众多学科的智慧之光。

阎小骏教授本科就读于北京大学,后负笈美国,在哈佛大学获得政治学博士学位。他汲取东西方文化的精华,在政治学这块传统西方学术文化领地里,耕耘出一片新的沃土。我们从《当代政治学十讲》中所感受到的,不仅是作者深厚的学术功底、广阔的国际视野,更有背后浓烈的人文关怀。

二○一六年七月于北京

目　录

1	**第一讲　走进政治学**
3	政权与治理
5	21世纪的政治学
12	寻找因果联系
17	比较的方法
20	政治学的解释路径
25	不完美的科学
29	**第二讲　发展理论:现代化之批判**
31	"发展"的起源
37	南北鸿沟
44	现代化还是"西方化"?
52	批判现代化
56	"四小龙"的挑战
57	从"市场驱动"到"国家引导"
60	发展型国家
64	"华盛顿共识"与"北京共识"
68	以人为本的发展观
71	**第三讲　民主和转型理论:现实与迷思**
73	今天的民主

74	民主的由来
81	什么是民主？
85	民主的"能"与"不能"
88	转型的道路
93	"第三次浪潮"
95	三种路径
99	解释民主转型

105　第四讲　政权组织形式：新制度主义的框架

107	制度主义
111	"制度"的奥秘
115	制度怎样影响政治？
118	政权的组织
126	政党制度
133	选举制度

141　第五讲　国家理论：从利维坦到福利国家

143	政体、政府和国家
147	国家：一种关键的制度存在
152	国家性和国家能力
155	失败国家

161　第六讲　政治参与理论：为什么和怎么样？

163	什么是政治参与？
166	政治参与何以重要？
168	人们如何参与政治？
173	公民

177　第七讲　在国家和市场之外：建设美好社会

179		在国家和市场之外
183		什么是市民社会？
186		市民社会能使民主运转起来吗？
192		"独自去打保龄球"
194		市民社会使民主失败？
198		功能与基础

第八讲　社会运动理论：对抗性政治简析
201

203	对抗性政治
206	社会革命
209	革命的缘由
214	"革命不是请客吃饭"

第九讲　政治认同理论：我们是谁？
217

219	永恒的追问
221	什么是政治认同？
224	认同政治的迷思
227	实践中的认同政治
230	从"大熔炉"到"沙拉碗"
235	认同政治与未来

第十讲　写在后面的话
241

243	植根于人类历程的政治学
245	政治学的轮廓
246	政治学与我们

252	**后记**
255	**延伸阅读书目**
260	**索引**

第一讲
走进政治学

政权与治理
21 世纪的政治学
寻找因果联系
比较的方法
政治学的解释路径
不完美的科学

走进政治学

政权与治理

政治学，顾名思义，就是研究政治世界发展规律的科学。生活在 21 世纪的我们所身处的乃是一个五彩斑斓的政治世界。每天，各式各样光怪陆离的政治事件和政治现象无时无刻不在这个地球的每个角落发生着，永不止息。从我们身边的业主委员会选举到魁北克地区的语言政策辩论，从新英格兰古老的市政会议到联合国大会的庄严会议厅，从气候变化问题上的外交折冲到中东地区的纷飞战火，从发展到环保、从战争到革命、从社会运动到政治宗教极端主义活动——各种政治现象和事件让我们时而欣喜、时而愤怒、时而不知所措、时而忧虑万分。可以说，生活在现代文明中的每一个人，都无法脱离政治世界的影响。当亚里士多德（Aristotle）宣称"人乃是政治动物"之时，他或许已经预见到生活在两千多年之后的我们，依然别无选择地过着政治生活。政治，与每一个人息息相关。[1]

当代政治学的基本目的就是为了向人们提供认识和理解我们身处的这个纷繁复杂的政治世界所必需的视野和工具。政治过程的运行、政治结构的设计与政治乐章的谱写，往往集中了人类社会单独的或者集体的高度智慧。从政治领袖的运筹帷幄、尔虞我诈到国家间政治的揖让折冲、欲说还休，从战争的残酷到选举的精巧，从官僚体系的冷静到群众运动的激情，从精英政治的诡谲到身份认同政治的多变，政治世界就好似一出出精彩纷呈的舞台剧，各色人等——从政治家到普罗大众——无不亲身参与演出，并时常碰撞出人类理智与良知的火花。这样的政治世界，又如何不会吸引人们去关心、去探究、去理解呢？

但更为重要的是，政治学的研究关乎一个国家或政治体（polity）最根本层面的诸多问题，其核心则是所谓政权与治理问题。古往今来，政治学的核心概念是"权力"（power）；政治学探讨的中心问题在于政治权力如何产生、如何发展、如何具有合理性，以及它在现代社会怎样被分割、分配及代表。随着政治学在 21 世纪的发展，今天的政治学家所关注的权力问题既包括政治权力，也包括社会权力、经济权力、文化权力及环境权力等一系列综合权力；他们所关注的既包括权力自身的存续逻辑，更包括不同类型的权力在政治系统内的产生、分配、整合与代表的问题。而这些不同类型的权力在政治系统内的产生、分配、运行和调适的规则和过程，体现在制度化和组织化层面，就是"政权"。政权对国家和社会公共事务的掌控和管理，以及此种掌控和管理所产生的效果和影响，我们统称为"治理"。政权和治理，是政治学关注的两大根本议题。

因此，21 世纪的政治学尤其关注规则问题，特别是政治社会和政治活动的规则，即在一个"陌生人社会"中人们如何在政治系统和政治生活中进行互动、一切公共事务是否需要及需要按照什么样的规则来运行等严肃问题。政治学亦关注权威问题，例如政治领袖如何进行领导，政权如何管治社会、怎样将整个社会生活有序地协调起来。对政治权威的研究涉及认受性问题——即谁拥有为人们普遍接受的理由掌握政权、进行治理？以及怎样的治理形式具有社会公认的合理性？譬如，为何组成现代代议制机关的少数人就可以制定全体国民都需要遵守的法律？又如，为何国家得以合法地剥夺经法庭定罪的犯罪人的人身自由？为何政府得以合法地向国土内外的居民征税？等等。对这些问题的回答都涉及政治学对于政治权威和认受性问题的研究。政治学还关注公共资源配置及再分配问题。公共资源的分配及再分配，涉及税收和公共福利等显性可见的公共物质资源的分配和再分配，但也包括更抽象的空间、认同、国民身份等隐性公共资源的准入和分配问题。譬如，现代国家究竟应该怎样对待外来移民？政府应修建更多还是更少的廉价住所提供给低收入阶层？社会不同阶层人士应该以何种方式分担税赋？以及各自应获得怎样的福利与保障？等等。在政权和治理这两项根本议题下，政治学研究的正是这些关乎国家与社会管治最根本层面的问题。

21世纪的政治学

当今天的政治学家仔细观察与考量我们生活的世界时，往往可以发现有着无数的政治问题尚未被人类所完全了解。与自然科学相若，政治学的使命也是要不断地缩小我们人类对世界的各种未知领域的认识。而政治学家对于政治世界的认识和了解也是不断深入的，有时则需要经历非常漫长的过程。在过去的一个多世纪里，政治学发展的轨迹基本反映了以下三个趋向：第一，从研究方法上，政治学经历了从简单到复杂、从单视角到多维度、从文本分析到实证研究，以及从定性分析到定性和定量分析相结合的路径。第二，就研究对象而言，政治学也从单一的对各国宪法、政体的研究发展到今天广泛的、多样性的研究指向。政治学科的研究对象已经从政府本身扩展到政治经济、社会发展、文化影响、社会运动、身份认同、政治心理等人类社会的各个领域。第三，就认识论基础而言，政治学也从以往的以西方政体为主导的单一模式认知，向以当代多元文化和多样性为基础的多路径发展模式、多元认识转化，20世纪初曾充斥政治学的各式各样的决定论也被从实际出发、辩证的思考方式和认识论所逐渐取代。特别需要指出的是，在政治学科的发展历程中，政治学家对20世纪全球广大发展中国家特有的政治经验的深入研究为丰富和扩展政治学的研究方法、内容和结论起到了十分重要的促进作用。

在21世纪的今天，政治学主要研究什么？让我们从一个最简单的问题开始：在这个地球上，为什么有的国家穷，而有的国家富？在同等的地理和资源条件下，为什么有的国家经济发展较快、有的较慢，有的则完全不发展甚或倒退？更深入地问：政权与治理的不同组织和运行机制如何影响一个国家或地区经济发展的速度和成效？人类世界究竟有没有一个普遍适用于所有国家的发展模式？对于第一个问题，近一个多世纪以来最聪明的社会科学学者（有些不完全是政治学家）曾给出了许多不同的解释。比如马克斯·韦伯（Max Weber）——一个出生在德国的政治经济学家和社会学家——告诉我们是西方特有的、被他称为"新教伦理"的宗教文化以及随之产生的"资本主义精神"，使得西方国家在人类现代化的道路上最先驶上了快行道。[2]这是一个标准的文化解释，也在相当长的时间里广为人们所接受，并催生了整整一代"现代化学者"。然而，20世纪60年代"亚洲四小龙"[3]的崛起，让人们开始怀疑这种文化决定论的正确性——如果西方文化或曰"新教伦理"是现代化的决定因素，那么我们如何解释富有儒家文化传统的亚洲四小龙的经济起飞呢？在发展问题上，政治学家究竟应该用什么理论来取代或修正韦伯的文化决定论及其之后的"现代化"理论呢？这些有关发展的问题会在本书**第二讲**里得到非常详细的讨论。

再比如，孙中山先生曾经对"政治"二字作出极为精当的阐释。在1924年3月9日的一次演讲中，孙中山指出：

> 政治两字的意思，浅而言之，政就是众人之事，治就是管理，管理众人的事便是政治。有管理众人之事的力量，便是政权。[4]

按照这个定义，政治学的题中应有之义就是要研究如何管理"众人之事"，以及公共权力应该怎样分配和组织起来。几代政治学家对这些具有关键性意义的问题的不同回答，造就了今天政治学里林林总总的政权理论。政治学中的政权理论试图回答：不同国家、不同文化里的政权组织结构是如何形成、发展、演变和运行的？特定的经济、社会、文化因素如何影响不同的政权形态？如何区分不同的政权类型？古希腊著名学者亚里士多德曾说，不同的政权类型和形态实际上是一个对立统一的循环体系，从君主制到暴民政治是一个永不停止的流动过程。[5]而当代政治学家的研究又表明，大多数现存的政权形式其实都是混合型的政权——所有国家都可以被看成在一个连续的分布轴上的一个点；没有绝对民主或者绝对专制的政权，每个国家的具体政权组织形式都可以看作在这两个端点之间的某个最适合本国国情的平衡点。因此，混合政体形式（hybrid regimes）是 21 世纪不同国家组织其政权的通常方式。他们的看法对吗？本书**第三讲**将详细介绍当代政治学的政体理论。

政治学的研究对象还包括政府组织形式的问题。从历史上看，世界上不同的国家，或者同一国家在不同的时期，其所采用的政府组织形式都是丰富多彩的。譬如就君主制国家而言，就有绝对君主制、立宪君主制、半君主制、部落酋长制等的分别，不一而足。宪法是政府组织和政府运行的总章程。但就宪法的具体形式而言，有的国家的政府组织和运行是依照成文宪法进行的（比如中国、美国），而有的国家则是按照不成文的惯例来组织和运作政府的（比如英国）。就立法和行政机关的关系而言，有中国以"议行合一"为标志的人民代表大会制度，也有美国等国实行的总统制、英国等国实行的议会内阁制、法国实行的半总统制等,以及其他很多国家实行的、把这些制度以不同形式混合在一起的政府结构。那么,究竟为何不同的国家会采用不同的政府组织形式?是历史的偶然、抑或文化的制约,还是经济发展水准的影响?什么样的政府结构最能够保证政治稳定、经济发展和社会公平?对于国情迥然不同的国家来讲,对这些问题能够有一个可以照搬、照抄的标准答案吗?同样的道理,政治学家也追问为什么不同国家拥有不同的政党制度和选举制度?以各国的具体国情而言,究竟什么样的政党制度和选举制度最能适合本国的政治需要并保证国家的稳定、发展与公平正义?本书**第四讲**介绍的正是当代政治学中有关政府组织形式的一系列重要问题。

这些当代政治学中制度主义的理论探索,最终都归结到现代政治生活的一个核心概念:国家。实际上,数个世纪以来,政治学家一直在不断地探究关于国家的各种制度性问题。譬如,什么是国家?国家权力——特别是强制权力——的来源为何?为何国家可以合法征税?为何国家可以把触犯法律的个人投入监狱,并依照法律剥夺他们的人身自由甚至生命?为何国家可以组织武装力量并发动战争?国家存在最重要的目的是什么——维护社会正义、保护公民权利、维护法制尊严、照顾弱势人群,抑或维护社会安宁、捍卫民族文化传统,还是组织大规模经济建设?在这些不同的目的发生冲突的时候,国家又应该在政治和政策层面如何取舍?国家与市场之间的关系如何界定?又譬如,维护现代国家存在的根本基础是社会的安宁与秩序——或者用政治学的术语来说:政治稳定。那么对国家而言,究竟什么是最好的途径来保证政治稳定?怎样有效地通过国家机器的运作保障社会的安宁和秩序?经济发展、经济改革与政治稳定之间的关系又如何?现代福利国家在社会安宁与经济效率之间做出了怎样的取舍权衡?国家理论包括了许多当代政治学家们每天都在不断探讨的重要议题,也是本书**第五讲**的核心议题。

政治参与和市民社会是当代政治学关注的重要领域，这两项议题会在本书第六讲和第七讲中进行介绍。**第六讲**所介绍的政治参与理论，关注的是普通人如何通过正式和非正式的管道有序参与到国家和地方的政治生活中去。政治参与理论研究人们参与政治的原因，考察不同政治参与方式的特征和影响，探讨制约人们参与政治生活的限制性因素，并对政治参与行为进行全球的比较研究。而市民社会，就政治学定义而言是指那些既不属于国家也不属于市场更不属于单个家庭的公共空间。政治学家关注市民社会究竟在现代社会生活中扮演什么样的角色，以及起到什么样的作用。比如，哈佛大学的著名政治学家罗伯特·帕特南（Robert D. Putnam）曾发现，意大利北部深厚的社区主义传统和活跃的市民社会，加深了现代社会的社会纽带，使得民主制度真正地运行起来。[6]然而，另一位政治学家谢瑞·伯曼（Sheri Berman）则发现，20世纪二三十年代德国纳粹党上台之前，德国的市民社会也曾十分积极和活跃。[7]但为什么在魏玛共和国时期的德国，活跃的市民社会不但没有让民主运转起来，反而摧毁了整个民主体系，甚至把世界带入了战争的浩劫呢？今天，我们的社会也存在着大量的市民社会组织。从旨在拯救环境的环保组织到以扶危济困为宗旨的社会援助机构，从红十字会到动物保护协会，各式各样的市民社会组织构成了政治世界的肌理——那么，如何认识这些组织和公共空间的作用？如何保证它们发挥积极的而非消极的甚至破坏性的社会功效呢？这些问题都会在本书**第七讲**中介绍。

当代政治学研究的另一个核心课题是社会运动。社会运动是集体性的政治行动。在政治社会中，人民通常通过制度化的管道发出自己的声音，并使自己的利益在各种政策过程中得到代表。这些制度化的管道往往包括政党、利益团体、政府机构、咨询团体等民意机关，再加上新闻媒体。通过制度化管道表达意见及主张权益的政治通常称为制度化政治。但是，在某些非常情况下，当制度化管道失灵或者不存在，或者管道本身缺乏认受性的时候，人民亦会选择以集体行动的形式实现政治、经济或社会层面利益诉求的表达。这些集体行动的形式包括抗议、示威、罢工、游行等，我们将之统称为抗争性政治。随着抗争性政治行动在规模、层次、激烈程度和行动持续性等方面的提升，有的行动最终发展为武装起义或者革命，直接威胁现有国家政权的存续。

除了传统型抗争性政治行动之外，从20世纪下半期开始，还出现了多种多样的新形式社会运动，如绿色和平运动、反全球化运动或者同性恋人群争取平等权利的全球运动等。这些运动都具备全球范围内的诉求表达、组织建构和人群动员；但它们往往不针对某一特定的具体利益目标，而更注重于表达共同理念、推崇特殊的生活方式或者建立某种一致的社会文化认同。简言之，这些全球化的社会运动旨在"意义的构建"，而非"利益的主张"，所以它们被称为"新社会运动"。无论是传统还是新型的社会运动，政治学家们希望理解为什么人们会参与抗争性政治行动或社会运动？这些集体政治行为遵循怎样的规律发生、发展和消退？什么样的政治、经济、社会条件促成了抗争性政治行为和社会运动的发生？不同的抗争性政治和社会运动在组织结构和领导体制方面有哪些异同？全球各地的政府应如何更好地应对抗争性政治行为和社会运动？以及如何理解传统抗争性政治与新社会运动之间的不同？而全球化对社会运动的发展又有怎样的影响？本书的**第八讲**会详细讨论这些问题。

当代政治学发展的最新成果是政治认同理论。现代社会是一个多样化的存在。在国家的层面上看，当今世界大多数国家都是多民族、多文化的；从国际的层面上看，各种不同的民族文化、国家制度和自然社会风貌，使我们生活的世界像个万花筒。在多样性的世界里，社会中每个人和每个群体都往往归属于不同的种族、宗教、国别，拥有不同的文化地位、生活经历、职业归属、性别差异，由此形成个人、人群对各自的身份定位截然不同的认同。这些认同往往会对政治生活起到意想不到的巨大影响。从非洲一些国家极度暴力的种族冲突和仇杀，到美国部分大学录取新生时采用的针对特定种族的优惠政策（affirmative action），从撞毁了纽约世贸中心大楼的"9·11"事件，到魁北克的独立运动，认同的政治在不知不觉中已经成为我们这个时代政治新闻中的最强音符。政治学试图回答：什么是政治认同？政治认同是怎样形成的？身份认同如何影响人们的单独或者集体政治行动的方式？同样，这些问题会在本书的**第九讲**里被讨论。

由此可见，政治学所讨论的议题范畴可谓包罗万象，其基础理论涵盖了人类政治生活的各个主要方面。目前，政治学家的研究可以大略划分为三个层次和四个面向。

在宏观层次上，政治哲学家探讨政治的"应然"状态，即什么是最好的政治生活、什么是最善的政治、什么是最好的政府体制等终极性的问题。根本而言，政治哲学家讨论的不外乎"我们是谁？"（即关于政治中善、正义等基本原则的讨论）、"我们从哪里来？"（关于政治传统、思想和源流的讨论）以及"我们向哪里去？"（关于最好的政治体制的讨论）这三个人类社会所需要面临的核心问题。在中观和微观的层面上，政治学家们则着力解释政治的"实然"状态，亦即现实政治是怎样的？为什么会这样？中观理论探讨政治现象、政治组织和政治制度发生、发展和消亡的规律。譬如，如何理解政治国家与社会的关系？如何理解人类群体的集体政治行为？以及如何理解国与国之间的关系？等等。在中观的层面上，政治学被分为比较政治学和国际关系两个门类。在微观层面，政治学进一步被发展为公共行政学（或公共管理学）。公共行政学以理性选择理论为基石，研究政治社会中具体而微的行政行为、政策过程和管理技术。

基于这些区分，当代政治学实际上包含了政治哲学、比较政治学、国际关系学和公共行政学四个主要面向。本书的重点在于介绍与我们日常生活密切相关的政治学的主要理论；而国际关系（探讨国与国的关系)、政治哲学（探讨政治的"应然"）与公共行政学都已发展成较为独立的专门学科门类，所以属于这三个分支学科的内容将不会在本书中涉及。

寻找因果联系

发展、民主、政权、国家、政党、选举、市民社会、社会运动、政治认同，这些大众耳熟能详的词语所指代的，不仅是现代生活中最重要的一些政治现象、实体与过程，同时也是当代政治学研究的主要议题范畴。实际上，过去一个多世纪当代政治学的发展和演进差不多都是围绕这一系列中心问题而展开的。在我们逐一了解这些具体而微的研究领域之前，有一个疑问需要首先得到回答，即当代政治学家究竟是如何研究人类政治生活的呢？

政治学家的主要工作是解释政治世界，并在对政治世界科学解释的基础上，为改造政治世界提供理论指导。由这些解释过程所发展出来的政治学理论，让我们对政治世界和人类社会的认识更加完整、深入，不断缩小着我们未知的空间。科学、可信、实事求是的政治学理论会对政治家、革命家、社会活动家的政治活动产生重要的参考或者指引作用，可以帮助他们更好地进行政治决策、提供公共服务、处理外交难题、组织社会运动。但是，政治学家中的绝大多数本身并非政治活动家，亦非政治运动的领导成员。在这里，当代政治学家与政治家之间往往存在着一条被刻意保存的鸿沟，以使得政治学能够与实际的、纷繁复杂的政治生活保持适当的理论距离。

在今天的政治学中，不少政治学家的研究是基于实际政治生活素材的。他们通过访谈、问卷、抽样等定性或者定量的手法，从实际政治生活中发现问题、搜集证据、进行比较并做出解释。这些政治学研究被称作"实证政治学"。而另外一些政治学家，并不把自己的研究与某个特定的政治社会联系起来，他们研究的是各个政治社会都会存在的、那些具有普遍性的政治现象和问题。这类问题都是从不同国家的具体政治现象中，经过理论的抽象而形成，最后要经过理论的推导形成一定的模型，用高等数学的形式表现出来。研究这些不与具体国家相关的、普遍性的政治问题的政治学研究，被称为"理论政治学"。理论政治学往往要使用非常先进的数学工具。

然而，在当代政治学中，无论是实证政治学家还是理论政治学家，他们的工作只有一个目的，那就是：寻找政治世界中的因果联系（causal relationship）。因果联系是政治学观察和解释人类社会的基本逻辑结构，或者说"范式"。正是对蕴含在人类政治世界中五光十色的因果联系的探索，使政治学从早期单纯的"描述性"研究中解放出来，成为一个具有"解释力"的学科。

而这两者的区别是相当显著的。一个世纪前，当现代政治学诞生之初，我们这门学科曾主要是描述性的。其时，政治学家的工作重点是宪法学研究，即研究各个政府组织的特点、规范和内涵。当比较的方法被引入后，宪法学研究被扩展为比较宪法或者比较政治制度研究，即对各种不同的政治制度和国家组织形式进行精确、细致、深入的比较，以扩展人们对政治世界的理解。描述性的学科研究从20世纪初叶起，存在了半个多世纪。然而西方科学主义的发展，使得政治学家越来越感到单纯描述的不足之处。比如，对宪法制度的精当了解，并不能帮助我们理解在特定国家的宪法制度下现实政治行为和政治过程的状况，更不能帮助我们理解那些完全不属于成文或不成文宪法制度的隐形规则、反规则或者无规则。因此描述性的宪法研究在今天看来是极为欠缺解释力的：无论我们积累再多关于宪法制度、各国政治制度的知识，也丝毫不能帮助我们解释为什么有的国家政治稳定、有的国家政治动荡，为什么有的国家发展成功、有的国家发展失败这些非常重要的理论问题。1912年，当袁世凯政府试图为初创的中华民国制定一部正式宪法的时候，应邀来华担任宪法顾问的就是古德诺教授（Frank J. Goodnow）。古德诺教授是美国政治学会的第一任主席，也是美国政治学比较宪法传统的代表人物。虽然他对欧美各国的宪法制度十分熟悉，但由于描述性的方法所限，使他无法也没有回答为何君主制在英国可以成功得到改革、而在法国则不能被成功改革这样的分析性问题。所以虽然知识丰富的古德诺教授为民国草拟了一个总汇各国宪法特点的宪法草案，却不能因时因地制宜地向当时的中国政府提供最符合当地实际情况的宪法设计，留下历史的惨痛教训。

第二次世界大战后，随着科学主义的发展，政治学的发展才逐渐走上了实证和科学化的道路。政治学家的功能，从描述性信息的搜集整理，开始逐渐变为探索政治世界中各种纷繁复杂的因果关系。对于实证政治学研究而言，因果关系是一个非常基本、但贯穿于所有学理探索的关键概念，也是现代政治学理论构建的最重要的基础性元素。举例来讲，我们在不少大众读物上不难看到一个说法，即经济发展和社会富足会导致民主制度的建立——这就是一个标准的基于因果联系的假说。在这里，"经济发展"为因，而"民主制度"为果。同样地，我们也常常从媒体评论员那里听说，"社会不平等引发革命"。这也是一个因果命题。在这里，"社会不平等"是原因，"革命"是结果。对政治学家们来说，当我们试图研究一个政治现象或者政治过程时，我们首先要假设一些因果联系的存在，然后搜寻实证资料、数据和信息，来证明这种因果联系确实存在或者不存在。通过寻找因果联系来解释政治世界，这就是当代政治学的核心任务。

更抽象来讲，因果关系就是变量 A 或变量 B 如何导致事件 C 的发生。如下面的公式所示：

因素 A 或 因素 B　→　事件 C
自变量（independent variable）　→　因变量（dependent variable）

在这里，"导致"的意思是说事件 C 的发生可以用因素 A 或 B 的存在来得到解释。或者说，事件 C 的发生依赖于因素 A 或者 B 的存在。对于因果关系意涵的哲学和科学主义讨论，远可以上溯到古希腊学者亚里士多德，近则一直延续到 21 世纪的今天。但在这里，为方便阅读起见，我们只对因果关系进行最简单的定义。政治学家把需要他们解释的现象——即上式中的事件 C——称为"因变量"（dependent variable），而把他们用来解释事件 C 之发生与否的因素 A 或者 B 称为"自变量"（independent variable）。自变量为因，因变量为果。当代政治学就是寻找自变量和因变量之间的关系。或者说，对于每一个政治现象——战争、革命、改革、选举等——我们都试图寻找那些导致这些事件在特定时间、特定地点以特定方式发生的因素，并通过这样的不断重复观察，估计出所有事件发生的规律，用来预测未来同样事件发生的可能性。

现代政治学的绝大多数假设或理论，都是以因果关系的形式出现的。实际上，因果关系是人们阐述关于社会政治各种规律性现象的一种最常用的表述方式。譬如说，为什么日本在 20 世纪六七十年代能够从战后萧条中迅速复苏，并实现快速的经济起飞？有的学者认为是战后日本政府对经济活动的有效干预和正确的产业政策导向促成了其国民经济得以迅速从战后的经济衰退中走出来，并成为当年的世界第二经济强国。从因果论述的角度来看，在这个理论主张里，"经济起飞"是果，而"有力的政府干预"是因。尽管这个宏观政治经济假设的内涵相当复杂，也并未被学界所公认，但如果将其简化成一个因果关系的表达，就是："强而有效的政府干预 → 经济发展。"在这里，政府干预就是自变量，而经济发展就是因变量。这是一个典型的因果关系假设。

同样地，在日常政治生活中，我们所接触到的许多关于政治现象的论断、解释或者预见也都是以因果关系的形式表述出来的。平时人们常常说"穷则思变"。"穷"就是困境，"变"就是变革，因为"穷"所以"思变"，因为政府和政治中治理困境的出现，所以引起体制变革——显然，这个民间智慧对现象的预见就是以因果关系的形式表述出来的。2010年6月2日，中国总理温家宝在接受日本记者国谷裕子访问时曾提出："一个社会如果财富只集中在少数人手里，那么注定这个社会是不公平的，因而它也是不稳定的。"[8]这里提出的是政治学上一个很经典的因果假设，即贫富悬殊导致社会不稳定。实际上，关于社会不稳定的原因，政治学界众说纷纭。根据不同的政治学理论，贫富悬殊、政治文化、经济衰退、政府结构、社会群体构成状况等因素都可以用来充作解释"社会不稳定"这个"果"的不同原因。无论是相对剥夺理论、抗议传统理论，还是制度主义理论或者社会阶层冲突理论，形形色色的政治学理论模型都是在试图用不同的自变量来解释"社会稳定程度"这个因变量。

可以说，几乎所有的当代政治学的理论研究都是从因果关系的假设出发，通过大量的、重复的案例观察，来证实或者证伪最初的假设，并得出适当的结论。这样以实际政治生活中的数据（案例）来证实或证伪因果假设的政治学研究，叫作实证研究。如果使用的数据（案例）表现为大量的、以数字形式记录的观察或统计所得时，这样的实证研究被称作定量研究（quantitative research）；如果使用的数据（案例）是较少数量的、通过深入调查得到的文字描述时，实证研究被称作定性研究（qualitative research）。定性研究和定量研究是政治学研究以方法论而言的两个基本流派，但是今天的政治学研究已愈来愈倾向于把两者科学地结合起来。

比较的方法

政治学家寻找和验证因果关系的核心研究方法是比较。实证的政治学研究的一个重要部分就是比较政治学，它涵盖了除国际关系、政治哲学和公共行政学之外的全部政治学范畴。那么为什么比较的方法如此重要？

刚才谈到，政治学的目的就是通过对现实政治生活的观察分析，总结出规律性现象，以证实或者证伪关于因果关系的假设。当只有一个案例和一个结果时，导致这个"果"的可能原因也许有很多个；如果没有对相同或者相似的案例进行比较的话，我们不可能确切知道引起这个结果的最重要或者最有决定性的原因究竟是哪个或者哪几个。让笔者从一个很简单的例子说起。

上周，你的一位邻居突然出现严重的食物中毒状况。虽然经过治疗后完全康复，但是你的邻居非常想知道，究竟是哪种食物导致他生病？也就是说，他需要寻找食物中毒这件事件中所蕴含的因果关系。为了令我们的思考更简单一些，假设你的邻居可以十分确定致病的食物乃是前一天在家庭聚会上食用的两种食品之一。在聚会上，他既吃了一盘寿司，又享用了一盒可口的乳酪冰激凌。如果你的邻居只将眼光放在他自己生病这个单一事件上观察，他也许永远不可能知道致使他食物中毒的原因。这时，"比较"——一种有助于分析因果联系的关键方法——就派上用场了。通过比较，我们发现他的姐姐也参加了聚会，但她只吃了乳酪，而没有吃寿司——但邻居的姐姐并没有发生食物中毒。通过比较这两个案例，我们发现或许并不是乳酪导致他生病，因为他姐姐也吃了同样的食物却没有发生同样的状况。那么是不是因为寿司的缘故呢？还不能完全确定。这时需要引入第三个案例的比较观察。你发现，邻居的弟弟在聚会上并没吃乳酪，而只吃了寿司——他也因为食物中毒病倒了。

当我们把三个例子放在一起进行研究的时候，就可以发现，寿司似乎更像是食物中毒的病因；或者更加严谨地讲：相比于乳酪而言，在寿司这个因素和食物中毒这个结果之间存在因果联系的可能性更高。回想一下在这个研究的过程中，我们是遵循怎样的方法得出结论的呢？若只研究这三个案例中（邻居本人、邻居的姐姐、邻居的弟弟）的任何一个，我们都不能得到任何确定答案。因为在食物中毒这个事件中，有不止一个变量存在，而依靠单一案例我们不能排除或锁定其中的任何一个因素。然而当我们的观察样本多于一个的时候，就可以通过适当比较去排除一些因素，从而得到更具有可能性的假设性理论。在任何试图寻找因果关联的研究当中，"比较"都是非常重要的方法。

再看一个与政治学关系更明显的例子。图1.1中统计了1988—2003年间美国纽约市接到的报案数量。在这15年间，1994—2001年是市长朱利安尼（Rudy Giuliani）的任期——图1.1清楚显示，在他任期内纽约市的犯罪报案数量有显著下降。因此，朱利安尼根据这一数据宣称，纽约报案数量的下降是因为他所采取

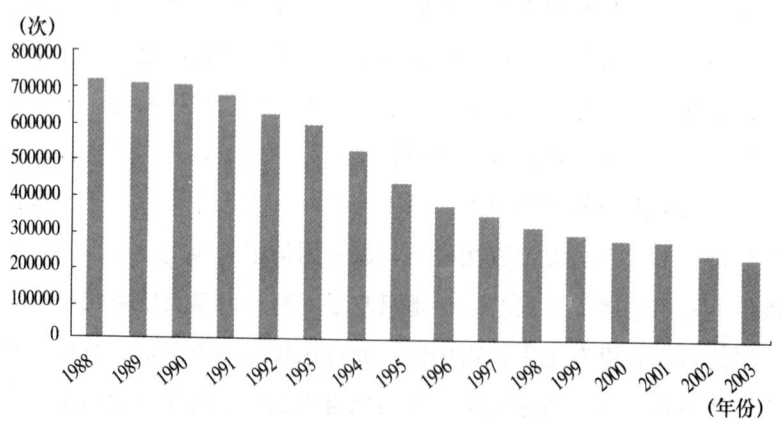

图 1.1　纽约市犯罪投诉统计（1988—2003）

资料来源：FBI, "Uniform Crime Reports," as prepared by the National Archive of Criminal Justice Data, Online Database: http: //www.ucrdatatool.gov/index.cfm。

的严厉打击犯罪的措施，所以治安状况的好转是他作为市长的功劳。进而在竞选连任的活动中朱利安尼说，只要让他继续当市长，他还会进一步打击犯罪，让纽约变得更加安全。那么问题来了：我们是否同意是这位朱利安尼市长带来了纽约市犯罪数量的下降呢？很难说，因为我们并不确信。和食物中毒的故事一样，可能引起某个城市报案数量下降的因素有很多；如果我们只看纽约市这个单一案例，根本无法确切知道究竟是不是朱利安尼市长的降低犯罪的措施导致1994—2001年间纽约报案数量的锐减。我们必须寻找更多的案例进行比较。

于是我们引入其他三个美国大都市——芝加哥、洛杉矶和波士顿——在同一时间段内的报案数量资料进行比较。结果，在图1.2中我们可以看到，在1994—2001年朱利安尼担任纽约市长的几年里，实际上在所有四个美国大城市，犯罪数量都是以差不多的幅度减少，尤其是当时的波士顿市长对打击犯罪并无什么兴趣，但在这一时段内，波士顿的犯罪率同样也有大幅下降。通过这个比较我们

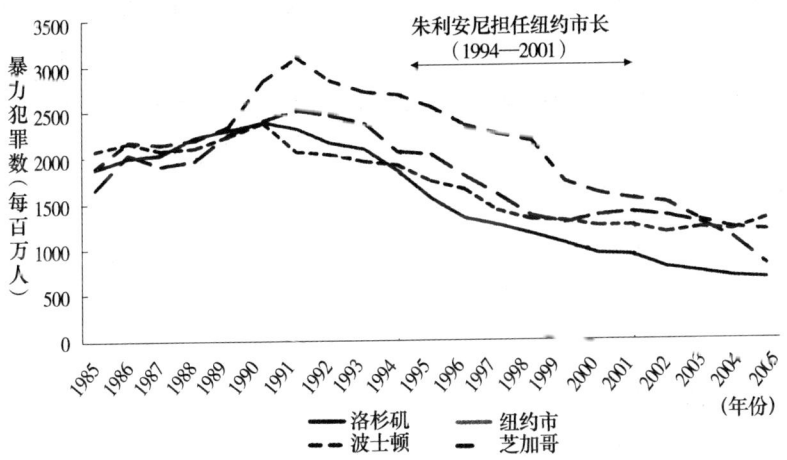

图1.2 美国四大城市犯罪率比较

资料来源：FBI, "Uniform Crime Reports," as prepared by the National Archive of Criminal Justice Data, Online Database: http://www.ucrdatatool.gov/index.cfm.

感觉到，或许朱利安尼错了——他任期内纽约报案数量的下降可能不过是一个全国性现象的一部分，而非是纽约市所独有的。而作为全美国的政治现象，可能须由一些全国性的因素——而非某个市长的个人能力——来解释。

所以这两个例子都告诉我们，若我们只看一个孤立的案例，实际上是不可能找到可信的因果联系的；通过比较，即使我们仍无法完全确定某个特定的因果联系，但却可以排除一些错误的猜测，并提出更具可能性的因果假设。可供比较的案例越多，就越有可能发现最正确或最主要的因果关系。

政治学的解释路径

不同的政治学家往往遵循不同的研究路径来建立因果联系。这些不同的研究路径大体上可以划分为经济解释、文化解释、制度解释三大类别；但在实际工作中，政治学家往往将三者以不同方式混合起来运用。顾名思义，"经济解释"就是主要使用经济因素来解释政治现象和变迁的分析路径，"文化解释"则寻求用文化因素来解释政治结果，"制度解释"试图用制度因素来分析政治现象和过程。下面笔者用比较单纯、甚至有些夸张的方式来大致描述这些分析路径，并展示其差异和区别。当然，阅读中必须时刻注意，学者们在进行因果关系研究的时候，很少会有人纯粹用单一的解释路径进行分析，而是使用"组合拳"。

经济解释

经济解释这一分析路径基于这样的假设，即经济因素是政治过程和政治现象得以发生、发展的最终原因。亦即，经济因素是政治事件的主导和决定因素。

一个典型的、基于经济解释路径构建的政治学理论是现代化理论（modernization theory）。经典现代化理论认为，近代和现代的工业化是催生西方民主制度的主导因素。该理论认为，当一个国家经历了工业化、城市化之后，该国的国民财富增加、人们的受教育水准提高、中产阶级（或有产者阶层）逐渐强大、消费主义勃兴、人们的生活方式也更具有"现代性"，这些都是民主制度得以建立的前提条件。而任何国家只要拥有了这些经济社会条件，就或早或迟必然发展出西方式的政治体制。工业化最终导致民主化，现代化理论认为这是一条单向度的历史道路，亦是一种历史必然。当然，由于现代化理论的种种严重结构性缺陷，今天已经很少有政治学家完全相信这些学说（下一讲会详述）；不过崇信"经济上的工业化必然带来政治上民主化"的经典现代化理论，却是学者运用纯粹经济解释路径来建立政治学理论的一个典型例证。

显然，作为一种解释路径，经济解释具有相当多的不足之处。首先，基于单一和纯粹的经济解释路径而构建的政治理论往往会低估非经济因素在政治生活中的作用。经济解释的标准预设是，政治行为都由金钱（或曰"经济利益"）所驱动。的确，绝大多数时候我们的理性行为受到经济因素的左右；但在很多情况下，经济因素（尤其是逐利性）往往无法解释人们的某些政治行为——在21世纪，这些无法单纯用经济因素解释的政治行为已经变得越来越多。

譬如，对那些在阿富汗、伊拉克、巴基斯坦和世界其他地方进行自杀式恐怖袭击的极端宗教分子来讲，单单用经济因素（对自身物质利益的追逐）似乎是无法解释他们做出的这种个人选择的。今天我们有很多宗教的、种族的、民族主义的，或其他形态原教旨主义的信徒，他们往往会采取很多无法单纯用经济因素解释的政治行动。因而，经济解释最显著的不足根植于它的基本假设之中，即人们总以追求金钱为最优先目标。但事实上，在政治世界中，很多时候人们作出政治选择并不仅仅是、甚至并不是为了物质利益——人们会追求政治权利，人们希望拥有安全，他们亦会出于文化、宗教甚至意识形态的信仰与责任感而采取行动，这些都是很难由单一的经济因素来解释的政治行为。

文化解释

如果说经济解释以经济因素作为政治事件得以发生的根本原因，文化解释则将理念和社会价值观放在政治解释的最核心位置。譬如，对于20世纪下半叶亚洲四小龙的经济成长和政治转型，文化解释往往认为，是发源于中国的儒家价值观促成乃至指引了东亚诸国的经济繁荣和政治演进。这些学者倾向于使用"儒家文化圈"这个标准的文化因素来解释政治经济现象。20世纪90年代，"亚洲价值观"论述的提出更是以文化解释的路径对亚洲经济奇迹的背书。"亚洲价值观"的概念，一般认为由新加坡前总理李光耀首倡。他曾在1992年提出，包括日本、韩国、新加坡、中国台湾、中国香港等东亚国家和地区在追赶发达国家的过程中，其群体价值观和社会行为是发展的重要助因。东亚的价值观，比如牺牲个人利益追求群体利益，是这个地区快速发展的一大动力。他的"亚洲价值观"很大程度上接近于儒家所宣扬的价值观：秩序、纪律、家庭、勤奋、集体等。"亚洲价值观"这一论述认为东亚国家的儒家价值观体系与威权主义政治制度更加契合，而或许不适于西方基督教文化孕育而生的自由民主体制。这是典型的使用文化变量来解释政治现象的一个例子。

那么，文化解释和经济解释之间的区别何在？单纯的经济解释路径在一定程度上忽视人们之间的文化差别。对经济解释论者来说，一个工人就是一个工人，不管他是中国人、美国人、非洲人还是柬埔寨人；只要他属于工人阶级一员、处在一定的生产关系之下、拥有特定的阶级地位、面临同样的经济困境，他就一定会拥有同样的政治动机和革命冲动。因此，经济解释认为人们的政治行为的规律性是普遍的，不随国家的不同发生改变，而在解释人们政治行为时唯一的区别性要素就是经济因素。文化解释路径的观点则截然不同。在文化论者看来，文化永远是影响政治理念和行为的重要因素。美国工人、非洲工人、柬埔寨工人和中国工人之间显然存在着巨大的文化鸿沟；他们身处在迥异的文化背景、符号与价值体系之下，对完全相同的经济、社会困境往往采取完全不同的政治上的行动。因此一般的文化解释认为，文化因素是塑造公共领域政治行为的最重要的决定性因素之一；也有人认为，文化因素或许不是决定性因素，但是它起码会限制人们的行为模式，以及人们在相同处境上可供选择的行动方案的范围。总之，文化解释认为不同国家的文化环境必然导致不同的政治逻辑。

然而，作为政治学的解释路径之一，文化解释亦具有其天然的弱点。文化解释路径的缺陷首先在于与经济解释相似，循文化解释路径而构建的政治学理论往往呈现出过于浓厚的决定论色彩。也就是说，文化论学者往往认为在给定的文化情境下，政治人物、现象和过程一定会具有某种行为"模式"，而政治发展的路径也几乎被文化决定性地塑造。如果应用这种简单的决定论来解释丰富多彩的政治世界，显然过于武断。其次，文化因素的演进及变迁是非常缓慢的，常常发生在一个相当漫长的历史过程之中。比如在中国，传统华夏文化体系可以追溯到数千年之前，而在公元后的近两千年里，中国文化情景的根本元素实际变化不大。但是，就在这上下五千年之间，中国发生了令人目不暇接的政体变更、政权易手，战端频起，经济体系也发生翻天覆地的反复变化。两者相比，我们又如何能用缺少变化、几乎接近静止的文化因素，来解释如此剧烈的政治变化呢？再次，文化解释有时也不能解答相似文化环境下不同国家之间的政治区别。比如虽然东亚地区大多数国家（地区）都深受儒家文化的影响，基本处在同一广义文化传统之中；然而，它们所采行的政治体系却存在显著的差异（不妨考虑同在儒家文化圈影响下，朝鲜、韩国、新加坡、台湾地区和香港地区在政治制度上的差别）。同样的情况也发生在拉丁美洲。拉丁美洲的天主教文化影响几乎可以追溯到五个世纪以前；然而在这同样的文化影响下，拉丁美洲各国却走上了不同的政治发展道路。总之，日常新闻常识即可告诉我们，相同或相似的文化系统和文化圈，常常可以衍化出截然不同的政治形态。这种统一文化圈内政治上的巨大差异性，又如何能简单用文化因素加以解释呢？

制度解释

在经济解释和文化解释之外，当代政治学家越来越倾向于运用制度解释路径来构建政治学理论。可以说，在21世纪的政治学中，制度主义正变得越来越重要，而绝大多数的政治学学者可能都会宣称自己或多或少是一个制度主义者。制度主义的解释路径自然关注政治制度（political institution）。制度主义学派认为政治制度设计和运作的差异乃是导致不同的政治结果的主要原因。什么是制度呢？从最简单的例子说起的话，一个学校的校规是制度，美国宪法就更是一种制度；中国香港特别行政区终审法院的首席法官作为一个政治职位，也建基于一整套围绕着这个职位的制度才得以正常运作。这两种institutions（即所谓"制度"），前者属于规则，后者则是基于规则建立和运转起来的机构实体。在政治学的概念里，"政治制度"基本上包括了规则、程序以及政治机构实体三者，过宽或者过窄的定义都是不适当的（关于"制度"的准确定义，本书第四讲会详细讨论）。

不同的制度有不同的来源，呈现不同的形态；正如在不同的国家我们可以看到不同的宪法、不同的政府组织方式及不同的法律系统。制度主义的解释路径会用制度设计和运作上的差异来解释政治结果的不同。比如20世纪70年代，很多学者试图解释为何有的拉美国家在当时业已形成稳定的民主制度，而有些国家却呈现出极端不稳定的政治形态？若采用经济解释路径，我们发现那时拉丁美洲各国的经济表现都非常之相似，经济发展水准亦相近，甚至连发展模式都几乎雷同。若采用文化解释路径,五百年来这些拉美国家都同属伊比利亚文化圈(Iberian culture),很难发现根本性的文化差别。那么如何解释这些迥然不同的政治结果?于是,学者们开始在这些国家所具有的不同政治规则和制度安排中寻找答案。学者们发现,在20世纪70年代的南美各国中,但凡施行英国式议会民主制的国家,政治上往往表现得更加稳定有序;而那些采行美国式总统制的国家,政治上往往充满暴力和不稳定,甚至政变、内战频仍。直到今天我们仍不完全清楚这样的因果假设是否准确,但是循此路径构建的政治学解释一定属于制度解释的范畴则是毫无疑问的。在这一假设中,政体类型——国家政治中最重要的制度要素——被用来解释政治稳定性高低这一因变量。所以,制度主义解释路径所关注的中心问题,就是政治生活通过怎样的方式被组织及规范起来,以及不同的制度安排各自最可能导致怎样的政治后果。

不完美的科学

总结而言,现代政治学是社会科学最重要的部分之一,但它亦是一门不完美的科学。政治学不是化学,不是物理学——恐怕没有任何政治学理论可以普世地成立。到今天为止,人类所发展的每一种政治学理论总有其适用边界,亦永远存在它所无法解释的例外情形,有时甚至会有非常多的这种例外情形存在。那么,与自然科学相比,为什么政治学的解释及预见能力都相对比较有限呢?

第一个原因在于政治学家们没有实验室,无法采用控制某些给定变量的方法去设计和进行试验来研究因果联系——如医学中为了验证药品疗效所进行的标准而严密的"双盲比对"实验,在政治学的世界中是完全不可想象的。

我们政治学家的"实验室",就是这个你和我都每天生活于其中的现实世界;而现实世界和现实政治过程往往是一团乱麻,总是发生出人意料的事件和产生人类合理预期以外的结果。政治学家所面对的正是这个纷繁复杂、充满意外的现实世界。比如笔者是在2001年8月进入哈佛大学政府系学习，当时即便在这样的学术集体里又有谁可以预料到短短一个月后，举世震惊的"9·11"事件就会发生呢？可正是这个出乎所有人意料的"9·11"事件非常深远地改变和塑造了其后美国和全球政治的总体图景。同样，又有谁能够预料巴基斯坦的贝娜齐尔·布托（Benazir Bhutto）总理会在2007年12月27日的竞选集会上不幸被刺身亡呢？但这个意外发生的事件必然给其本国政治以及亚洲地区的大国关系带来深远的政治影响。在现实世界当中有太多的意外，而这些意外往往是既存的规范化政治学理论所难以给出完美解释的。

政治学解释和预测能力比较有限的第二个原因则在于政治世界行为主体的特殊性。政治学所研究的政治过程并非发生在自然界或者真空当中；政治过程是由人作为主体来参与的，而人本身即是一种很难预料与控制的行为主体。人们可能突然死去、突然发疯，抑或非理性地犯错。由人类所主导的政治生活中也因此充满着各种错误——错误的理解、错误的概念、错误的沟通。而这些不确定性都为构建规范化、预测力强的政治学理论形成巨大挑战。实际上，在五彩缤纷的政治世界中，很多个人化的因素是很难被纳入规范化理论中的，更无法被一般化或普遍化。因而，人的参与及人类行为的难以预知性，给政治学的理论探索带来了显著困难。

因为这些原因，当我们开始政治学之旅时，第一件需要记住的事情就是——所有政治学理论都是基于概率或可能性的（probabilistic）表述。当你看到政治学家说"社会不平等导致革命"的时候，我们并不是在谈论绝对的因果关系；相反，政治学家只不过在说：与更加平等的社会相比，不平等程度较高的社会有更大可能发生革命。又或者如果政治学教科书说"经济发展导致民主政体"，这论述实际上不过意味着：与贫困的国家相比，你更可能会在较为富裕的国家看到民主制度。所以本书中将要提到的一切因果关系和理论表述，都是基于可能性的表述，而非绝对的因果关系。在此基础上我们更应该了解，没有什么政治理论是如同平面几何公理那样百分之一百具有普遍适用性的。在政治学里，我们通常把规范理论所无法解释的异常、例外的情形称为"离群值"（outlier）。当代政治学要求所有严谨的理论表述都要明确界定其"不确定性"（uncertainty）的程度——这一要求对于我们衡量政治学理论的范畴、界限及内涵价值具有极其重要的意义。对于政治学家而言，只要我们的理论足以在大多数情况下成立，学者们就会很高兴了；所以，如果我们仅仅因为一两个例外情形或离群值的存在就拒绝接受某个政治学理论，那并非科学的态度。

注释

[1] Aristotle (1984), *Politics*, edited by Lord Carnes, Chicago: University of Chicago Press, p. 37 (1253a).

[2] Max Weber (2002), *The Protestant Ethic and the Spirit of Capitalism*, London, UK: Penguin Books.

[3] 在社会科学文献中，"亚洲四小龙"（Asian Tigers）一般约定俗成指代韩国、新加坡、中国台湾、中国香港这四个国家和地区。

[4] 孙中山：《民权主义》第一讲，《孙中山选集》，人民出版社1981年版，第692—693页。

[5] Aristotle, *Politics*, *Politics*, edited by Lord Carnes, Chicago: University of Chicago Press, pp. 179-181 (1316a-1316b).

[6] Robert D. Putnam (1993), *Making Democracy Work: Civic Traditions in ModernItaly*, Princeton, NJ: Princeton University Press.

[7] Sheri Berman (1997), "Civil Society and the Collapse of the Weimar Republic," *World Politics*, 49 (3): 401-429.

[8] 新华社：温家宝接受日本广播协会电视专访，2010年6月1日。

第二讲
发展理论：
现代化之批判

"发展"的起源
南北鸿沟
现代化还是"西方化"？
批判现代化
"四小龙"的挑战
从"市场驱动"到"国家引导"
发展型国家
"华盛顿共识"与"北京共识"
以人为本的发展观

发展理论：
现代化之批判

"发展"的起源

对"发展"（development）这一重要现象的研究，几乎可以说是现代政治学的起点。政治学所讨论的"发展"概念，涵盖了人类社会最基础及最具重要性的政治、经济、社会和文化变迁过程。发展既包含经济的增长、社会的进步，也意味着贫弱的国家变得富强、曾经困苦的人民享有更高水准的生活；发展更伴随着传统的政治权力组织方式让位给更有效的现代治理制度，以及工业化、城市化、基础和高等教育的普及化，还有全球化等更为宏观的历史进程的发生。过往的学者往往习惯于使用"现代化"（modernization）这个内涵相当模糊的概念来指代所有这些发展现象和它们背后所隐藏的历史演进的逻辑。

事实上，人类社会的发展就时序而言，乃是一个相当晚近的现象。从图2.1中可以看到，若以全球各大地区的国内生产总值（Gross Domestic Product，GDP）来衡量，公元1年到公元1500年，我们整个人类社会在经济增长方面几乎没有取得任何显著的进步，全世界GDP总量在这大约15个世纪的时间里基本处于停滞状态。在公元1500年左右，地理大发现把全球发展的进程带入一个更为广阔的新世界，也带来了人类世界GDP总量的第一次有限突破。然而，接下来的四百年左右,又是一个人类社会经济总量在较低水准上相对稳定的时代;而发展方面的革命性突破直到1900年前后才终于到来,并在整个20世纪人类社会保持了有史以来速度最快、水准最高的发展纪录。可以说,尽管全球发展的进程从公元1500年左右既已发端,但人类社会真正的高速和革命性发展还是从距今百余年前才开始的。

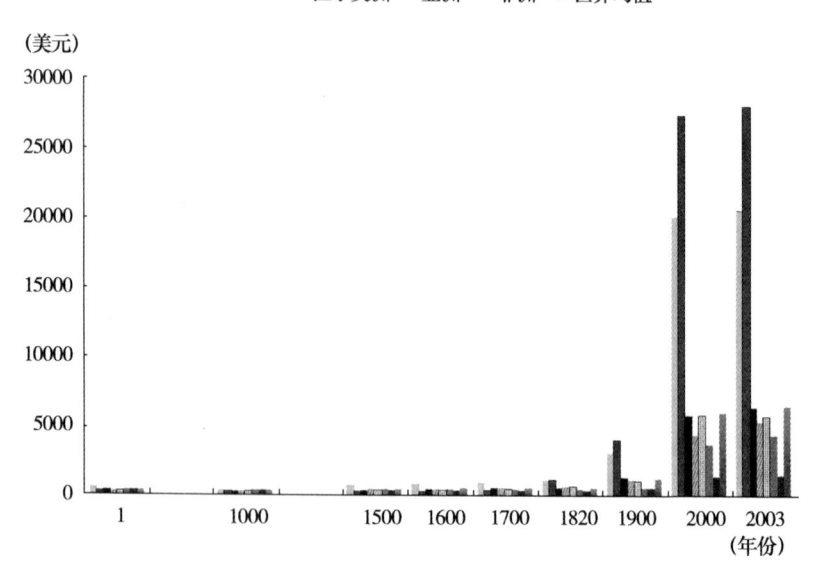

图2.1 国内生产总值(GDP)历史数据(公元1—2003年)

资料来源:Angus Maddison's,"World Population, GDP and Per Capita GDP, 1-2003AD," at the Groningen Growth and Development Centre:http://www.ggdc.net/。

人类社会为何在公元1500年以来的几个世纪中开始逐步繁荣起来,并在最近一百年内获得飞跃式的发展呢?社会科学家们——其中自然也包括政治学家——为此提供了诸多不同解释,但通常他们共同认为推动这一发展历程的最基本因素有三。其一,近代以来人类对科学的不懈探索以及技术的不断进步是发展的主要动力。直到近代,人们才从教会、巫术等宗教权威的桎梏下解放出来,挣脱了思想控制、精神束缚甚至是人身压迫，得到了探索知识和发展技术的自由。而唯有拥有这种探索知识的自由，具有创新才能的人士才有可能脱颖而出，在科学、技术上取得突破，也才有机会做出伟大的新发现，推动人类社会向前发展。总的来说，近代以来人类社会对科学、技术和知识进行自由探索的空间空前增加，这使得人类对自然世界的认识大大拓展，而先进技术亦得以应用和发展，全球经济因此开始高速增长，人民生活也因而更加便捷。

其二，则可以归因于世界地理大发现。从公元15世纪到17世纪，欧洲人在寻找新的交易伙伴、商品和市场的过程中，以大航海的方式发现了亚洲、美洲和非洲的"新世界"，打通了东西方交流的道路，并由此打开了全球生产、国际贸易和世界经济融合的大门；从长远来看，尽管程度各异，无论是最发达还是欠发达地区的人们都从这个新的全球化世界经济体系中得到属于自身的发展机会。世界地理大发现被许多学者认为是1500年以后人类社会大发展的一个重要动因。

其三，殖民主义在近代以来人类社会的高速发展中也扮演了突出和独有的角色。对于如何评价殖民主义的历史影响，今天的学者们仍存有根本分歧。很多学者将殖民主义视为一段不合道义的黑暗历史。不过，在发展的意义上，即便是最革命的学者如卡尔·马克思（Karl Marx），也将殖民主义视为一把兼具破坏性与建设性的双刃剑。如他所说：

> 英国在印度要完成双重的使命：一个是破坏性的使命，即消灭旧的亚洲式的社会；另一个是建设性的使命，即在亚洲为西方式的社会奠定物质基础。[1]

一方面，西方殖民主义者的到来打破了殖民地社会弥足珍贵的传统文化和社会秩序，带来杀戮、奴役、压迫和抗争；但另一方面，殖民主义亦为非西方世界打造出新的文化基础和现代物质基础。殖民主义对某些亚洲、非洲和拉丁美洲贫穷落后的传统社会的发展进程所起到的刺激和促进作用是显著的——实际上，20世纪60年代兴起的所谓"亚洲四小龙"（即新加坡、韩国、中国香港、中国台湾四个新兴工业国家和地区）都曾经历相当长时间的殖民统治。

经过最近数百年的高速发展之后，从工业革命到信息革命，如今我们所处的世界已是一个急速变化中的现代化世界。图2.2—2.6反映了其中几项最主要的变化。与半个世纪前比较，今天越来越多的普通人可以支付航空旅行的费用，从自己的家乡飞向世界的任一个角落。而航空业成本的不断下降，使得全世界的人、财、物的流动程度都空前提高，世界经济一体化程度空前加强。21世纪的今天，国际互联网的使用者人数亦呈爆炸式增长，信息流动完全实现了即时性、全球性和低成本。国与国之间的交通、运输和通信越发方便快捷并且经济廉价——在1930年，如果一位身处伦敦的人士要同纽约的朋友即时通话三分钟，这会是一项只有极少数人可以负担的、十分昂贵的服务；而今天，获得同样的服务基本无须耗费什么金钱。

实际上，人类社会在过去一个世纪的快速发展使得更多的普通民众能够担负以往他们根本无法想象的、种类繁多的技术服务，越来越多的人得以享受现代生活的丰厚果实。随着全球发展的不断推进，人们亦从农村移居到城市，享受更高水准的公共设施。而传统意义上的农村亦开始接受现代文明的洗礼，城乡之间在物质、文化、精神生活与公共服务方面的差别，在不少最发达和中等发达国家已经消失。而城市化进程不仅意味着物质生活的变迁，同样拥有其深刻的文化含义——现代化的城市为下一代带来更好的教育水准、更迅捷的信息传递和更舒适的公共空间。尽管城市化亦带来一些现代社会问题，社会科学家们仍将其作为衡量社会发展水准的一个重要指标。正是因为全球经济在过去几个世纪的革命性发展，今天世界上的相当一部分人民可以说已经生活在现代文明之中。

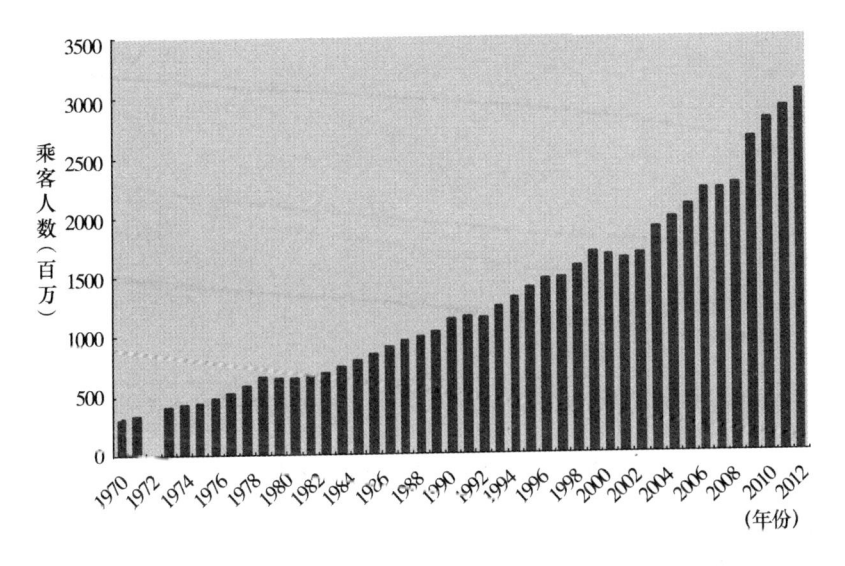

图 2.2 世界航空业乘客统计（1970—2013）

资料来源：World Development Indicator, dataset of Air Transport Passenger Carried, 世界银行（2014）。

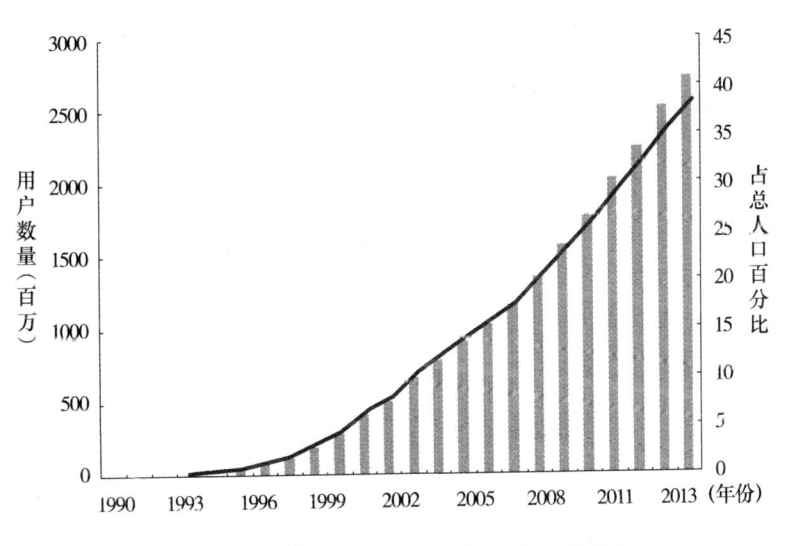

图 2.3 世界互联网用户数量（1990—2013）

资料来源：World Development Indicator, dataset of Internet User（per 100 persons）and dataset of total population, 世界银行（2014）。

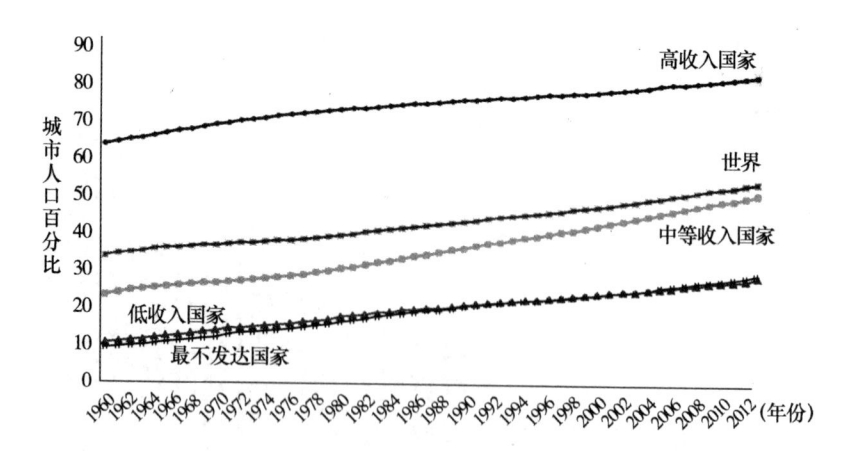

图 2.4 城市人口在总人口中的比例

资料来源：World Development Indicator, dataset of Urban Population（% of total），世界银行（2014）。

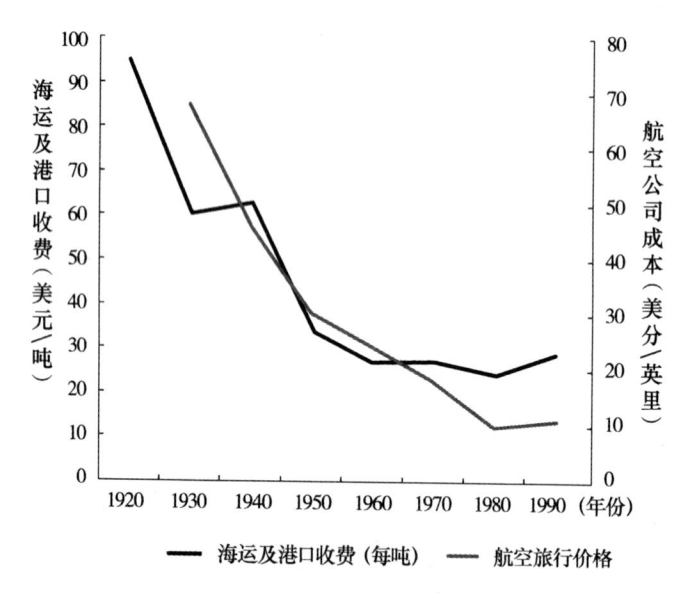

图 2.5 海运与港口收费（1920—1990）及航空公司成本（1930—1990）

资料来源：Hufbauer, G.（1991），"World Economic Integration: The Long View," *International Economic Insights*, 2（3）；Kuttner, R.（1999），*Everything For Sale: The Virtues and Limits of Markets*, University of Chicago Press, p. 204。

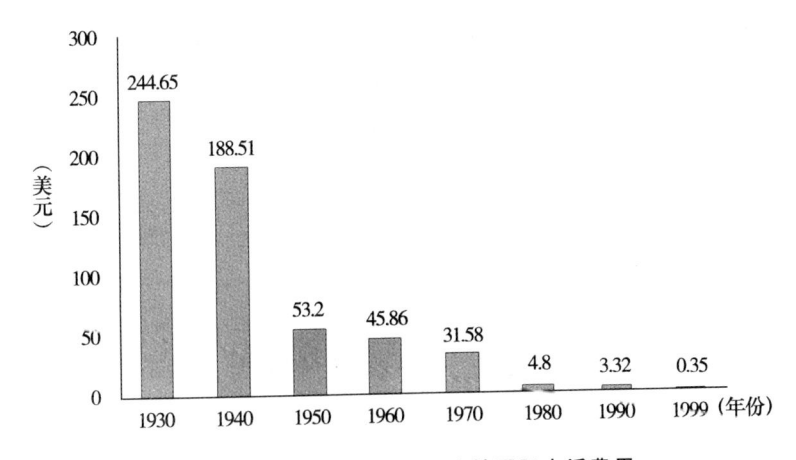

图 2.6 纽约与伦敦之间三分钟国际电话费用

资料来源：1930—1990 年数据：Kuttner, R.（1999），*Everything For Sale：The Virtues and Limits of Markets*, p. 204；Hufbauer, G.（1991），"World Economic Integration：The Long View"；1999 年数据：United Nations Development Programme（UNDP）(1999), *Human Development Report 1999：Globalization with a Human Face*, p. 28, accessed on September 14, 2014：http：//hdr.undp.org/en/content/human-development-report-1999。

南北鸿沟

然而，值得警惕的是，发展并不总是平等及平衡的。实际上，从 16 世纪初期全球经济大发展以来，发展作为人类社会最根本的政治、经济和社会演进过程，总是显现出极端的非均等性。在国家与国家之间、地区与地区之间，甚至同一国家的不同社会群体和阶层之间，发展的速度、效果和品质在总体上是不平衡的，在相当长的历史时期甚至存在巨大鸿沟。对发展过程中这一基础非均衡性的关注，构成了现代政治学发展理论的核心。

图 2.7 来自美国国家航空航天局（NASA）。这张图片由数张卫星照片拼接而成——它显示了我们居住的世界在夜晚的照明程度。一个清楚的事实是，这个世界的不同角落在黑夜中的亮度是截然不同的：如美国、西欧、日本以及中国东部地区，它们的天空在

图 2.7

资料来源：Composite map of the world assembled from data acquired by the Suomi NPP satellite in April and October 2012, credit: NASA Earth Observatory/NOAA NGDC。

黑夜里由于大量的照明设施而显得非常明亮。而诸多内陆地区，如亚洲内陆、南美洲内陆及非洲大陆，则显得异常暗淡。其中最明显的对比恐怕是朝鲜半岛：黑夜中的韩国举国灯火通明，而一线之隔的朝鲜则只有寥寥灯光。这就是我们身处的这个世界不平衡发展的真实写照：在不同国家、不同地区之间，甚至在同一国家的不同区域之间，发展的果实并未得到均衡的分享。

统计数据表明，就在过去一百年全世界经济整体向上增长的同时，贫穷和富裕国家（地区）之间的发展悬殊从未缩小，甚至这鸿沟随着全球经济社会在20世纪的向前迈进不断扩大。全球发展鸿沟从高收入国家（地区）与中、低收入国家（地区）之间的对比就可以看出。在图2.8中我们可以清楚地看出，就人均国民生产总值而言，在1962—2012年间的三十多年中，世界最富有国家

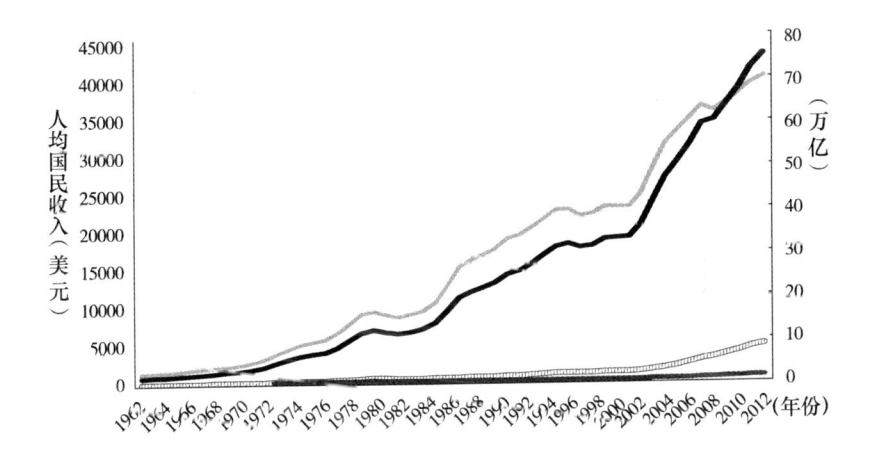

图 2.8　1962—2012年人均国民收入及世界国民收入总值（当前美元）

资料来源：World Development Indicator, dataset of GNI per capita, Atlas method (current US $)，世界银行（2014）。

（地区）与中、低发展程度的国家（地区）之间的差距不是减小了，而是扩大了。这一情况在21世纪的今天还在不断恶化。一方面，我们身处的这个世界在人类社会的大发展中变得更为富足繁荣；但另一方面，恰恰是那些原已非常富足的社会在发展中以更快的速度积累财富。全球发展的不平衡性是十分惊人的。

或许图2.7中的对比太过偏重定量而失之直观，接下来我们来看一个更加定性的比较。马里与瑞典分别是今天不发达国家与发达国家的典型代表。表2.1展示了这两个国家在社会经济发展关键性指标上的惊人差距。2013年，瑞典的人均国民生产总值约40900美元，而马里只有约1100美元。人均国民生产总值的巨大差距直接体现了两国发展的程度、品质与规模上的巨大鸿沟，亦决定了两国在社会发展主要指标方面的严重不平等。比如在马里，普通人的预期寿命大概只有瑞典人的2/3，而一个出生于马里的新生儿夭折的概率是瑞典新生儿的40倍，两国儿童接受免疫的比率更是天差地别。在文盲率方面，几乎每个瑞典人都能读会写，在马里却只有不到全国总人口1/3的居民识字。在今天的世界，横亘在发达国家与不发达（或欠发达、发展中）国家之间的发展鸿沟是触目惊心的。

表2.1

	瑞典	马里
人均国民生产总值	40900 $	1100 $
预期寿命	81.89 岁	54.95 岁
婴儿死亡率	2.6／1000	104.34／1000
儿童注射疫苗率	98%	59%
文盲率	1%	66.6%
家庭个人电脑拥有率	92%	7.7%

续表

	瑞典	马里
互联网用户率	92%	2.2%
移动电话拥有率	1.19 部/人	0.89 部/人
固定电话拥有率	2.25 人/部	146.93 人/部

资料来源：World Development Indicators: dataset of Sweden and Mali, 世界银行 (2014): http://data.worldbank.org/country ; The Global Information Technology Report 2014, edited by Beñat Bilbao-Osorio, Soumitra Dutta and Bruno Lanvin, World Economic Forum; Mali: p.184, Sweden: p.229; CIA, The World Fact book: https://www.cia.gov/library/publications/the-world-factbook/。

因此，21世纪的政治学高度关注发展中国家问题。在政治学的术语中，人们往往把富裕的全球发达国家统称为"北方"，而贫穷的发展中国家则被称为"南方"。不少政治学家把发展中国家与发达国家之间的关系称为"南北关系"，而双方关系中存在的一些矛盾、摩擦和争议则被称为"南北矛盾"。这主要是因为传统意义上人们认为发达国家主要位于北半球，而发展中国家位于南半球。今天，政治学所讨论的南北国家之间的发展鸿沟大致存在于四个方面。

（1）经济鸿沟：发展中国家与发达国家在商品生产和交换的规模、品质、精密度和技术革新方面存在巨大差异，而这些差异进一步导致南北国家和民众在经济收入、生活水准和财富积累方面的差别。政治学上，经济鸿沟亦反映在不同的国家从社会汲取财政资源的能力——南北国家在征税和财政收入方面的能力强弱悬殊。经济鸿沟最终反映在发达世界和不发达世界的居民在生活品质、生活水准和生活负担方面的差异。

（2）社会鸿沟：这一差别主要反映在南北国家和地区在社会福利的供给、享受和分配体制方面差距极为悬殊。在发展中国家，由于社会保障体系不完备，人民只能基本上依靠自己以及家庭成员的收入来维系生活、应付危机；相反，从十九、二十世纪开始，富裕的发达国家则纷纷建立起较为完备的社会保障和社会安全体系（涵盖医疗保健福利、失业福利、教育福利、退休保障以及其他形式的社会扶助政策），人民从国家和社会得到基本保障以保持自身生活水准和应付危机。这些社会福利和安全保障方面的鸿沟也使得发展中国家与发达国家的居民在生活方式、消费方式、对未来的预期以及在社会经济行为方式方面，存在深刻的差异。

（3）政治鸿沟：当今世界的发展中国家与发达国家在政治体制和政治文化上也存在着不少差别。今天，世界上大多数发达国家在政治体制上已经进入较为成熟的选举民主阶段，人民可以通过选举、政党、司法、社会组织等受保障的制度管道对政府形成问责和监督。而不少发展中国家则仍处在民主的探索阶段，在政治体制方面还普遍存在着行政低效、权力集中、监督缺失以及市民社会不健全等一系列问题。在政治文化上，传统的专制主义和威权主义在不少发展中国家仍具有相当的影响。不同的价值信仰、政体结构、权力关系和对公民权利的尊重程度，构成了发展中国家与发达国家之间的政治鸿沟。

（4）数字鸿沟：随着21世纪互联网和信息技术的突飞猛进，发达国家和发展中国家之间的差距越来越表现在两者对信息资源、创新能力的掌握，以及对信息技术规范制定的参与程度方面所存在的巨大差异。发达国家拥有更便捷的管道获取和利用信息技术，占有更多和更优质的信息资源，从而可以采取更有效率的生产方式来发展经济和组织生活。发达国家由于其雄厚的技术储备和基础科学研究，在信息技术的创新方面也往往居于世界的领导地位。而发展中国家则普遍存在信息技术和信息资源取得难、利用难和创新难的问题，往往难以通过正常途径发展和占有新的信息技术和资源，因此在日益依靠信息技术和知识经济的国际经济竞争中处于越来越不利的地位。

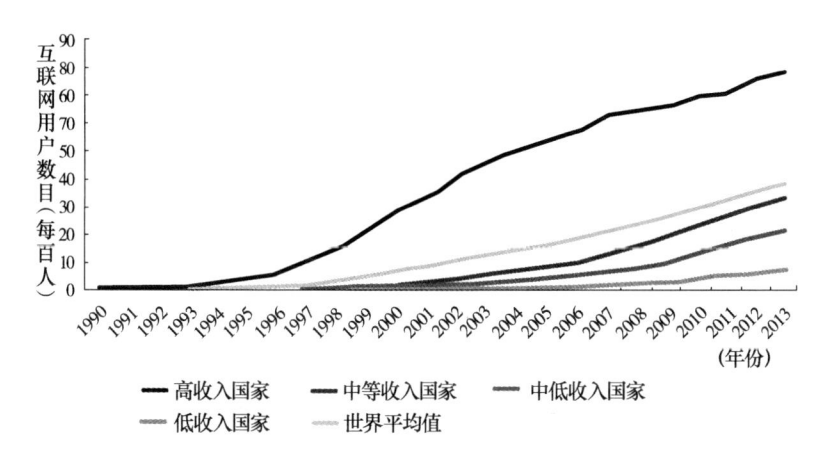

图 2.9　互联网时代的数字鸿沟

资料来源：世界银行（2014），《世界发展指标》互联网用户（每百人）资料［World Development Indicator, dataset of Internet User（per 100 persons）］，http：//data.worldbank.org/indicator/IT.NET.USER. p.2。

上述的四大鸿沟，差不多可以将我们身处的世界分割为富裕和贫穷两个部分。按照不同国家和地区的发展程度，政治学家又把全球所有国家和地区（经济体）分为表 2.2 中所展示的四类，即：高收入国家和地区、中高收入国家和地区、中低收入国家和地区，以及低收入国家和地区。21 世纪全球治理（global governance）的一个核心议题，就是如何妥善处理好发展中国家与发达国家之间的矛盾（即"南北矛盾"），以维护全球的公平正义和可持续发展，令全人类均享到文明发展的果实。因为我们相信，如果这个发展过程中的核心矛盾未能解决、而全球正义无法确立的话，战争、饥饿、宗教极端主义、民族分离主义乃至政治恐怖主义都会接踵而来，将全世界和全人类带入灾难。

表 2.2

发达程度	人均国民总收入（GNI）	举例
高收入国家和地区	高于 12746 美元	英国、德国、意大利、日本、中国香港、美国
中高收入国家和地区	4125—12746 美元	阿根廷、巴西、中国、马来西亚、墨西哥、南非
中低收入国家和地区	1045—4125 美元	埃及、印度、乌克兰、越南
低收入国家和地区	低于 1045 美元	孟加拉国、玻利维亚、柬埔寨、肯尼亚

资料来源：World Bank, "Country and Lending Groups," accessed on September 13, 2014, http://data.worldbank.org/about/country-and-lending-groups#High_income。

现代化还是"西方化"？

看到我们这个星球上如此触目惊心的贫富差距和发展鸿沟，我们自然而然会问：为什么会这样？为什么西方世界（或曰"全球北方"）可以率先发展起来？而为什么直到 21 世纪的今天还存在着发达国家与发展中国家之间的明显分野？为什么我们同属一个人类社会，却不能均衡地享受人类文明发展的丰硕果实？实际上，正是对这些极为重要的现实问题的思考和追问，才导致了现代社会科学的诞生。

第一个试图回答此问题的学者，是德国人马克斯·韦伯（Max Weber）。韦伯于 1864 年出生于德国的图林根州（Thuringia）。在 1904—1905 年，他完成《新教伦理与资本主义精神》（*The Protestant Ethic and the Spirit of Capitalism*）一书。在书中，韦伯注意到在 16 世纪基督教加尔文教派的宗教改革之后，欧洲的经济中心逐渐从法国、意大利和西班牙等传统的天主教国家转移到接受基督教新教（Protestant）的荷兰、英格兰、苏格兰和德国等国家和地区。韦伯还发现，在信奉新教的人口占比较高的国家，往往发展出较为发达的资本主义经济。韦伯根据他所观察到的基督教新教与资本主义经济之间的密切联系，对不同国家和地区在发展上的差距给出了一个经典的文化主义回答。他认为，与世界上其他文化地区（包括儒教地区、佛教地区等）相比，信奉新教的国家之所以能够发展出先进的资本主义经济，其原因与新教本身的独特信仰和伦理体系密不可分。在韦伯看来，作为基督教信仰下的重要一支，新教所拥有的有助于资本主义经济发展的特征大致有以下几点。

第一，新教重视个人主义。新教伦理崇尚个人奋斗，相信通过个人的才能和努力可以得到公平的收获，而非如传统文化那般强调个人依赖集体、部落或家族来获得生活资源。第二，新教崇尚通过现世的成就以获得灵魂救赎。韦伯认为，基督教新教的一些分支——特别是加尔文教派——支持教徒理性地追求经济收入和投入到世俗活动中，并认为这两者均具有灵性和宗教上的重要意义。传统的天主教教义认为救赎仅能通过潜心信仰生活以及实现与神的共融来获得，而新教则认为在尘世的努力工作以及积累财富也能达致救赎的终极目的。在韦伯看来，这正是新教所具有的独特的"资本主义精神"。第三，韦伯认为新教提倡节俭生活，这会促进储蓄与投资，转而也有利于资本主义经济体系的萌芽和壮大。他更主张，正是因为新教教徒（特别是北美清教徒）对奢侈品的厌恶，才导致了由机器大生产所产出的、统一规格的廉价工业品得以进入千家万户。所以在这个意义上，新教精神也为大工业生产和贸易的繁荣提供了有利条件。

显然，韦伯为经济发展（特别是现代资本主义经济发展）提供了一个排他性的文化解释。他对西方发展历程的解读所暗含的结论是：西方的道路是通往发展的唯一路径，而唯有西方文化——特别是基督教新教传统——才能为现代化提供必需的环境、动力和保障。而对于广大非西方的发展中社会而言，它们唯有追随西方国家的发展道路，或在文化上彻底转型为西方模式，才有可能实现现代化。总之，就韦伯的文化解释而论，现代化等于西方化。对于那些坚持文化独特性、拒绝或者不能跟从西方发展道路的国家和经济体而言，韦伯理论所预言的将是一幅极为暗淡的发展前景。

在马克斯·韦伯之后，整整一代社会科学家试图用同样或相似的逻辑来解释全球发展进程所存在的差异。尽管这些学者各自侧重的解释因素不同，但后来他们被统称为"经典现代化学派"（classical modernization school）。经典现代化学派秉持现代化即等同于西方化这个基本前提，力图通过回顾、分析和归纳欧美国家由传统农牧业社会向近现代工业化社会转型发展的道路、历程和经验，将其总结和抽象为一个放之四海而皆准的现代化模板。这个发展模式——即欧美道路——也就被经典现代化学派认为是人类社会实现现代化的唯一通途。

经典现代化理论的代表人物之一罗斯托（W. W. Rostow）在《经济增长的阶段》（*The Stages of Economic Growth*）中基于西方的发展历程，认为世界上任何国家从传统农业社会发展为现代化工业社会，都必须经历如下所述的五个阶段。第一阶段，即传统社会。处于这一阶段的社会在经济上依赖农业生产，缺乏现代的经济、金融和贸易机构，例如银行、股票交易所等；政治上缺乏强有力的国家机器，只有地区性的王和部落首领，民族国家尚未形成；在社会面上，人们普遍认为每一代人所拥有的机会差不多是相似的，而未来并不会比现在更加美好。第二阶段，即准备起飞阶段。在这阶段，社会开始进行经济体制的逐步改革，人们意图通过现代化来增强国力、改善生活水准。这个阶段的经济制度革新为未来的发展创造了基础条件。处于这一阶段的社会在经济上主要依靠农业或者劳动密集型的制造业。第三阶段，即起飞阶段。在这阶段，社会经济开始从落后形态向先进形态过渡。在足够的生产性投资，数个领先成长的经济部门，科学技术的革新和利用，以及相宜的政治、社会和文化等环境下,大量劳动力从农业部门流出,跨国投资增长,国家内部亦开始出现一些地区性增长极。而先进国家转向出口劳动密集型产品。第四阶段,即成熟阶段。在该阶段,现代化的科学技术被运用到大部分国民经济产业中,产业和产品出口逐渐多样化,劳动密集型产业让位于资本密集型产业。经济增长足以惠及的人群数量大大增多。第五阶段,即大众消费阶段。在此阶段,人们最终完成了从传统农民到现代消费者的转化过程。服务业成为主要的经济部类,生产者和消费者均大量利用高科技成果,人们进入现代化的大众消费形态。显而易见,罗斯托的"五阶段论"完全脱胎于西方国家的经验。他试图从中总结出一个能够运用在所有国家的普世模型。按照他的理论,世界上所有的国家和地区都处在这一个单一的发展轨道上;国家和地区之间的发展鸿沟不在于其文化、国情或者其他结构性的差别,而仅仅是因为它们正处在同一轨道上的不同发展阶段。

阿莱克斯·英格尔思(Alex Inkeles)的"现代人"(The Modern Man)理论则从人的个体层面对现代化进行解构。他认为现代化最重要的基础是现代人的养成。而在现代人和传统人之间存有非常显著的差异:传统人是宗教的,笃信"魔法"(belief in magic);传统人没有受过现代教育,往往生活在农村,过着集体化的生活,依赖家庭、部落和村落而生存;传统人只会就事论事,缺乏抽象概括的能力。而与之相对的,现代人则是世俗的,相信科学(虽然这未必与具体的宗教信仰相冲突);现代人往往生活在城市,受过教育;过着个人化的生活,依赖自身的努力,而不是依靠熟人或者"关系"。现代人对陌生人和新的观点持开放态度,对多元异见更加宽容,而传统人仅仅信任那些生活在同一家族、村落或狭小社区内的熟人关系网络的成员。为了度量人们所具有的"现代性"程度,英格尔思提出了十一个标准来确定"传统人"和"现代人"之间的分野——笔者称为"英格尔思标准"。根据这个标准,如果

一个人对如下问题回答的"是"越多,他/她就具有更高的"现代性",更可能是一位"现代人":

1. 我是否对新的想法和事物持开放态度?
2. 我是否乐见社会进步?
3. 我对自己日常生活以外更大范围内的事务是否持有观点和看法?
4. 我是否乐于不断接受新知识?
5. 我是否有时间观念?
6. 我是否相信自己可以改变外在的环境以完成目标?
7. 我的生活和工作是否有计划性?
8. 我是否相信外在环境和事物是可以预期的?
9. 我是否相信科技改变生活?
10. 我是否崇尚分配正义?
11. 我是否知晓并尊重他人的尊严?[2]

丹尼尔·勒纳(Daniel Lerner)则把现代性问题引入社会心理层面;他认为,现代化这一复杂过程中最核心的组件是生活方式的西方化。在他看来,社会现代化最重要的标志是现代生活方式,也就是西方的生活方式。现代化,就是社会心理及社会文化层面上的总体西方化。勒纳的理论既包括东方主义的传统,亦结合以经典现代化理论的"传统—现代"二分法为基石的分析架构,凸显了现代化理论中对"现代性"这个关键概念的理解。1958年,勒纳出版了《传统社会的式微》(*The Passing of Traditional Society*)一书。在书中,勒纳描述了他想象中的传统与现代人的标准文化模型。他认为,符合"现代性"要求的社会心理、文化和生活方式必然是流动的、都会式的、文明的、职业分野鲜明、经济来源稳健、能够理解不同世界的情形,以及具有独立性和世俗性。而相反,"传统式"生活方式则被看作乡村式的、没有文化的、生活拮据、高度崇拜权威、世界观极为局限,以及笃信宗教。勒纳认为所谓现代化本身,就是社会文化和生活方式从传统式向现代性的转变——而在这个过程中,西方大众传媒发挥极为重要、甚或具有决定性的影响力。大众媒体塑造并引导发展中国家和地区向西方式的生活方式迈进。正如勒纳最著名的论断所讲的那样,"西方是什么样的,中东就正想要变成那样"(What the West is, the Middle East seeks to become)。现代性等同于西方生活方式,而现代化则等同于西方化。

虽然经典的现代化理论著作汗牛充栋,但这三位学者的理论已经具有非常好的代表性,反映了经典现代化学派理论的基本轮廓和核心论点。在他们三人中,罗斯托给出了一个普世的、分阶段的现代化路线图和后发国家可以遵循的"模板";英格尔思则从纯粹个体层面解构"现代人"这个根本概念,但总体而言,他的现代人模型是脱胎于他对西方人的观察和总结;而勒纳则着眼于探究社会心理和社会文化层面从传统向现代性的总体转变。值得强调的是,虽然英格尔思和勒纳同样从社会"人"这一角度入手,但勒纳研究的是社会从传统到现代的总体转型,他所讨论的现代性是一个整体概念;英格尔思则关注个人,所使用的"政治人"这个概念亦是具体而微的、由不同个体所组成的集合概念。

通过介绍这三位理论家的学说,我们可以大致看出经典现代化学派理论共有的一些基本特征。首先,就经典现代化理论家而言,他们的理论并非是当代社会科学所习惯的因果理论(即寻找现代化过程得以发生的诸种诱因);相反,他们是反复以不同手法和架构,极为准确地描述现代性的某些"症状"或总结现代化发展过程中所展现的变迁模式和特点。他们罗列了西方国家现代化历程中的很多现象,如工业化、城市化、教育普及化、精神发生世俗化、政治民主化等,但却没有告诉我们这些过程得以发生的诱因和动因究竟为何。

其次,经典现代化理论最致命的问题是其内在所共有的、关于现代化道路"单一化"和"单向性"的假设前提。尽管经典现代化作者的理论各有侧重，但他们共同认为落后国家和地区达致现代化的发展路径是单一的。这个单一的发展路径是唯一的，也就是西方的发展模式。实际上，所有经典现代化理论都是对西方发展经验的归纳、总结和抽象化。就经典现代化学者而言，对世界上不同地区、不同文化、处于不同发展阶段的国家和地区，其现代化均等同于西方化。所以现代化过程是一条单向的、从传统性指向现代性的直线，每个国家只不过处在直线的不同位置上而已。而这条单行道的终点，就是发达的西方资本主义社会。因此，经典现代化学者几乎不约而同地承认，西方化即现代化，西方的今天就是发展中国家和地区的明天。最后，值得指出，相比后来的学者，经典现代化理论对落后的发展中国家的现代化前景是比较乐观的。他们认为只要假以时日，非西方的贫穷国家迟早可以通过全面的西方化进入快速发展的通途，并最终在政治、经济、文化、社会和科技诸方面达到今天西方国家的水准，最终完成各自民族的现代化任务。

今天，政治学家中已经很少有人相信经典现代化理论的各种前提和论断。随着时间的流逝和学术认知的发展，现代化理论已是明日黄花，为时代所淘汰。就政治学的发展而言，经典现代化学派的缺陷主要体现在三个方面。

第一，很明显，经典的现代化学者并未考虑到全球各地区间以及不同国家之间所存在的深刻文化差异以及可能的文化冲突。在他们看来，不同的文化、不同的社会其实并没有什么根本分别。具有不同历史轨迹和文化遗产的国家，最终都要走上唯一的现代化道路，即西方化的道路。而最终，现代化本身将实现全世界和全人类以西方为模板的单一化和同质化。这个预测与20世纪人类历史的发展显然背道而驰。

第二，经典现代化理论没有考虑到发展的历史机遇问题。一个显而易见的问题是：时序相差数百年的先发国家与后发国家难道可以拥有完全相同的内外环境、完全同等的发展机会、完全相似的结构因素，以及走上完全一样的发展道路吗？工业革命时期的英国和21世纪中国的发展，显然具有完全不同的时代背景，也就有迥然相异的历史机遇。这种历史机遇包含了技术优势、国际环境、安全压力、战争以及世界经济趋势等诸多变量的综合统一。而这些时序性的复杂因素对于各国和各地区发展道路的选择和塑形方面的作用，完全被现代化理论所忽视。

第三，经典现代化理论往往忽略了国际环境对不同国家和地区发展模式和道路选择的重要影响。第一代现代化学者深谙西方经验但缺乏国际视野，往往将研究对象孤立起来，把发展和现代化仅仅看作单一国家的内部问题，而未能看到每个国家的发展都和其所身处的那个时代的国际政治经济结构息息相关。事实上，后来的发展理论家们就发现，国际环境所造成的压力——特别是安全和竞争压力——可以极大地影响后发国家对其发展路径的选择。

经典现代化理论对于发展中国家和地区的发展前景往往持有过度乐观的态度。他们认为，无论如何，后发国家只要走上现代化道路就迟早会越来越像西方，并最终达到所谓现代性的彼岸。但是20世纪的人类历史似乎已经明确否定了他们过度乐观的预言。且不论今天的世界上仍然存在的大量发展中国家和地区仍然处于十分贫困落后的状态，并没有实现以西方化为标志的现代化；那些已经在发展道路上高歌猛进的国家和地区——从亚洲四小龙到中国内地——也大多没有复制西方国家现代化的路径，亦在经济社会和政治发展的同时保持了相当深厚的非西方文化传统。第一代经典现代化理论学者一方面完全没有能够预计到20世纪后发国家所将要面临的严重发展困境和挑战；但他们更没有预料到：实际上，人类社会通向现代化的道路远远不止一条。

到21世纪的今天，人们已经有足够的理据质疑经典现代化理论所讲述的发展故事，并提出更具根本性的追问。发展中国家根据各自不同的国情与文化，究竟能否拥有不同于西方的现代化道路、创造出不同于西方的发展模式？现代化是否真的等于西方化？今天，我们常常发现，"现代性"与"传统性"这两个概念并不十分清晰，很多事物、观念、文化、生活方式，乃至人类对外在环境的不同认知，都难以被简单地用"传统"与"现代"的二分法来定义。例如，东亚地区许多非常富裕和"现代"的国家及地区至今仍以古老的传统、习俗和仪式庆祝农历新年，这到底是"传统性"在现代社会的残余，还是多样化的"现代性"对历史文化传承的体现呢？尤其是随着20世纪六七十年代东亚儒家文化圈经济奇迹的发生，越来越多的人开始思考：这些不同于西方的文化和价值观真的就是发展和现代化的障碍么？现代性未必能够完全压制、消灭或者取代传统，而传统也未就与现代性相斥。源于这些质疑和思考，为了解决经典现代化理论在理论框架上所具有的结构性和时代性的局限，从20世纪中期开始，第二代现代化理论学者纷纷提出新的主张，试图对传统的现代化理论进行修正和发展。

批判现代化

第二代现代化理论学者从事的主要工作是探讨经典现代化理论架构中究竟缺失了哪些重要因素？这些缺失的因素，又如何影响我们对现代化和发展的看法？哈佛大学经济系教授亚历山大·格申克隆（Alexander Gerschenkron）认为，经典现代化理论的主要错误，在于没有考虑到世界不同国家所拥有的不同发展时序。因此，虽然他支持传统现代化理论把发展看作以西方经验为基础的单一及线性道路的前提，以及这一发展道路具有不同的固定阶段的观点，但他认为后发国家由于特殊的历史场景与时序有可能越过某些特定阶段、走上不同于西方的发展道路。

格申克隆将后发国家所面临的这种特殊的发展情境概括为

"后发效应"(relative backwardness)。他认为现代化道路上的后来国家既拥有先发国家不曾拥有的历史机遇和便利条件,也面临着先发国家完全没有碰到的时代限制和国际压力。后发国家所面临的独特历史条件就是它们必须与先发国家在同一个时间段内共存。这是机遇也是挑战。

就机遇而言,发达国家和发展中国家同时存在的历史事实,使得后发国家可能从先发国家直接引进先进科学技术,从而实现跨越式发展,这也是后发国家的优势所在。然而先发国家和后发国家的同时存在,也使得后者在一个不对称的国际环境中面临更大的安全压力,不得不寻求更快的速度和更便捷的方式完成现代化过程。

因此格申克隆认为,后发国家很可能以迥异于先发国家的路径实现发展目标和完成自身的现代化。比如,后发国家必然更重视重工业发展(特别是机器制造业),以图带动其他产业增长;后发国家更倾向于由国家和银行对资本市场进行强有力的引导,而不单纯依靠自由市场进行资源配置;后发国家更注意投资增长,而有意压制消费;而在国际安全态势更加复杂的总体环境下,后发国家的现代化往往可能由非自由主义的意识形态和强力的国家机构来组织完成。格申克隆特别以英国(先发国)、德国(后发国)和俄罗斯(更后发国)的发展历程来验证他关于"发展时序决定发展道路"这一著名论断(见表2.3)。[3]

表2.3

英国	先发国家,18世纪晚期自由市场主导的工业化
德国	后发国家,19世纪中期银行和财团引导的工业化
俄罗斯	更后发国家,19世纪晚期国家主导的工业化

如果说格申克隆的理论仍然暗含他对后发国家发展前景相对乐观的估计,"依附论"(dependency theory)的支持者们在这一问题上

则持有完全悲观的态度。依附论者认为,经典的现代化理论完全忽略了后发国家所面临的、极具剥削性的不平等的世界资本主义体系。身处如此国际体系之中的后发国家深受核心国家的剥削与掠夺,没有任何实现现代化的机会。发展中国家唯有切断自身与国际资本主义体系的联系和纽带,才能最终摆脱贫穷落后的状态。"依附论"源于拉丁美洲学者对20世纪人类历史的观察。他们发现,经典现代化理论学者对全球发展前景做出的乐观预测远未实现。在西方工业革命完成之后直到20世纪70年代,世界上大多数发展中国家都未能成功实现工业化,仍然处在贫穷落后状态。为什么"富国越富、穷国越穷"?"依附论"学者对这一谜团的解释是,资本主义乃是一种超越国界的、不平等的世界系统。在这个系统的生产和交换关系里,不同国家处于不同位置,因而在世界性的不平等交换关系上被固定在不同位阶。经典依附论把所有国家分为核心国家(core)、半边缘国家(semi-periphery)和边缘国家(periphery)三个层级(见图2.10)。在这个不平等的资本主义世界体系里,核心国家控制了国际贸易与高新技术,拥有高度发达的生产力与分工明细的产业结构,处于对边缘国家的控制和剥削地位。而边缘国家经济不发达,专业化分工不明显,生产力水准低下,技术落后;它们既不控制国际贸易,又不掌握先进科技,只能被迫处于被剥削地位。半边缘国家则一方面剥削边缘国家,但同时也受到核心国家的剥削。在这个不平等的国际经济体系中,边缘国家和半边缘国家参与到不平等的贸易、定价和交换关系中,实际上是为核心国家不断输血,因而造成穷国越穷、富国越富的不幸状况。因此依附论学者认为,发展中国家但凡只要融入这个世界体系里就会日益贫困,根本无法完成自身现代化任务。

"依附论"的政策推论则是,由于不平等的资本主义世界体系的存在,经典现代化理论所推崇的西方现代化道路和发展模式完全不可以被处于边缘地位的发展中国家所复制。后发国家若把自身融入这个剥削性的资本主义世界体系中,只能伤害到自己;处于边缘

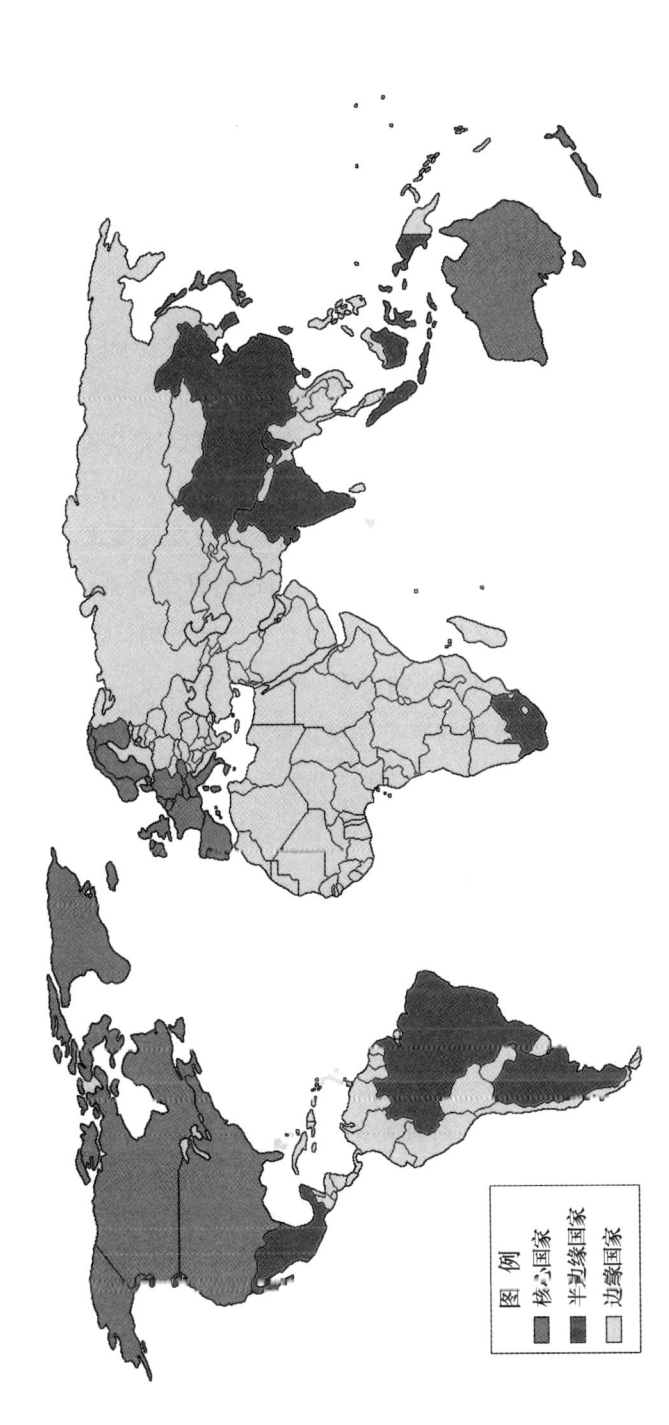

图 2.10 "依附论"中的核心、半边缘和边缘国家

图 例
核心国家
半边缘国家
边缘国家

资料来源：Chase-Dunn, C., Kawano, Y., & Brewer, B. D. (2000). "Trade Globalization Since 1795: Waves of Integration in the World-System," *American Sociological Review*, pp 77–95. Online Appendix, Table 2A, http://www.irows.ucr.edu/cd/appendices/asr00/asr00app.htm#Table A2。

地位的发展中国家必须把自己从资本主义世界系统中彻底分割出来，下决心实行自力更生、实行孤立主义，采取进口替代战略、开发国内市场，才有机会完成本民族的现代化。

"四小龙"的挑战

至此，我们大致讨论了三种现代化理论。韦伯是第一个试图解释现代化的社会科学家，他采取文化解释的路径，将资本主义经济的繁荣归功于基督教新教特有的宗教文化传统。经典现代化理论则试图从西方现代化的历史经验中总结及归纳出某种普世路径，并将其作为唯一的、线性的、单向的、放之四海而皆准的发展模式，实际上把现代化等同于西方化。而经典现代化理论的批判者则认为，现代化的历史时机、资本主义世界体系等都是在塑造各国、各民族现代化道路和发展模式中不可忽视的要素。格申克隆认为，后发国家的历史境遇决定了它们必然拥有与先发国家不一样的发展路径；而"依附论"则提出，资本主义是一种"邪恶"的、剥削性的世界体系，因此只要发展中国家仍然在参与这个世界体系，就不能逃脱永远被发达国家压迫、剥削和掠夺的命运，因而无法完成自身现代化。

但令所有人惊讶的是，20世纪六七十年代开始崛起的"亚洲四小龙"（Asian Tigers），彻底挑战了当时所有已经存在的发展和现代化理论。韩国、中国台湾、中国香港、新加坡的经济起飞，差不多否定了上述所有发展理论所提出的主张。第一，"亚洲四小龙"皆位于广义的儒家文化圈内，其以勤劳、节俭、重视教育为特征的历史传统、文化背景和价值体系极为相似。它们的经济繁荣严重挑战了韦伯的文化解释理论，证明完全不奉行基督教新教的国家和地区也完全可以实现经济起飞和完成现代化。第二，"亚洲四小龙"中的中国台湾、韩国和新加坡的经济起飞都是发生在完全不同于西方选举式民主的政治体制和非西方的意识形态之下。在它们的现代化过程中，强大的国家机器——特别是以发展为导向的政府——扮演了十分重要的引导、支持和协助的角色。这些国家和地区的经济起飞历程展现了不同于西方国家以自由市场驱动为基础的发展模式，挑战了经典现代化理论关于发展道路单一、单向的基本假设前提，证明了现代化的路径远非唯一，而现代化未必等同于西方化。第三，"亚洲四小龙"作为后发地区，在现代化过程中都积极融入世界经济体系和全球产业分工，深度依靠对外贸易和国际市场成为它们经济起飞历程的重要特征。这说明后发地区并不一定要把自己从全球经济体系割裂出来才能实现发展；与"依附论"的主张相反，后发国家通过积极参与国际生产和交换过程，也可以实现经济腾飞和现代化。"亚洲四小龙"的现代化奇迹成为20世纪发展理论的分水岭——新的问题意识、新的理论主张和新的解释结构呼之欲出。

从"市场驱动"到"国家引导"

"亚洲四小龙"的发展经验给现代政治学提出了两个新的基本问题：第一，发展和现代化需要多"大"的政府？亦即，对发展中国家而言，要实现经济起飞和现代化，究竟需要多大程度的政府干预？对发展中国家及地区，更为适宜的发展模式究竟应当是以市场来驱动（market-driven），还是以国家为引领（state-led）？第二，发展和现代化需要多"强"的政府？发展中国家为了顺利实现发展和现代化，其政府权力究竟应该强大到什么程度？后发国家的发展和现代化任务是否必须在威权主义的政府管治下才可能完成？总体看来，这两个问题事实上是对传统现代化理论以西方经验为基础所总结出的发展模式提出了根本质疑。"多大的政府"和"多强的政府"这两个问题涉及现代政治学建构"国家"这个概念的两个基本维度,即:国家规模(state scope)和国家能力(state capacity)。[4]在21世纪,理论界在发展道路和发展模式上的基本分歧,就主要体现在"市场驱动型发展模式"和"国家主导型发展模式"这二者的争论上。

"市场驱动型发展模式"是西方资本主义国家的传统发展模式,根植于古典主义经济学对于自由市场自发调节作用的认知。亚当·斯密(Adam Smith)的经典著作《国富论》(The Wealth of Nations),全称《国民财富的性质和原因的研究》(An Inquiry into the Nature and Causes of the Wealth of Nations),是古典经济学的奠基之作。就斯密看来,自由市场所具有的自我调控能力是经济生活中的最重要的"看不见的手",亦是国家经济繁荣的基石。斯密的著作奠定了自由市场理论的哲学基础。他假定认为,每一个人的需求都只有他/她自己最清楚,没有任何旁人可以比每个人自己更好地为自己做决定。只要存在基本的市场规则,让每个人得以自由地追求自我利益,公共利益就会得到促进,经济活动就会繁荣。斯密说:

> 我们每天所需的食料和饮料,不是出自屠户、酿酒家或烙面师的恩惠,而是出于他们自利的打算。我们不说唤起他们利他心的话,而说唤起他们利己心的话。[5]

他认为,市场上的需求和供给可以通过市场参与者的自利行为实现自我平衡:当某种商品的需求超过供给时,它的价格就会上升,从而刺激更多生产者参与供给;而供给逐渐上升直至需求得以满足的时候,市场上的供需也就重归平衡,这时商品价格又会回落。简单来讲,按照斯密的理论,由自由市场来指引个体的经济行为,就是一种有效的经济组织和生产方式,其中并不需要政府扮演什么引领角色。而这种对自由市场的自发行为的依赖和对国家干预的否定,也确实是英美等西方先发国家的历史经验。在斯密之后,新古典主义经济学家们发展出了许多非常复杂的数学模型（很多模型真的非常之复杂）来解释不同经济现象和推进相应的经济政策；然而，就原则而言，新古典主义学者对自由市场的基本信仰在斯密之后就一直没有改变。

新古典经济学派对经济生活中国家的干预活动一向抱有极为警惕的态度。在这些学者看来，国家在经济发展和现代化过程中应该承担的职责非常有限，总体上只应包含维护基本公共秩序和提供必需公共物品这样一些最基本的职能。伦敦政治经济学院的罗伯特·韦德（Robert Wade）在《驾驭市场》（*Governing the Market*）一书中，将新古典主义学派主张的国家公共职能归纳为以下几项：

- 保持宏观经济稳定，防止发生金融危机；
- 组织协调基础设施建设，以便利私人投资者进行经济活动；
- 确保公共品的供给，比如建立警察、军队、监狱等系统以维持社会秩序；
- 建立一些机构与制度以帮助劳动力市场、金融市场、技术市场等；
- 在明显的市场失灵状况下，采取措施进行最小限度干预，以消除市场失灵现象；
- 对收入进行再分配，确保以足够手段帮助最贫穷的人群维持其基本生活。[6]

值得注意的是，即便是对这些看似最基本的国家职能，新古典主义学者之间也往往存在着巨大争议。例如，对于市场失灵问题，关于国家到底有没有能力通过干预行为来修止市场失灵，很多学者表示质疑。收入再分配问题也往往是争论的焦点：比如，如何分配？分配给谁？按什么原则分配？不管是关于政策效果的讨论还是

· 59 ·

对于其政治哲学基础的商榷，国家收入再分配职能往往成为当代政治讨论的核心议题，也是有关现代福利国家争论的起点。但无论如何，从18世纪工业革命到20世纪上半叶，西方国家基本上都是在新古典经济学的或多或少的指导下发展起来、并完成现代化的，各欧美国家历史上也曾依据这些原则来调整国家、市场和社会之间的关系，以及厘定国家的规模和职能。在很长的时间内，由于经典现代化理论的影响，建基于古典主义经济学的英美市场驱动型发展模式被认为是统领世界发展史的唯一正确的现代化道路。

发展型国家

新古典经济学理论和市场驱动型的发展模式在现实中遭遇的第一个重大挑战，来自第二次世界大战之后着力于国家经济重建的日本。作为"二战"的战败国，日本在战争中几乎被夷为平地，各工业部门也遭到严重破坏。在战后，日本政府不仅需要承受战败所带来的严重政治、经济和社会后果，还必须面对在一片废墟上重振国民经济的严峻挑战。20世纪50年代的日本，百业凋敝，国民经济处于崩溃边缘，公共医疗体系失效，广泛的失业昭示着就业市场的严重低迷。更为严峻的则是日本作为战败国所面临的国际安全环境。战后的日本政府认为，若仅仅依靠自由市场的自发力量，日本经济复苏周期可能会拖延很长时间；鉴于战后紧张的国际局势和随之而来的东西方冷战对日本国家安全所造成的压力，日本很可能等不到经济复苏的那一天，便已在外来威胁之下无法生存下去。所以，日本必须寻找新的发展模式，才能在最短的时间内完成国家经济复苏。这个新的发展模式和道路开启了现代化的一个新时代——我们通常把这个新模式抽象化之后，称为"发展型国家"（developmental state）。

在日本战后经济奇迹的故事中，有一个最重要的传奇缔造者：

"通商产业省"（简称"通产省"[Ministry of International Trade and Industry]，2001年改组为"经济产业省"[Ministry of Economy, Trade and Industry]）。在战后的日本，通商产业省的职责是发展日本经济产业，确保资源、能源供给，提高民间经济活力和维持对外经济关系。它被认为是战后日本经济的中枢领导机构，也是日本优秀官僚机构的代名词。在战后日本的经济重建过程中，通商产业省的职责十分广泛。它负责协调工业生产，使生产计划不再完全由私人企业或者市场决定，而必须符合该省的统一规划；它管制进出口贸易，并且监管外国在日直接投资，目标是为日本获得更多外资，并且更有效地分配这些资金；它为国内企业协调外国技术的输入，代表日本政府出面与西欧、美国等先进国家谈判，并购买专利技术，然后提供给日本企业研习和使用；它为日本国内生产厂商提供信贷支援，从而使国内私人企业的资金来源有了保障；它支援基础科学研究和技术创新，推动知识转移，帮助私人企业将新的知识在最短时间内转化为可以创造经济效益的技术。当时的通商产业省——乃至整个日本政府——在战后日本经济重建和振兴过程中起到了决定性的主导作用。也因此，日本的战后经济腾飞与以自由市场为基石的中国香港经济起飞的经验非常不同，却与中国台湾、韩国、新加坡有颇为相似的地方，即：国家对经济发展发挥了广泛而强势的引导作用。

日本的战后经济复苏与"亚洲四小龙"的经济腾飞为世界提供了现代化的"东亚经验"。学术界以此为基础，提出了"发展型国家"的概念。在一个发展型国家里，政府行为的优先目标就是经济发展，这与西方的先发国家经验不同。比如，在19世纪经济起飞时期的美国，政府更操心的是公共秩序、社会问题，以及履行政府的政治功能。政府的优先议题并不在于直接引导市场经济活动和扶植经济发展。但对于发展型国家的政府来说，无论其他政治、社会甚至民族议题怎样重要，都必须让位或服从于国家推动经济发展、实现现代化这个最高和最优先的目标。在发展型国家里,政府虽然深度干预经济,但是它也保护私有产权,维护基本的市场交易规则——所以发展型国家并不是否定私有产权的中央计划经济体制。发展型国家是政府通过深入介入市场机制和干预市场经济活动而实现对经济起飞的引导作用,代表了一种与西方国家"市场驱动型"的发展道路不同的、新的现代化路径。

发展型国家作为一种独特的发展模式,其要点就是由国家引导市场,利用高素质的经济官僚机构所创设的政策工具对经济活动进行强有力的干预,以促进经济在较短时间实现跨越式发展,以完成现代化任务。以日本为例,在1955年后逐渐稳定下来的所谓"五五体制"里,自民党(执政党)和社会党(在野党)是日本政坛常年占据绝对优势的两大政党,而自民党又始终占据国会多数而连续执政;但在这种"软性威权主义"政治秩序之下,政治家并不参与细节性的经济指导,他们的角色接近于领导和统治国家,而具体的"治理"国家的任务则由政治家们放手给专业化的高级公务员队伍来完成,政治家和公务员之间的分工合作十分清晰和巩固。

同时,在战后日本,政府、私人企业和劳工之间实际上形成联盟,国家奉行"统合主义"(corporatism)(即由政府指定并保证不同社会集团利益在国家政治中被代表和表达的管道和方式),提倡超阶级的经济合作。在传统的、以市场为驱动的西方先发国家,经济起飞往往伴随着大量的反抗与革命行为,劳工阶级以各种手段表达对政府或产业界的不满,不断提出自己的要求;然而在发展型国家,劳工阶层的抗议权利被有效管理,政府与产业界之间实现在经济发展最高目标之下的紧密合作。但是发展型国家并不是西方政治家所说的"独裁国家"。发展型国家并非剥夺和压制劳工的一切权利,而是因时、因地对不断高涨的劳工权利诉求进行管理,并促成劳工与资本之间在高速快捷发展国民经济这一共同前提之下的沟通、谈判和妥协;随着发展水准的逐渐提升,发展型国家不断赋予劳工阶层更多的权利，并要求产业界提供越来越多的福利给予劳工阶层。不少发展型国家的政权得到社会和民众政治支持的基础，亦来自政府在经济发展和现代化领域所取得的成绩。政府以国家社会的发展、经济领域的表现来赢得民众认可，这与西方先发国家政府主要通过选举等程序性要素来获得政治支持，属不同的政治认受性来源方式。

在以国家主导的发展和现代化模式之下，发展型国家是高度自主的。国家自主（state autonomy）意味着国家机器既不被工业界的资本权力所垄断，也不被劳工界的民粹主义所控制。政府实际上独立于不同社会利益群体之外。发展型国家在基本经济政策上奉行干预主义。迥异于英美政府的不干预传统，发展型国家在市场经济活动中扮演积极、主动的重要引导角色。政府为私人企业提供信贷担保、吸引外来投资、制订和执行工业产业计划、进行教育投资、推动技术转移等；通过这些活动，政府对经济进行极为有效的调控和管理。发展型国家的政府与商界保持友好合作关系，但同时要求商界与劳工阶层分享发展成果。发展型国家通过创设各种政策工具来推动工业化又快又好的完成。这些政策工具包括规划工业发展、指定重点产业、监管外国投资、采取措施提振出口，以及战略性地利用关税及非关税壁垒来保护某些重点民族工业。这些特点都决定了发展型国家实际上是一条不同于西方的发展道路。

虽然发展型国家在经济发展上取得了不俗的成绩，但其蕴含的潜在代价也不容忽视。第一，国家强力干预经济所带来的政府权力过大、行政审批过多的问题，使得腐败行为较容易获得滋生的空间。第二，由于不少发展中国家实际上缺乏大量优秀的经济官僚来掌握经济干预的政策工具，结果不恰当的干预反而导致资源的低效使用。第三，由于官僚系统制定经济规划时习惯性依赖过往的案例和经验，因而较难实现政策创新。从某种意义上说，由发展型国家主导的现代化模式更适合处于经济起飞和追赶阶段的后发国家，而无法在经济和现代化已经发展到相当程度之后继续应用,并且也绝不是放之四海而皆准的一剂万灵药。发展型国家内在的活力与动力也来自不断的改革和创新,以及对不同国家地区发展经验的吸收和再创造。

"华盛顿共识"与"北京共识"

发展型国家的经济成功,使得世界的现代化史不再被西方单一的发展模式所垄断。市场驱动与国家引导这两种发展模式,代表了人类社会在20世纪所拥有的两种主要的现代化道路。但很多人的疑问在于:在以信息革命为特征的21世纪,对于广大发展中国家而言,究竟哪种发展模式更为适宜呢?这种对于不同发展道路的争论,在今天被"浓缩"为两个"共识"之争:"华盛顿共识"植根于西方发达国家的传统现代化模式,而"北京共识"则来自由"发展型国家"肇端的亚洲后发国家的现代化经验总结。两个"共识"之争是人类社会对于不同现代化道路和经济社会所谓"最优"发展模式的争论。

"华盛顿共识"(Washington Consensus)是在1989年由英国经济学家约翰·威廉姆森(John Williamson)提出的,其主体是一整套为深陷经济危机之中的发展中国家尽快脱困和实现经济繁荣而开出的标准"政策药方"。1989年,许多拉美国家陷于债务危机,经济改革迫在眉睫。当时,美国国际经济研究所邀请国际货币基金组织、世界银行、美洲开发银行、美国财政部的研究人员以及拉美各国代表在华盛顿召开研讨会,意在为拉美国家的经济改革提供建议。约翰·威廉姆森执笔撰写《华盛顿共识》,系统梳理各项对拉美经济改革的建议,这些建议后来被广泛称为"华盛顿共识"。这套政策建议亦得到一系列国际组织(包括国际货币基金组织、世界银行等)的支持和大力推广,它是西方世界向发展中国家主要推荐的发展道路。华盛顿共识所提出的政策建议主要包括：私有化——将国家仍然持有的资产出售给私人，并转化成私有产权；财产权保护——国家在法律和制度层面，对私有财产权给予严格保护；政府退出（deregulation）——缩减政府对经济活动的监管范围和水准，以给私人经济创造更多空间；金融稳定化——国家采取措施稳定金融市场，防止通货膨胀，并统一汇率机制；资金流动自由化——国家为国内市场资本流动和国际贸易及投资提供空间，允许外国资本自由流入；等等。

"华盛顿共识"被认为继承了亚当·斯密以来的自由市场理念，是新自由主义的政策宣言。在20世纪90年代，许多发展中国家都陆续接受了"华盛顿共识"的建议，它们的经济政策也体现出很多共同的特征，比如奉行自由市场经济、放松对金融市场的管制、结束出口退税等国家补贴措施，政府亦不再控制市场价格，不再制定产业规划政策。这些国家将政府权力限制在极为有限的范围内，克制政府干预经济的冲动，将国有企业和银行私有化，并且削减公共福利开支。它们大力发展自由贸易，对国外投资敞开大门，积极参加国际产业合作。

尽管"华盛顿共识"这个专用词语诞生于1989年，但是它所包含的关键政策要素实际上早已被行之多年，其中不乏成功案例。例如，在皮诺切特军政府统治下的智利，"华盛顿共识"所包括的种种经济政策就曾经大放异彩，缔造了所谓的"智利奇迹"。奥古斯托·皮诺切特（Augusto Pinochet，1974—1990年在位）是一名军人，在1973年通过军事政变推翻了"左倾"的阿连德（Salvador Allende）政府而上台执政。但是，皮诺切特和他的军政府同僚对经济几乎一无所知，所以决定将经济政策的制定交给一群在芝加哥大学受过经济学训练、深受密尔顿·弗里德曼（Milton Friedman）的自由主义经济学影响的智利经济学者们。这些学者几乎都是新古典经济学派的忠实信徒，史称"芝加哥男孩"（The Chicago

Boys）。皮诺切特之前的阿连德政府在经济领域倾向于社会主义，采取大量经济国有化措施，在短期内将国内大多数重要工厂都变成了国有资产。"芝加哥男孩"决定将这些国有资产完全私有化，并且对外国资本的流入也执行彻底的自由化政策。可以说，他们的经济政策就是未来"华盛顿共识"的蓝本。他们的一系列自由化经济改革措施大获成功，智利在1975之后经历了长期强劲的经济发展，发展水准和速度远远高于南美国家的平均水准（见图2.11）。当时差不多全世界都认为，智利的经验将会代表世界经济发展的未来。

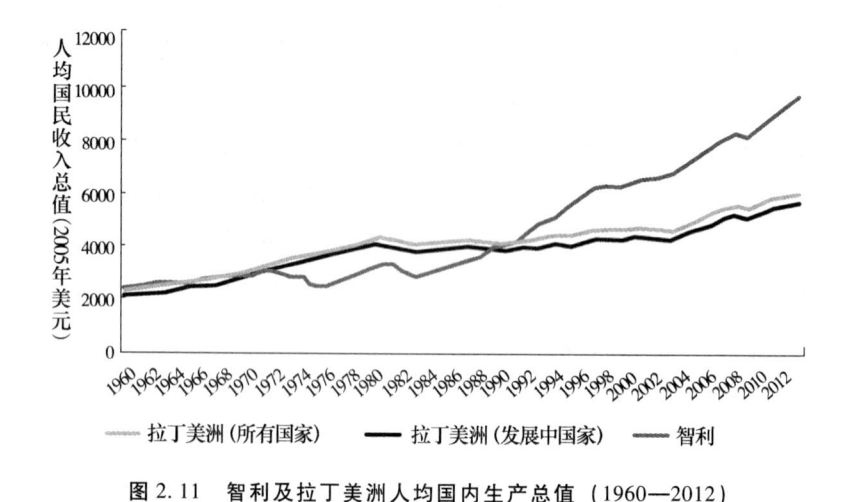

图2.11 智利及拉丁美洲人均国内生产总值（1960—2012）

资料来源：World Development Indicators, dataset of GDP per Capita（Constant 2005USD），世界银行（2014）。

但是差不多与智利奇迹发生的同时，在世界的东方有一个远比"智利奇迹"更加耀眼的经济腾飞的故事正在上演，并且这个奇迹到今天已经大大改变了全球经济力量的版图——这就是中国经济的起飞。虽然中国和智利都属发展中国家，在政治上也均被西方民主国家视为异端，但两国所采取的经济发展路径完全不同。与"华盛顿共识"和智利经验所强调的私有化、自由化、小政府、以市场驱动为主的模式背道而驰,改革开放年代的中国选择了国家主导的发展模式,并且取得了举世瞩目的惊人成就。自从20世纪70年代末邓小平启动改革开放以来,中国经济已经保持30年以上的持续高速增长(见图2.12)。

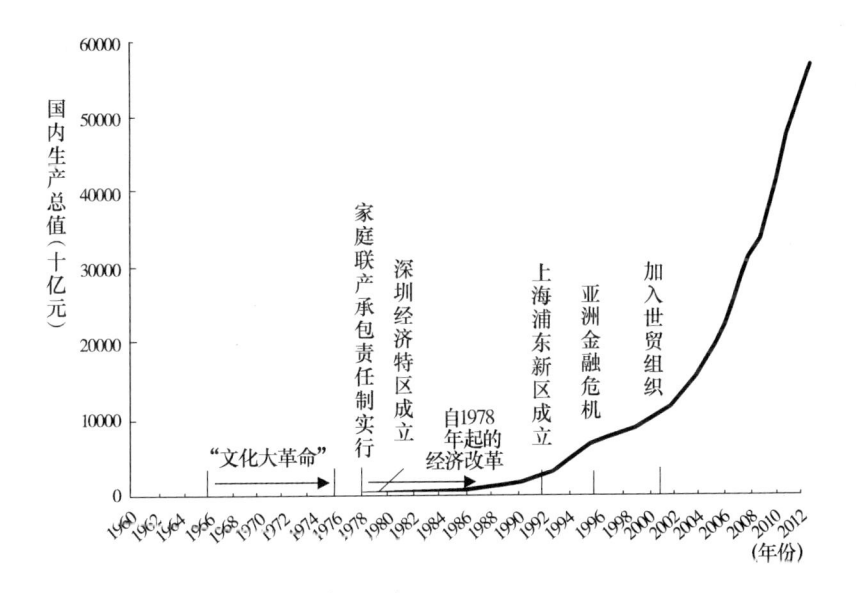

图 2.12 中华人民共和国国内生产总值(1960—2012)

资料来源:World Development Indicators, Dataset of China, 世界银行, http://data.worldbank.org/country/china。

2004年,时任美国《时代》周刊助理执行主编的约书亚·库珀·雷默(Joshua Cooper Ramo)在英国外交政策研究中心发表了题为《北京共识》(The Beijing Consensus)的报告,试图用"北京共识"这一概念来总结中国的发展经验。他认为,中国自20世纪70年代末以来的发展模式有三点最重要的特征。第一,中国一直致力于政策创新,持续进行各种政策试验。尽管这在一定程度上带来了政策的摇摆和不稳定,却为经济发展持续提供动力。第二,

"北京共识"强调 GDP 不应该成为衡量经济发展的唯一指标;经济发展的可持续性、财富分配的公平等也非常重要。第三,"北京共识"始终坚持"自力更生"的政策,即:发展中国家必须始终独立地、基于本国实际情况而做出各种发展决策。保持国家在现代化进程中的独立性和自主性,是中国发展模式的最重要经验。

此后,在世界范围内的讨论之中,很多人将"北京共识"与更早出现的"亚洲价值观"结合在一起,认为两者都是"亚洲发展模式"的重要组成部分。值得指出的是,新加坡前总理李光耀最初所提出的"亚洲价值观",不仅富含经济意义,也宣告了一种独特的亚洲式的文化、政治和价值模式。亚洲价值观强调政治权威集中,认为这样更能有效推进国家发展和现代化;否定政治上的多元主义,强调抑制过度政治竞争对于发展中国家的必要性;与此同时,亚洲价值观要求政府致力于在社会中寻求政治共识,而非鼓励政治对抗。相比于西方国家,亚洲价值观更注重社会经济领域的正义,而在政治领域强调秩序观,认为对集体主义的重视而非对个人主义的推崇是解释亚洲经济体成功的重要因素。

以人为本的发展观

"华盛顿共识"和"北京共识"是两种有着显著冲突的发展路径。前者是在新古典主义经济学的基础上,对西方发达国家现代化经验的总结和归纳;后者则是建基于中国、日本及"亚洲四小龙"等非西方经济体的发展历程,蕴含着对传统的自由市场发展模式的批判和重新认识。虽然两者所代表的发展路径歧异,但彼此仍然给予对方很好的启发。如新古典主义的掌门人、诺贝尔经济学得主弗里德曼(Milton Friedman)回忆的那样,在 20 世纪 90 年代,他对所有转型国家的建议几乎可以用"私有化"一个词概括之。但到了 21 世纪初期,弗里德曼表示重新认识了国家在发展进程中的重要作用。他说："我错了。事实证明建立法治是比私有化更为基础性的工作。"[7]这样的反思，很难说不是受到了亚洲经济体现代化道路的些许启示。

古往今来，发展和现代化永远是人类社会最重要的课题。但究竟有没有一种放之四海而皆准的发展模式呢？其结论恐怕是否定的。对于发展中国家而言，发展和现代化永远是个"在地"的过程，即发展和现代化必须依照和因应每个国家、每个地区乃至每个民族不同的社会、经济、文化及政治特性来进行。每个经济体都应该寻找符合自身条件、适合自身需要以及与本民族历史文化要素互相协调的发展模式和道路。脱离各国、各地区的实际情况而试图寻找现代化的万灵药片，或者试图为所有第三世界国家开出一剂标准处方，只能是天方夜谭。从这个角度讲，"华盛顿共识"与"北京共识"支持者的不少争论本身就是"伪问题"。显然，就某一具体国家或者地区的发展模式而言，根本不存在简单的"好或不好"的问题，只存在"适合与否"以及"能否持续"的问题。

在21世纪的今天，发展和现代化的可持续性已经变得越来越重要。发展本身从来都不仅仅是单纯的经济增长。发展中国家艰辛的现代化历程一方面是光鲜的统计数据、拔地而起的摩天大楼、宽敞畅通的高速公路以及高度繁荣的贸易港口；然而对故事另外一面的追问，同样必不可少：有多少人、在多大程度上，分享到了这些发展的果实？正如另一位诺贝尔经济学奖得主阿马蒂亚·森（Amartya Sen）所指出的那样，真正的"发展"应该是以人为中心，其目的是扩展人们的基本自由；否则，发展作为最有价值的人类过程所蕴含的道德价值便不复存在。人永远是发展的目的，而不是手段。而我们必须超越简单的数字游戏，重新理解21世纪以人为本的发展观的内涵。以人为本的发展和现代化必须是具有高度包容性的，必须能够惠及全社会的各个阶层。以人为本的发展或许会使富人更加富裕，但它同时更应该让穷困阶层的生活得到较大幅度的改善。以人为本的发展必须是可持续的——现代化的目的不仅在于能够让我们这一代人过上更好的生活,也应该给未来的无穷世代保留进一步发展的资源和机会。归根结底,只有"人"才是发展的核心。正如美国电视节目主持人苏芝·奥门(Suze Orman)常对她的观众所讲的那样——人是第一位的,金钱永远次之(people first, then money)。

注释

[1] Karl Marx (1853), "The Future Results of British Rule in India," *New York Daily Tribune*, August 8, 1853, from *The Marx and Engels Completed Work*, Vol. 12, London: Lawrence & Wishart, 1979, p. 217.

[2] Alex Inkeles and David H. Smith (1974), *Becoming Modern: Individual Change in Six Developing Countries*, London: Heinemann, pp. 19 – 24.

[3] Alexander Gerschenkron (1962), *Economic Backwardness in Historical Perspective: Economic Backwardness in Historical Perspective*, Cambridge, MA: The Belknap Press of Harvard University Press, pp. 5 – 30.

[4] 这两个概念将在本书第五讲讨论。

[5] Adam Smith (1981), *An Inquiry into the Nature and Causes of the Wealth of Nations*, Indianapolis, IN: Liberty Classic, pp. 25 – 30.

[6] Robert Wade (1990), *Governing the Market: Economic Theory and the Role of Government in East Asian Industrialization*, Princeton, NJ: Princeton University Press, p. 11.

[7] Francis Fukuyama (2004), *State-Building: Governance and World Order in the 21st Century*, New York: Cornell University Press, p. 19.

第三讲
民主和转型理论：
现实与迷思

多义的民主
民主的由来
什么是民主？
民主的"能"与"不能"
转型的道路
"第三次浪潮"
三种路径
解释民主转型

民主和转型理论：
现实与迷思

今天的民主

毫无疑问，对于 21 世纪的政治学家来说，民主都是最耳熟能详的话题之一。我们正生活在一个"民主"这个政治概念被大众化和娱乐化的时代。在目之所及的大众传媒和交流网络中，"民主"恐怕是出现频率最高的词语之一。在今天，世界上每个人都在谈民主，人人都在赞美民主，政治生活和伦理以民主为标杆——民主成了政治的最高美德，每一个政府都用自己在"民主"尺规上达到的高度来评判其政治运作的品质和政治权力的基础；各路政治行为者、各种政党、政治人物，也都在用民主的概念来量度自己和打击对手。民主是 21 世纪的政治迷思。

正是在民主成为政治认受性的同义词之后，我们居住的世界开始拥有各式各样的"民主"。即便是那些被学者认为最不民主的政体，也都必须尝试称呼自己的政权为某种"民主"。比如，在庇隆主义（Peronism）治下的阿根廷，国家政治以工会为基础、以军队为后盾、以民粹主义为基石，这与现代意义的民主体制似乎不太沾边，但是庇隆总统（Juan Perón）仍称呼自己的统治方式为"大众民主"（populist democracy）。在 20 世纪 60 年代，印度尼西亚军人独裁者苏加诺（Sukarno）称自己的政府是"协商民主"或者"指导式民主"。在东欧国家和苏联，人们使用"苏维埃民主"的概念，并且相信苏维埃民主是更高层次的民主，相较西方式的资产阶级代议制民主更加真实和优越，代表着人类民主制度的终极形式。

现代政治中五花八门的、带有各种首码形容词（prefixes）的"民主"，真实又形象地反映了一个事实，即：民主这个被严重泛化的政治概念，已经在21世纪被作为现代国家和政权政治认受性的根基，在全球的政治话语中占有显著的优势地位。在不同的政体形式下，人们讨论的不再是民主制度本身是否适宜的问题，而是哪种民主形式更为优越的问题。学者们挑战、批评不同的具体民主实现形式，但在日常的公众话语中，已经极少有人对民主概念和民主话语本身进行本体论意义上的辨析和批判。美国著名政治学家法兰西斯·福山（Francis Fukuyama）甚至认为，尽管"在历史上政府的认受性可以来自于不同源头；但在今天的世界上，政府认受性的唯一严肃来源就是民主"。[1]

民主的由来

"民主"（democracy）一词最初来自古希腊的两个单词：demo（希腊语：δῆμο, dêmos），指"人民"；而 -cracy 来自希腊语κράτος(读作 kratos)，通常与"统治""治理"的形式有关。所以如果用最简单的话概括说，"民主"（希腊语：δημοκρατία，读作 dēmokratía）的原本意思大约就是"人民的统治"。历史记录中，民主一词最早出现在公元前460年左右。

民主作为一种人类组织政治生活的方式，通常被认为起源于古希腊的城邦社会。正是在古希腊时期，以雅典为代表的一系列城邦创造了一种在当时世界上独特非凡的政权组织方式。在那里，拥有终身统治权力的国王不再存在，而传统意义上世袭统治者的角色被那些经由公开选举、抓阄或者轮转产生的、拥有固定任期的公共官员所取代。雅典民主制度[2]的基石始于公元前5世纪克里斯提尼（Κλεισθένης）进行的改革，而民主制度的逐步建立则伴随着雅典在军事和社会经济方面的逐步崛起，以及随之带来的信心。"自信的感觉使得雅典人产生了创造新的公共治理规则的意愿"[3]——这种意愿使得在全体雅典城邦人民之中产生了越来越多的政治觉醒和权利意识。可以说，雅典民主制度体现了雅典人关于公民参与政治的核心理念。直到公元前322年马其顿王国废止民主制度为止，这套强调公民参与的直接民主制度一直规管着雅典城邦的政治运转。

雅典的民主体系包含三大主要机构：公民大会（Ecclesia）、五百人议会（Boule）以及民众法庭（Heliaia），它们分别行使属于城邦的立法、行政和司法权力。公民大会在"所有立法及行政事务领域拥有完全的权威"。[4]所有成年男性公民都有参与公民大会的资格。公民大会的职权相当广泛，涵盖从军国大事到政府繁杂的日常行政事务的大量事项。雅典通过财政补助的方式鼓励公民参与大会。"五百人议会"顾名思义由500位成员组成，并被认为是协调公民大会、官僚系统及民众法庭之间关系的重要机构。五百人议会成员由抽签选出，因此理论上任何符合资格的公民均有机会当选。五百人议会的主要职责包括：预先审批草案、决定是否呈交公民大会并作出建议；监督公民大会决议的落实情况；监督公共财政运行并对公民大会提供财政方面的建议；以及负责对官员进行财政问责。民众法庭主要承担司法职责。其陪审员每年从拥有完整公民权且30岁以上的公民中以抽签选出。民众法庭拥有相当大的权力和权威，可以颁布从罚款到流放乃至死刑的判决。除去针对普通公民的审理，民众法庭有时还承担对官员的弹劾或失职指控的审理工作。此外，雅典的民主制度之下还设置有大量的公共官员职位以维持政府的日常行政工作。这些官员大部分从普通公民中经由抽签产生,且具有任期和连任的限制。由于雅典政治制度采用"民主共治"的原则,官员权力受到明显限制。

公民的构成和公民权的界定构成了雅典民主的基石。民主政制下的雅典公民拥有广泛的政治参与权利。特别是在城邦的大多数公共职位都由抽签决定且有任期限制的情况下,雅典公民拥有大量机会参与各个政治机构的活动并担任官职。不过值得指出的是,在雅典,"公民"这个概念本身是高度排他的。譬如,只有拥有一定财产及父母都是雅典公民的男性,才可以成为公民;而外国人、女人以及奴隶都是无法成为公民的。据历史学家考证,在雅典25万—30万的常住人口里,仅有3万—5万人拥有公民权。雅典公民(在满足诸如年龄限制的必要条件后)有权参与到雅典政治生活的所有方面,包括参选公民大会、五百人议会、民众法庭,以及担任其他政治、军事、司法等领域的公共官员,或在上述机构按照既定程序发言、提出动议或提起诉讼。雅典公民亦同样要承担相应义务,包括缴纳财产税和在武装部队服役。如果没有履行应尽的义务或触犯法律,雅典公民会被起诉并审判。除去死刑或罚款等常规判决外,亦可能被流放(ostracism)。被流放者将被驱逐出所在地区并十年内不得回归。

就价值意义而言,雅典的民主是初级的、有限的和不完备的。首先,雅典的民主没有实现真正的、完全平等的公民政治参与。除去上文提到没有公民权的奴隶、外国人和不能参政的妇女之外,贫穷的雅典公民由于资源、时间和受教育水平的限制,亦无法平等参与到城邦政治生活中去。其次,批评者认为雅典民主乃是建立在剥削他人的基础上。例如,雅典民主被认为"很大程度上依赖奴隶劳动"。[5]正是由于奴隶的劳作,奴隶主们才拥有可以参与政治活动的闲暇时间和其他资源。此外,雅典以公帑为公民参政所提供的财政补助很大程度上也是通过对奴隶、妇女甚至其他被占领地区人民的剥削和掠夺而获得的。最后,批判者亦认为,不受限制的大范围公民政治参与可能造成政府管治水平的降低。如亚里士多德就认为，城邦提供经济补贴让基层民众参与政治是最坏的民主形式。因为金钱的补贴会使得大量的穷人（而非法律）统治公共政治，而拥有财产的公民则会逐渐离开公共政治生活。[6]这种批评认为广泛的民主参与会导致大量政治上极为"业余"的公民进入公共场域，从而大大降低政治运行和政府管治的效率和质素。

即使如此，不可否认的是，作为一种全新的政治权力组织方式，古代雅典城邦的民主政制与传统的王政体制相比，仍具有一系列崭新的特征。这其中最主要的区别是：在雅典的民主制度下，统治者必须从社会民众中选出，或经由人民认可。在王政时代，国王或者其他世袭统治者的权力被认为来自神授，并不需要得到其臣民的认可；但在民主体制下，政治权力的基础必须来自人民的赋权和同意，这是政治思想上翻天覆地的巨大变化。同时，与王政体制下统治者权力的终身制不同，民主体制下的公共官员通常有固定任期；即便在某个时期官员任期可能非常漫长，但一旦期满，他们就必须卸任，交出其拥有的全部权力。同时，如果人民认为官员的表现不尽如人意，不再适合担任公共职务，便可以通过特定程序或代表行使弹劾权，迫令不适任的官员交出职务。在雅典民主政制下，政治参与向合资格公民群体大幅度开放，普通平民参与政治的门槛与王政体制相比，还是被极大地降低了。[7]

古代雅典民主的运行过程大致可以参见图3.1。在这样的制度下，公共官员通过直接民主制对公民负责，而公民亦通过直接民主制拥有对官员问责的制度性管道。尽管雅典的民主制度远非完美，但它在人类历史上是一次重要的政治权力组织形式的创新。雅典的民主首次以法定机制来系统性地赋予和保证普通民众在公共政治事务中的决定性权力，并对政治权力拥有者实施实质性和制度性的限制，为人类的政体形式提供了崭新的可能。可是，随着古希腊城邦的衰亡和马其顿王国的兴起，雅典城邦所代表的直接民主制度也逐渐式微。其后，人类社会重新回到了君主、贵族和僧侣的统治下。在罗马帝国之后更是黑暗的中世纪，封建贵族们与天主教教廷一道，编织了严密的禁锢网络，控制人民的思想、身体和劳动。在漫长的中世纪，封建君主制在西欧再度兴起，政治、宗教和经济专权进一步集中，雅典的民主制度似乎成为历史的遗迹和遥远的追忆。

直到欧洲文艺复兴运动之后，人类社会才迎来现代民主的开端。今天的历史学家们认为，从17世纪开始陆续发生的三次重要革命事件和它们所分别代表的新的思想体系，标志着现代民主思想和民主制度的兴起。

第一个重要事件是英国资产阶级革命。英国革命为现代民主政治确立了"权利"（rights）这个思想基础。人具有不可侵犯的自然权利这一自由主义观念，是17世纪英国资产阶级革命对人类社会最重要的贡献。权利观念的缘起最早可以追溯到13世纪英国领地贵族们对抗王权的政治斗争。那时，英国的世袭贵族阶层为了保

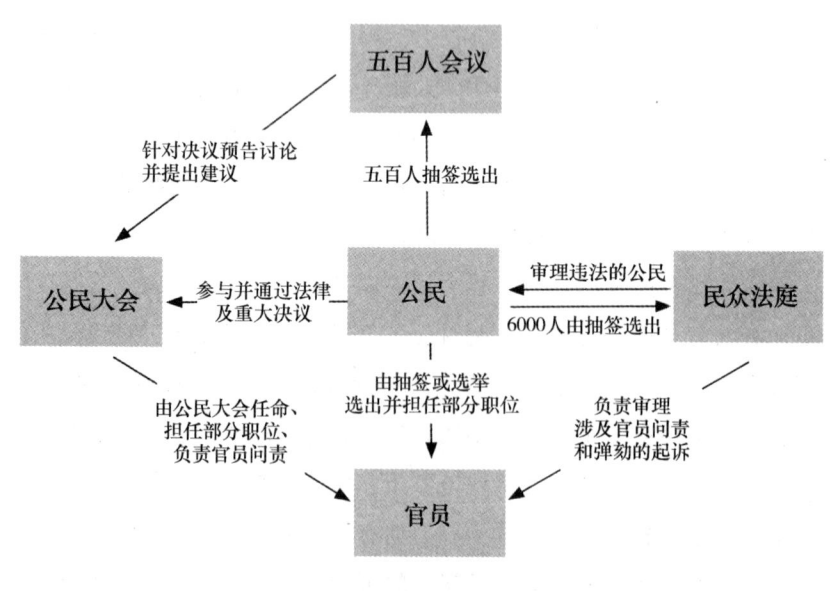

图 3.1　古代雅典城邦的民主政制

障自己的权力、利益、领地、荣誉乃至人身安全不受专横王权的侵害，希望以权利观念来限制绝对王权的行使。1215 年签署的《大宪章》（Magna Carta）就是那个时代贵族团体对抗王权斗争的直接产物。《大宪章》的修订版本直到今天仍然是英格兰和威尔士的有效法律。1640 年爆发的英国内战以及 1688 年发生的"光荣革命"逐步完成了世袭贵族对王权的政治和武装斗争。1689 年《权利法案》（The Bill of Rights）的颁布则在宪制层面完成了这个过程；在接下来的几百年间，英国逐渐演化为一个以君主立宪为基础的议会制民主制度。"权利"的概念被高扬，国王的传统权力被至高无上的法律和以议会制度来体现的人民意志所限制。后来曾担任首相职务的英国著名政治家老威廉·皮特（William Pitt）在 1763 年 3 月的一段著名演说，成为权利观念最生动的表达：

> 即使是最穷的人，也可以在他自己的小木屋里反抗国王的所有权威。他的小屋或许破旧，其屋顶摇摇欲坠；狂风可以吹进这所房子，暴雨可以打进这所房子，但是英格兰的国王却不能够踏进这所房子，即便国王的千军万马也不敢跨过这间破屋的门槛。[8]

这段演讲词旨在说明，即便是英国国王也不可以侵害他最贫困的臣民所拥有的私人财产权。从那时开始，"风能进，雨能进，英国国王不能进"这句名言，成为人的自然权利神圣不可侵犯这一崭新民主思想的最好诠释。

第二个重大历史事件是从 1789 年开始的法国大革命。法国大革命和作为其先声的思想启蒙运动（The Enlightenment）重新建构和确立了现代民主的另一个思想基础——基于理性的人人平等（equality）思想。从 18 世纪末到 19 世纪，法国大革命经历了漫长的历程和不同阶段，但贯穿其间的理性观念始终是革命者高扬的旗帜。在中世纪的欧洲，主教和僧侣们垄断了思考的权利；他们认为普通人并没有理性思辨的适当能力，必须通过教会的中介才能实现与神的沟通和共融。因此，就寻求真理而言，普通民众既不具有同精英阶层的平等性，也就不具有自由意志的独立性。法国大革命对这些中世纪教条提出根本意义上的质疑。法国大革命的理念是：每一个人都是有理性的。人们或许阶级不同、种族不一，但是他们所具有的共同点是都有能力进行理性思考，人具有平等的理性，这是人的共性。基于对人类理性的尊重与认可的平等观念，是现代民主制度的思想支柱。

第三个重大历史事件是美国革命。从18世纪中后期开始的美国独立革命所建立起来的"独立"（independence）观念，是现代自由民主制度的又一个重要思想支柱。北美大陆曾经是英国等老牌欧洲资本主义国家的殖民地，但美国人希望从被殖民和控制的状态中解脱出来，获得独立。在这里，"独立"具有两层含义：首先是在个人层面上，"独立"代表着个性独立和个人主义。社会中每一个个人都应该独立于国家和政府而存在，公民个人应当拥有独立的自由权利，以及为自己的私人事务做出独立选择。国家对私人领域的不合法及专横的干预，必须被严格禁止或限制。其次，美国革命者们认为，"独立"也必须体现在国家层面上：即为了保护公民个人的"独立"不受侵犯，作为人民共同体的国家也必须具有主体性和独立性，彻底摆脱外来权力的控制。只有独立自由的国家才可以保护和保障每个公民个人的自由和独立。

就现代民主的复兴而言，从17世纪逐步开始的英国革命、法国革命和美国革命这三次重要革命运动，宣告了民主作为一种政治思想和政治权力组织形式在黑暗蒙昧的中世纪结束之后的重生。它们共同宣告了现代自由民主制度的开端。权利观念、基于理性的平等观念，以及个人和国家对独立的追求，这些重要的政治观念构成了支撑现代民主制度的关键性思想基础。

什么是民主？

正如在本章开篇所提到的那样，今天，民主已经成为日常政治生活话语的重要组成部分。但是，究竟什么是"民主"？我们又应该如何定义"民主"？在这些问题上，学界众说纷纭，显然没有定论。美国哥伦比亚大学的著名政治学家查理斯·蒂利（Charles Tilly）曾对目前为止政治学家们所赋予"民主"的种种定义做了系统梳理，并归纳出学界存在的四种主要的判别民主的方式。[9]

第一，**以宪法判定民主**。以宪法定义民主这一方式，将关注点集中于政权为规约政治活动所实施的法律制度上。支援这种判别方式的学者们认为，如果你想知道一个政治制度是否是民主制度，就应该去研究其宪法以及其他基础性的法制安排。宪法是规定一个政治制度基本运行原则的总纲。研究一个国家是否民主，就要看这个国家的宪法上究竟写了什么，特别是它是否规定了符合民主原则的国家机构组织形式。所以，支持以宪法来判别民主的学者所重视的是国家权力组织形式的法定安排。他们有这样的预设，即：只要一个国家的基本政治权力组织形式的法定安排达到既定标准，这个国家就是民主的。这样的定义方式简单易行，但缺陷很大。正如已经提到的那样，今天世界上几乎所有国家都宣称自己是民主的，可以说没有一部宪法缺乏关于法定民主程序的内容。但在不少国家，真正运行在政治生活里的实际制度与纸上谈兵的宪法相比，其中存在的差距是相当可观的。单纯以成文宪法所载有的国家机构组织形式来确定民主的有无或民主政治程度之高下，似乎有失偏颇。

第二，**以实质权利评定民主**。以这种方式来定义民主，其重点在于在某一政治体系所积极推进的实质性的权利和自由。譬如，这个政权是否积极推进人类福利、个人自由及安全、社会平等、公众参与等？如果答案是肯定的，那么无论这个政权的宪法是怎么写的，它都很有可能是民主的。所以，持这种观点的学者不简单依赖宪法文本上写了什么，他们关注的是在真正的政治生活里人们拥有多少权利和自由。用这种方式去观察实际生活中的政治运作，可以避免纸上谈兵的缺陷，但也会出现相应的问题。特别是在一些地方，人们可能拥有非常广泛的、被法律保障的权利和自由，但政府并非通过普选产生。因此，在以实质权利评定民主的定义方式下，人们可能会忽略"自由"和"民主"之间的区别，有可能把一个"自由制度"误解为一个"民主制度"。从理论上讲，民主制度也可能是不自由的，而自由制度也可以是非民主的。

第三，**以程序来定义民主**。很多学者通过观察在一个国家的政治实践中是否存在某些标志性的民主程序，来判断这个国家是否是民主体制。这种方式一般称为以政治程序定义民主。譬如，一些学者认为，选举是最重要和最核心的民主程序，亦最具有标志意义。所以如果一个国家拥有选举，它的属性就是民主的。通常说来，以程序主义来定义民主的学者往往关注一个政体之下是否存在竞争性的多党制度、是否所有成年公民均具有普选权、是否定期举行公开和真实的选举，以及是否主要政党可以面向选民进行自由的宣传和竞选等。然而问题是，若我们观察世界各国的政治体制，以程序定义民主这一方式恐怕仍旧会出现一些矛盾和问题。譬如，不少国家尽管在政治生活中举行不同方式的选举，但这些国家很难被认为是民主的。军事强人萨达姆·侯赛因（Saddam Hussein）治下的伊拉克也举行定期选举，而且他在被美军推翻前夕的全国选举中还获得了接近100%的极高支持率；然而，很少有人会同意萨达姆政权是一个民主体制。以程序定义民主这一方式的主要问题在于，它忽视了作为程序而存在的选举或其他制度安排背后的政治现实：选举可能被操纵，投票可以被收买，政治多数可以被垄断。我们不能忽视程序背后的政治现实。

第四，**过程导向型**（process-oriented）**的民主定义**。根据过程导向型的定义方式，我们不简单地去看宪法等法律文本里的法定制度安排，亦非仅仅关注现实生活中的权利或是某种特定政治程序；相反，以过程为导向的定义方式要求我们观察一个国家总体政治生活中关键性宏观过程的形态。而我们用来判定某个政体民主与否的关键性过程是该政体下国家与公民之间的互动过程，蒂利将此过程称为公众咨商（public consultation）。值得指出的是，对蒂利来说，"咨商"一词不是用以描述某个特定的政治程序或安排；相反，"咨商"概括的是政府和民众之间的总体互动关系。选举和投票等具体程序仅仅是实现公共咨商的形式和手段之一二。

蒂利认为，一个真正的民主国家必须存在实质的公共咨商，此种公共咨商必须同时满足四项条件。第一，广泛性（breadth）。民主的公共咨商过程所直接或间接涵盖的社会人群必须具有足够的广泛性。所有社会阶层、种群和团体的成员都应有权利参与其中。第二，平等性（equality）。每个社会成员都拥有平等的机会参与民主的公共咨商。第三，有保障性（protection）。每个社会成员参加公共咨商的权利都切实得到法律保护。比如现代民主下的秘密投票程序，就是为了保证参与投票（公共咨商的形式之一）的公民不会担心自己因为投或没投某一位候选人的票而遭到报复。在现代民主国家，一般说来立法机关成员在辩论过程中的任何发言都受到法律保障，发言者不会被追究责任，这也是因为立法机关成员代表选民参加公共咨商的活动必须得到充分法制保障的缘故。第四，双边约束性（mutually binding）。民主的公共咨商所产生的结果应该对政府和公民都具有约束力。比如，在现代民主制度下，当重要选举结束后，胜负双方都会发表讲话，表示接受输赢结果；投票结果对选民也有约束力，选民不可以因为自己所支持的候选人未能当选而拒绝胜选者依法行使其法定权力。社会所有成员都必须接受合法胜选者所组织的政府及其施政。换句话说，民主的公共咨商所产生的决定，不管作为个人的社会成员喜欢还是不喜欢，亦不论在位政府喜欢还是不喜欢，双方都必须接受这个决定的约束。

在1990年的缅甸国会大选中，昂山素季（Aung San Suu Kyi）所领导的全国民主联盟赢得了大多数席位，从而获得法定的组阁权；但是执政的缅甸军政府却拒绝接受选举结果，甚至软禁了昂山素季。就此看来，虽然缅甸的这一次公共咨商过程或许符合广泛性及平等性的要求，但它却不符合双边约束性这个要求，因此不能被看作一次民主的公共咨商。在蒂利看来，以"过程导向"的方式来定义民主是最优的方式；而只有当国家与公民之间的公共咨商同时符合以上四个条件时，这个政治系统才能被认为是民主的。

罗伯特·达尔（Robert A. Dahl）在《多元政体》（*Polyarchy*）一书中亦使用了以过程导向为特点的方式来定义民主。达尔认为，完全符合理论上最完善的"民主"定义的政治系统只是一种理想模式；现实中的政体只可能无限接近、而不可能完全达到这个模式。因此他将民主的完善理想模式作为尺规，来衡量现实生活中各政治系统的民主程度。达尔认为，理想的"民主"是一种"多元政体"；而现实中的政治制度离"多元政体"模型越接近，它的民主程度就越高。"多元政体"有哪些特征呢？达尔认为：第一，多元政体提供切实制度保障使人们有机会形成自己对于公共事务的偏好和观点。譬如，现代竞选制度就实现这样的功能：从竞选期间无数的电视辩论、政治广告、宣传册页、公开演讲当中，人们有机会得到政治信息、比较不同的政治主张，并形成自己对某一候选人、某个政党或者某个政策选项的支援。第二，在人们形成自己对于公共事务的观点和偏好之后，多元政体以制度来保障人们对自己偏好和观点的表达。现代民主制度下有关言论自由的法律保障，就旨在保护人们不会因为发表自己的政治观点和看法而受到政府的惩罚。再如秘密投票制度，亦使得选民可以毫无顾虑地在选举中以投票方式表达自己对某一候选人的支持。第三，在多元政体下，每一个社会成员的选择和观点对政府决策的影响力应该是平等的。如果在某些选举设计下,一部分选民的选票权重大于其他选民的选票权重,这种不平等的投票权就显然违反了达尔多元政体模型的对平等的要求。总而言之,多元政体是一种理想中的民主模型,是达尔所认为的最完善民主制度的外在表现形式。在多元政体下,政治竞争水准非常高,而政治参与的范围也非常广泛,具有高度包容性和平等性。从多元政体的模型中,我们可以大略看出当代政治学家对于完美民主制度的理想。

民主的"能"与"不能"

人们关于现代民主制度的一个认识误区,在于对民主制度效能的错误理解。不少人认为,现代民主制度似乎是万能的,无论何种社会政治问题只要通过民主制度都可以得到最优解决。要全面充分理解民主制度,必须了解民主制度可能达致哪些目的,以及对哪些事项无能为力。

民主是基于被统治者同意的政治权力组织方式和政府形式,一般来说它具有七项主要特点。第一,通过民主制度建立的政府一般说来是可以被问责的政府。民主制度下的政府必须依照大多数民意做出决策;社会成员亦具有法定管道对政府决策表示反对,甚至通过选举实现政府更迭。民主制度有助于达致更高的政府负责性(accountability)。第二,民主制度一般说来更有利于在政府的不同分支之间建立分权和制衡,使得任何人和任何机构都无法掌握过大的政治权力,保证政治权力的相互均衡和适度运用。第三,民主制度有助于实现更加透明的政府和行政。第四,民主制度下的政治体系更容易修正错误,因为在各种监督机制下(议会、媒体、社会舆论,以及政府间监督),政府很难对选民掩饰问题。极度错误或者极度不合时宜的政治决策,非常容易导致政府更迭。第五,定期选举及其带来的政府更迭,使不断更新的政府执政领导层能够适应不断变化的社会状况。第六，民主制度有利于和平的政治权力转移，避免专制时代在权力继承问题上不断上演的流血斗争和宫廷相残。第七，民主制度更有可能保障公民的基本权利和自由。

但另一方面，民主亦远非万能。美国政治学学者菲力浦·施米特（Philippe C. Schmitter）和特丽·林恩·卡尔（Terry Lynn Karl）曾归纳了如下四点。第一，民主制度无法保证短期内的经济成长，更不能保证经济效率。第二，民主制度下的行政效率可能不高，而民主程序甚至可能拖延政府决策的过程。第三，民主制度无法在一夜之间建立政治秩序与稳定。第四，民主政府未必会选择自由开放的经济政策。选民很可能倾向于保护国内的就业市场，所以民主政府或有较高的可能性采用和执行保护主义的经济政策。[10]

简单的民主制度不仅不是万能的，在某些情况下甚至可能是危险的。从理论上讲，民主制度有可能导致"多数暴政"（tyranny of the majority），即：多数民意挟持国家机器，并肆意压制少数人的观点，甚至剥夺某些民众的自由和权利。如果以多数决为基础的民主程序被用来剥夺另一些人（通常是少数派）的基本权利和自由，那就会沦为"多数暴政"的悲剧。

陶片放逐法（ostracism）是古代雅典城邦的一项政治制度。陶片放逐法创立于公元前5世纪，是通过全民投票将特定公民强制放逐出城邦的制度。[11]现存最早的史料记录了公元前4世纪的陶片放逐制度施行程序。雅典公民大会在每年的第六次会议上民主投票决定本年度是否执行陶片放逐。如果同意执行陶片放逐，则真正的投票会在第八次会议之前举行。投票在公共市场进行，会场设置十个入口，代表十个部落。市民从代表自己部落的门入场并投票。五百人议会成员及九名执政官在场主持投票。倘若最终总投票人数超过6000名，则得票最多的人将会被流放十年。期满后，被放逐者才可以回到城邦，并重新行使其完整公民权。

陶片放逐法把特定公民的人身自由和权利置于多数投票表决控

制之下，是一种典型的多数暴政，即：政治生活中的多数派通过多数决的民主程序，侵害和剥夺少数人的人身自由和权利。法国学者托克维尔（Alexis de Tocqueville）也在《论美国的民主》（Democracy in America）一书里表达了对美国民主制度下可能出现"多数暴政"的极大忧虑。

另一方面，在简单的民主制度下也有可能出现"暴民统治"（mob rule）。在某些情况下，一部分民众会对现存政治制度或者另一部分民众产生非常大的厌恶，他们诉诸"自然权利"，走上街头，使用暴力，甚至杀人放火，使得民主制度演变为暴徒的专权。比如在十九、二十世纪的美国南方，针对黑人的私刑（lynching）非常泛滥，白人暴徒将黑人吊死在树上、活活烧死，并逃脱法律制裁。这种暴徒行为成了种族压迫的残暴手段。当人们抛弃法治、通过暴力行使"权利"时，民主制度就会滑向暴徒统治。亚伯拉罕·林肯（Abraham Lincoln）曾在1838年发表题为"永葆美国政治制度之青春"的演说，其中他就表达了对美国民主滑向暴徒统治的担忧。林肯说：

> 我希望我是杞人忧天；但若不是，我会说，在美国，就在今天，有一些恶劣的状况已经开始出现在我们中间。我是指在全国越来越普遍的对法律的藐视；越来越多的时候，野蛮及狂怒的激情取代了法庭严谨冷静的判决；而野蛮的暴民则取代了正义的执法官员。[12]

林肯在演说中认为唯有对法律保持宗教般的信仰，才能防止美国的民主制度堕落为暴民统治。

为了防范民主制度下可能出现的这些危险，在21世纪的今天，我们所谈论的"民主"，往往已不再是简单的"多数决"，而是"自由民主制度"（liberal democracy）。这个新的概念所包含的不仅是单纯的多数决民主，同样重要的是法律对个人权利的保护。法治

（rule of law）是现代自由民主制度的基石和保障。法治首先意味着，民主制度下的政治运作必须具有清晰、完整和合乎公平正义的规则体系，而且这些规则的执行必须得到国家强制力量的切实保护。更重要的是，法治旨在保障民主社会的社会秩序，确保每一个社会成员都能够在法律之下得到平等的公平和正义。也唯有法治，才能够充分保护每一个公民——无论多数派还是少数派——的基本自由和权利。同时，法治把一些人民的最基本人身权利，比如人身自由权、财产权、生命权等，置于"多数决"的效力之外，让民主投票无权干涉也无法侵犯这些属于公民个人的基本自由和权利，因而法治可以保护民主制度下的少数派也同样享有不受侵犯的自由和权利。

所以，民主作为一种政治权力的组织形式，长处甚多，却也有其固有和内在的缺陷；唯有当民主和法治配合在一起时，才能达致更好的政治效果。在宪法保障之下的自由民主制度，其精神涵盖代议制民主、自由及法治这三个基本支柱，是民主制度的现代实现方式。托马斯·潘恩（Thomas Paine）说得好："正如在专制政府中，国王便是法律一样，在自由的国家里法律便应该是国王，并且再不应有其他的国王。"[13]

转型的道路

从2010年年底开始，一些中东国家人民开始走上街头，表达他们对本国政府的不满。一时间，以反政府为特征的社会运动在中东地区蔓延开来，尤其是社会中下阶层人士和年轻人群体积极投身到社会运动中，以期改变既有的政治体制。这个政治过程被媒体称为"阿拉伯之春"。许多人认为，"阿拉伯之春"的主力军是熟谙互联网、不满政治现状以及权利意识觉醒的年轻一代。截至2012年8月，"阿拉伯之春"已经导致突尼斯本·阿里（Ben Ali）政权、埃及穆巴拉克（Hosni Mubarak）政权、也门萨利赫（Ali Abdullah Saleh）政权和利比亚卡扎菲（Muammar Gaddafi）政权的崩溃，并在叙利亚、巴林、约旦、阿曼、科威特、摩洛哥、阿尔及利亚等国引发了内战、政府下台、宪政状态改变等不同程度的严重政治后果，并波及沙特阿拉伯、伊拉克、毛里塔尼亚、黎巴嫩、苏丹等其他国家。

在政治学的文献中，"阿拉伯之春"这类政治进程被称为"民主化"（democratization），或者"民主转型"（democratic transition）。如果我们用最简单的方式来描述"民主化"这个概念，它是一个非民主政体转变为民主政体的政治过程，也意味着一个国家的政治生活从非民主的封闭状态转变到民主的开放状态。不同国家、地区或者政治体实现民主转型的方式纷繁复杂，路径各异；大致上，我们可以从历史上曾发生的民主化进程中总结出四种路线图，它们分别代表了不同的民主转型动力、路径和方式。

第一种路线图的主角是那些在外国势力（特别是外国军事干涉）直接支持下建立的非民主政权。这些政权往往在支持它们的外国势力崩溃、撤离或削减支持之后，迅速开始并完成自身的民主化过程。在20世纪的人类历史上，许多非民主政权并非是由本国、本地区或本民族的内生力量所建立起来的，而是由外国势力直接移植，或者在外国政治、经济和军事力量支持下被建立和巩固起来的。第二次世界大战后，德国由于战败，整个国家及首都柏林市分别被美国、苏联、英国、法国四大盟国所占领。随后而来的美苏冷战，造成两德（东德和西德）分立。苏联凭借其军事政治实力，在东部德国移植了苏联式政体，成为"德意志民主共和国"（Deutsche Demokratische Republik, DDR），史称东德。显然，东德政权是一个由外部力量"植入"的非民主政权，其生息系于苏联政府在政治、经济、军事和意识形态上对其全面支持。在20世纪80年代末，当苏联自身开始了政治自由化进程、并停止对其附庸国给予不计代价的支持时,东德政权就难以为继。1989年"柏林围墙"一夕崩塌,德国统一迅速被提上议事日程,东德政权在不久之后便成为历史。[14]随着两德统一和德意志民主共和国的结束,东德也完成了民主转型,整体融入德国的民主政体之中。因此,对那些完全由外国势力支撑的非民主政权来说,一旦这种外来支持减少或消失,民主化进程就很可能开始并以较快的速度完成。

第二种路线图则是由外国军事力量直接入侵而带来的民主化。这一特殊的民主化路线图同样涉及外国力量,但是与上一种路线图相比,外国势力在此类民主化过程中所扮演的角色截然不同。在上一路线图中,外来力量从他国政治图景中的退场导致该国民主转型的发生;而在这里,恰恰是外来权力以军事力量强行进入他国政治场域,并促成或者迫使被入侵国内部开始政治民主化的过程。例如,2003年前的伊拉克由萨达姆·侯赛因施行军事强人统治;但2003年美军对伊拉克的入侵直接导致萨达姆政权的倒台,伊拉克从而在美国军事和政治力量的强制推动下开始全面的民主化过程。相似的情况亦发生在"二战"后的日本。日本在1945年战败后,其本土全境由以美军代表的四大盟国予以占领。在1945—1952年间,虽然日本天皇及一些政权机关仍然在形式上存在,日本国内管治实际上是由美国占领军主导。但也就是在这段时间,在驻日美军统帅部的强力推动下,日本的旧有政治体制开始逐步褪去战前的军国主义色彩,实现了去军国主义化、自由化、民主化的政治转型,缓慢走向现代民主制度。无论是2003年后的伊拉克还是"二战"后的日本,它们的民主转型都是在外来军事力量的强制推动下发生和完成的。

第三种路线图是由所谓"人民力量"(people power)自下而上所推动的民主化。正如"阿拉伯之春"所展现的那样,当一国的人民陷入对政治社会现状的普遍不满时,有时只需一个很小的导火索事件,就会引发剧烈的街头运动和人民起义,从而推翻旧有政府,实现民主转型。在亚洲,最典型的例子是1986年菲律宾爆发的"人民力量革命",或称"黄色革命"。当时,菲律宾的军事独裁者斐迪南·马科斯(Ferdinand Marcos)非常腐败,他名下财产据估计多达上百亿美元,他的妻子伊梅尔达(Imelda Romuáldez Marcos,又译艾美黛)也因其奢华腐朽的生活方式而闻名世界。但出于对抗苏联的冷战考虑,美国对马科斯的军事独裁统治给予了支持和庇护。当菲律宾反对派领袖贝尼格诺·阿基诺(Benigno Aquino)在1983年结束流亡返回菲律宾意图挑战马科斯政权时,他在机场遭到暗杀。他的妻子阿基诺夫人(Corazon Aquino)继承其遗志领导反对派运动,毅然参加了1986年总统大选。马科斯和阿基诺夫人均宣称自己赢得大选,然而人们普遍认为马科斯动用了种种舞弊手段操纵选举结果。结果,马尼拉人民走上街头,抗议军政府在大选中的舞弊,并要求马科斯下台。起义人民得到菲律宾天主教会的大力支持。马科斯调动武装部队试图镇压反对派,但当其坦克进入市区准备使用武力时,遭民众逼退。部分武装部队决定倒戈支援阿基诺夫人。最后,马科斯仓皇逃到国外,在夏威夷流亡余生。阿基诺夫人就任菲律宾总统,菲律宾进入民主制度的新时期。菲律宾的1986年革命是一次典型的自下而上、由人民力量推动和完成的民主转型进程。

第四种路线图是由上而下、由旧有政权的执政者通过主动的政治改革而完成的民主转型。不丹就是一个很好的例子。不丹位于中国和印度之间的喜马拉雅山麓,多年来一直保持绝对君主专制,国王被人民奉为"龙"的化身,拥有不可置疑的无限权力。但第四任不丹国王吉格梅·辛格·旺楚克(Jigme Singye Wangchuck)决定废止绝对君主制,并力主通过自上而下的政治改革将不丹变成一个奉行现代民主制度的君主立宪国家。2007年12月31日,不丹举行了首次全国大选。在2007年和2008年,不丹选民分别选出了新的上议院"国家会议"和下议院"国民大会",不丹和平与繁荣党成为第一大党。第四任国王亦于 2008 年 12 月 14 日宣布退位，把权力移交给在牛津大学受过现代教育的儿子，即不丹的第五任国王吉格梅·凯萨尔·纳姆耶尔·旺楚克（Jigme Khesar Namgyel Wangchuck）。继任的新国王出生于 20 世纪 80 年代，受过良好的西方教育，他决意遵从父亲旨意为不丹建立君主立宪制度，并把权力最终交给由人民选出的政府内阁。到 2011 年，不丹完成了首次在民主制度下进行的全国地方选举。通过完全的自上而下的政治改革，不丹顺利完成了从专制君主制到民主的立宪君主制的转变。不丹的例子说明，在一定条件下，政治精英由上而下所推动的政治改革也可以使一个非民主政体转变为民主政体。

必须指出，以上四种民主化路线图只是大致的描述，所涉及的例子也都是非常典型的案例。现实中的民主转型故事可能比这些路线图要复杂得多，往往不同的路线图会在同一个国家的民主化进程中相互交织，以极其复杂的方式共同发挥作用。同时也应该指出，"民主化"作为从非民主政体到民主政体的转变，并非可以一蹴而就。政治学家往往将民主转型过程划分为三个主要阶段。第一阶段，是非民主政权的结束。在这个阶段，不仅原本的非民主政权停止运转，而且其所代表的政治价值、政治文化和政府运作方式也都要被逐渐淘汰和更新。第二阶段，是民主政权的建立，其标志是通过普遍、公开和自由的选举产生新的政治领导人。第三阶段，是民主政权的巩固。这一阶段，新的民主制度通过实际的政治运行而规范化、完善化和当地语系化。民主制度所代表的价值观和政治权力的组织方式，也成为具有主导地位的政治文化和价值体系。民主成为权力产生、运转和交替的唯一合法制度。只有达到了这些目标，民主化的最后一个阶段才能真正宣告完成。因此，民主化是否完成最重要的标志，在于民众是否已经将民主政治的价值、原则和运作方式视为最高的并且是唯一可以接受的政治规则，而这种政治文化的彻底更新往往是民主化进程中最困难的部分。

"第三次浪潮"

在 20 世纪，人类社会见证了西方选举民主制度在全世界范围内的扩展。长期任教于哈佛大学的政治学家塞缪尔·亨廷顿（Samuel P. Huntington）曾专门研究民主化现象，并就全球民主转型的长期和宏观趋势作出过经典的剖析。他提出，在世界历史上，民主转型进程是呈浪潮式发生的。所谓"浪潮"指的是在相对短暂的特定时段内，许多国家一齐开始并完成民主化历程这一现象。也就是说，民主转型就时序而言，往往是集中于历史上的某些时间段落内发生的。

民主转型的第一次浪潮，始自我们之前讨论过的三大革命：英国革命、法国革命及美国革命。17 世纪的英国革命建立并巩固了"权利"观念，18 世纪末开始的法国革命带来了"理性"和"平等"的观念；同样始于 18 世纪的美国革命则高扬独立旗帜，确立了个人自由以及国家自决的重要思想。这三次重要革命事件开启了大致从 1820 年延展到 1926 年全球民主化的第一次浪潮。英国、法国和美国的革命在西方世界撒下种子，将民主理念传播开来，但它们远远未能将民主理念普及到亚洲、非洲和拉丁美洲等发展中国家。而且即使在先行的民主国家里，也并非每个社会成员都享有平等的民主权利——譬如美国，在相当长的时间里就没有能够赋予有色人种和妇女以平等的选举权和其他政治权利。亨廷顿认为，在第一次民主化浪潮中，大致有 29 个国家被认为进入了民主时代；但是，在 1926 年之后，世界经历了一个所谓"逆民主化"的回潮。这个回潮一直延续到 1942 年左右。在这十几年中的回潮中，不少新的民主国家重新回到了专制制度的老路上。实际上，在亨廷顿看来，历史上的每一波民主化浪潮都必然跟随着一次相对的逆民主化回潮。

第二次民主转型浪潮则发端于 1945 年第二次世界大战结束之后,并一直持续到 1962 年。亨廷顿认为,是以中苏美英为首的盟国在"二战"中的胜利激发了这一次民主化浪潮。在十几年里,全球主要有两类国家完成了民主转型过程:一类国家是"二战"中的战败国,它们或者在战胜国所施加的压力下,或者在占领军的直接监督下,从非民主的专制制度转变为民主共和制;另一类则是很多在战后新近赢得独立的前殖民地国家,它们亦在英美支持下建立起现代民主制度(比如印度)。亨廷顿指出,共有 36 个专制国家在第二次民主化浪潮中成为民主国家,其中的 30 个新兴民主国家安全度过了紧跟第二次浪潮其后的逆民主化回潮。

第三次民主转型浪潮则从 20 世纪 70 年代开始,于 90 年代结束。民主转型的第三次浪潮在全世界见证了至少 30 个国家走向自由民主政体。不同于前两次民主化浪潮,亨廷顿认为"第三波"民主化是一次全球性的民主浪潮,涵盖的地域极其广泛。它发端于 1974 年的葡萄牙革命,续之以 20 世纪 80 年代拉美诸国的民主化,以及亚洲的菲律宾、韩国及中国台湾等国家和地区的民主化。这次浪潮结束于 90 年代初期东欧、苏联等共产主义国家的民主转型。亨廷顿将他的分析重点放在第三次民主化浪潮之所以得以发生的动因上,而他给出的解释也有助于加深我们对民主化过程一般肇因的理解。

亨廷顿认为:第一,第三次民主化浪潮得以发生的重要原因是非民主的威权政权在 20 世纪 70 年代所遭遇到的认受性危机。认受性在政治学中是一个非常重要的概念。任何一个政权,如果要正常运作,都必须拥有一定的认受性基础,即:民众认为该政权的权力来源和权力基础是合法的,其权威足以由被统治者自愿接受。亨廷顿认为,不少 20 世纪的威权主义政体将自己的合法性建立在经济发展的成就上;但 20 世纪 70 年代开始的全球经济衰退,严重冲击了这些政权基于政府政绩的认受性基础。第二,中产阶级的兴起也是民主化的重要原因。20世纪60年代所见证的是人类历史上从未有过的、全球范围内的经济大增长。由于人民的生活水准大大的提高,也因之催生出更大规模的城市中产阶层。当人们有更好的教育和更多的私人财产之后,他们便有可能去要求更多的民主政治权利。第三,天主教会的急剧转变也是第三次民主化浪潮的动因之一。罗马教廷是一个庞大的、官僚的、专制的教会系统。在很多南美的威权体制国家,传统上教会都被认为是右翼保守势力的代表,是威权政权的同情者和庇护者。但是在1962年由教宗若望二十三世(Pope John XXIII)提议召开的第二次梵蒂冈大公会议("梵二公会")上,天主教会决定自己必须针对当代世界的种种政治变革做出新的道德判断,并且承担责任成为个人权利的保护力量。[15]由此,罗马教廷在政治上大大增添了自由主义的色彩,"梵二公会"之后的天主教会也在全球范围内从专制现状的保护者,转变为个人权利的促进者和捍卫者。天主教会的取态转变对天主教国家民主化进程的影响特别深刻。第四,外部力量的影响也在第三波民主化过程中起到重要的作用。比如在东欧国家的民主化过程中,苏联政治军事力量的退出就客观上迫使旧有政权收缩和衰退,直接诱发了东欧国家的民主化。第五,民主转型浪潮中也有"滚雪球效应"。只要一个国家开启了民主化,它的邻国便很容易受到影响,它们向首先发生民主转型的国家学习经验,并为己所用。这种示范效应最终使得民主转型的雪球越滚越大,并形成民主化的浪潮。

三种路径

那么,一个传统的专制政体究竟是如何转化为自由民主体制的呢?罗伯特·达尔对历史上不同国家的民主化路径作出总结和归纳。

达尔认为,民主转型中有两大核心政治过程是最重要的。第一个核心过程是政治领域中公开竞争（public contestation）程度的不断提高。在非民主时期的政治中，被允许参与权力竞争的政治行为者——不管是政党还是政治人物——都是非常有限的，对于政治权力的公开竞争程度很低或者毫不存在。在非民主政体下，政治权力只属于恒定的垄断者，而缺乏合法的竞争者。然而民主转型会催生越来越多的政治行为者进入国家和地方政治权力的场域中，并引发越来越激烈的政治竞争。这种公开的政治权力竞争之程度不断提高的特殊政治现象，也被很多政治学家称为"自由化"过程（liberalization）。第二个核心过程则是政治参与面（inclusiveness）的不断扩展。民主转型要求在处于封闭或半封闭状态的政体，逐步打开政治参与的入口或者降低参与门槛，使得社会上绝大多数社会成员和力量可以以个人或者团体的形式参与到国家政治当中去，并对政策决策起到影响作用。总体来讲，公开政治竞争程度的不断提高和政治参与面的不断扩展，构成民主转型的两个基本面向，它们也是定义民主化这一概念时需要小心考量的两个核心过程。

接下来的问题自然是，如果民主化包含两个核心过程——公开政治竞争程度的提高和政治参与面的扩展——那么就它们发生顺序而言，究竟哪一个发生在先、哪一个发生在后呢？达尔认为，民主转型的两个核心过程发生的前后顺序十分重要，它甚至可以被用来定义民主转型的三种基本模型。这三种基本模型可见图3.2。在这个坐标系统当中，x轴代表政治参与面的宽窄，y轴代表公共竞争程度的高低，而三个不同路径的箭头代表了三种民主转型的路径。

最上方的箭头代表的是第一种模型，即：政治竞争度的提高先于政治参与面的拓展，不妨称为"精英民主导向大众民主"模型。在这种民主化模型中，首先是在有限的政治参与范围内（往往是精英群体内），政治权力的公开竞争程度逐步提高，并达到相当的激烈程度；然后再逐步提升针对全社会的政治参与面。在这种路径下，最初的政治竞争的激烈化形成于政治精英阶层内部；一段时间之后，或许是由于外部的压力，或许是政治精英认为民主规则和价值已经深深植入政权和社会当中，政治参与度会得到扩展。从一定意义上讲，这种模式是所谓"先精英民主再大众民主"的路径。这种民主转型模式的典型案例是英国。在英国跨越几个世纪的、缓慢而平稳的政治民主化过程中，首先是在贵族集团内部形成多头竞争、建立权利观念以及厘定民主程序，然后花了相当长的时间将民主政治的参与面扩展到所有社会阶层和社会群体。达尔认为这是最安全的民主转型路径。因为在遵循这一模式而进行的民主转型中，旧有的政治体制并没有被突然和彻底地抛弃；相反，先由旧有的政治精英设定比较稳定的民主政治的价值理念和游戏规则，并在一定范围内进行相当长时间的实践；待时机成熟后，方才引入普通社会大众的参与。这是一个较为缓慢但却稳当的民主化路径。

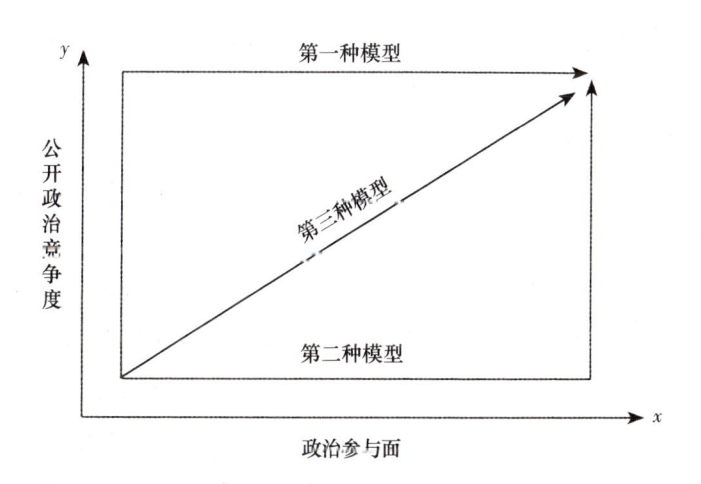

图 3.2 达尔所讨论的三种民主化模型

最下方的箭头则代表了第二种模型，即：民主转型首先经历了政治参与面的迅速拓展，然后再在新的、广泛社会参与的基础上逐步提升政治权力角逐的激烈程度。可称为"大众主义"模型。20

世纪早期，德国的民主化就是循此种模式。德国在第一次世界大战战败后终结了该国的君主制，建立了魏玛共和国（Weimar Republic）。由于战争的影响和帝制的结束，当时的德国社会力量和社会组织已经相当发达，而不同阶层的社会成员亦已经广泛参与到政治生活之中。在此基础上，德国制定的《魏玛宪法》（1919）建立起一套完整的宪政体制，意图规范民主化过程中不断升级的公开政治竞争。然而问题在于，在魏玛时期的德国，由于政治参与度的迅速和爆发式扩大，使得民主价值和观念在新近进入政治场域的民众之中并不巩固，民主政治的游戏规则也没有成为唯一的政治原则（崇尚武力和威权的旧普鲁士军官团仍然保持着对国家政治的强大影响力）。政治参与的爆发式扩大和政治价值与规则的脆弱埋下了德国民主转型遭遇重大挫折的种子。到20世纪30年代，德国人民最终在民主选举中抛弃了以社会民主党人为代表的魏玛民主体制，转而支持极度压抑政治竞争和崇尚侵略的纳粹极权体制，最终给人类带来了第二次世界大战的浩劫。

第三种民主转型的模式，也就是在图表3.2中间的箭头，代表了一种爆发式的快速而激烈的民主化路径。笔者称为"革命式民主转型"模型。在这样的民主化路径下，整个社会政治的竞争程度在极其短暂的时间内迅速提升，而政治参与面也在同时急速扩大。在一夕之间突然从封闭和非民主政体转变为全民普选、全民参与、多党竞争的民主政体，这对一个国家及其民众来讲，可能是难以"消化"的革命性过程。在达尔看来，革命式民主化是一种民主转型"抄近道"的方式，往往带来的是革命、动荡、内战和长时间的社会冲突。始于1789年的法国大革命就是最典型的例子。因此，就民主转型的两个核心过程（即政治竞争性的提升和政治参与面的扩展）而言，它们发生的前后顺序不但对于民主转型本身的成功与否至关重要，而且也影响着完成转型之后的新兴民主国家的发展前景，值得高度重视。

解释民主转型

民主和民主转型,是当代政治学要讨论的重要问题。虽然,经过半个世纪的研究,人类社会目前对于民主转型这个政治现象已经有所了解,但对于其发生的机理,在学术界则依然是众说纷纭,莫衷一是。我们究竟应该如何解释民主转型?为什么就世界范围来看,一些国家走上了民主转型道路,而另一些国家却完全未受到民主转型浪潮的影响?在这个基础性的理论问题上,政治学迄今给出了四种可能的解释。

第一种是文化解释。持这种观点的学者认为,一个国家是否能够走上民主转型的道路,根本上而言取决于该国的政治文化。拥有自由主义文化传统的国家,在这些学者看来,就更有可能启动和完成民主转型。文化论者认为,自由主义强调尊重个人权利、平等主义,以及鼓励自由竞争,是现代自由民主制度的思想基石。具有这些文化要素的国家似乎更容易完成建立和发展现代民主政体的任务。但从另一方面讲,文化论解释显然过于僵化;按照文化解释,民主化似乎很难发生在天主教国家、儒家文化国家或者伊斯兰国家等不具有深厚西方自由主义传统的国家或者地区,而这显然不合乎20世纪人类的历史经验。按照文化解释的逻辑,我们似乎还可以推论出:某种意识形态上的"西化"必须先于民主化。因为没有这种"西化"的思想环境,就很难完成民主化过程。这显然将非西方国家和地区所建立的民主制度的内涵和价值大为缩减。这种西方中心主义的文化决定论,是值得警惕的。

第二种是现代化学派的解释。譬如,西缪·马丁·李普赛特(Seymour Martin Lipset)认为,民主是否得以发生的关键解释因素仍然在于经济发展水准;民主化与高度的工业化紧密联系在一起。现代化学者认为,没有能够成功启动和完成民主化的国家,主要原因还是在于经济上的贫穷。当这些后发国家逐渐富裕之后，就自然会萌发出民主转型的要求和动力。经济发展会带来城市化、更高的教育水准、更便捷的交通通信，以及中产阶级的兴起。经济现代化还促进社会流动性及培养社会活力。所以就这些学者看来，经济现代化是政治民主化的基本动因，而社会经济指标可以帮助我们最准确地判断不同国家民主转型的前景。这一理论强调了经济因素在民主转型过程中的重要作用，但显然无法解释为何许多贫穷的第三世界国家可以顺利实现政治民主化（如印度），而一些非常富有的国家（如新加坡、沙特阿拉伯、文莱等）却没有采用西方的自由民主制度。

第三种是来自马克思主义对民主转型动因的解释。马克思格外重视在民主转型进程中革命暴力的作用，并认为暴力的阶级斗争是建立资产阶级民主制度的必要前提。资本主义民主制度的建立需要有一个强大的资产阶级，通过阶级斗争去摧毁旧有的、基于封建土地权利的封建贵族权力阶层。马克思主义告诉我们，足以推翻封建王权的民主化运动在缺乏强大资产阶级革命力量的国家，是很难发生的。

这里，值得注意的是，以上三种解释路径具有一个共同特点，即：它们都认为民主转型最重要的动因乃是一些不为人力在短期内所能改变的结构性条件。无论是文化传统、发展水准抑或阶级关系，它们显然都属于结构性的、人力影响之外的因素；对这些因素，单个个人或者政治家的主观能动性并不能对其发挥太多影响。我们通常把政治学中类似的解释理论统称为"结构论"（structuralism）。但是，注意观察现实政治的人们却很容易发觉，在政治过程中，虽然这些既定的和结构性的因素极为重要，但在特殊的历史事件中，或者在特定的历史阶段，特定的政治领导人却也似乎在政治进程当中扮演了无可替代的关键角色。没有了这些关键性领导人的作用，经济、文化和社会的结构因素恐怕难以直接导致一定的政治结果出现。想象一下，如果南非没有曼德拉、菲律宾没有阿基诺夫人或者俄罗斯没有叶利钦，这三个国家的民主转型进程还会循同样的路径发生吗？对这个问题，不同的政治学家显然有不同的判断。

正因如此，对于民主转型问题，一部分学者们给出了第四种解释：我们大略用中文将其称为"唯意志论"（voluntarism）。这是一种用政治领导阶层的价值观、策略、能力以及其他人类政治行为来解释民主化成果的重要理论。戴·帕尔马（Giuseppe Di Palma）在《塑造民主》（*To Craft Democracies*）一书中曾认真讨论过民主转型中的"塑形"（crafting）问题，包括政治契约以及制度设计在民主化过程中所发挥的重要影响；而这种"塑形"过程是直接由政治领导阶层完成的，人的因素在其中起到非常核心的作用。唯意志论的解释似乎暗示，只要有合适的领导人，并运用正确的政治策略，民主制度可以在任何地方、任何国家建立起来。纯粹的唯意志论理论的根本弱点在于：若民主化（或者任何政治过程）的胜负成败完全是个别领导人或者特定领袖集团的价值、能力和策略所决定，那么我们对民主化问题（或任何政治问题）都根本无从建立起一般性的理论解释。在构建一般理论方面的根本障碍，是形形色色的唯意志论理论所面临的共同挑战。

在对于民主转型这一社会政治现象的解释中，前三种解释路径（文化传统、经济发展和阶级关系）与第四种解释路径（政治领导人因素）之间的分歧，反映的也正是整个政治学中结构论（structuralism）和唯意志论（voluntarism）之间所存在的根本冲突。结构论者认为，在政治学中，结构性的、固定的和不以人的意志为转移的那些因素——如社会条件、经济条件、文化条件等——是解释由自变量导向因变量的因果链中最重要和最具决定性的因素，是政治解释的不二法门；而唯意志论者则认为，在一般的政治活动、政治过程和政治现象中，与那些结构性的因素相比，政治领导人的价值、策略和能力，以及人的能动性和人的主动性，才是影响政治过程的最重要因素。但正是由于这种纯粹"结构论"与纯粹"唯意志论"之间的论争,才带来了政治学中制度主义与新制度主义的逐步兴起;而制度主义被认为是居于纯粹"结构论"和纯粹"唯意志论"之间的中间道路,逐渐成为政治学家构建和发展理论的主要方法。我们转入下一章来讨论这个问题。

注释

[1] Francis Fukuyama, "The Imperative of State-Building," *Journal of Democracy*, 15(2)(April 2004):26.

[2] R. K. Sinclair, *Democracy and Participation in Athens*, Cambridge, UK: Cambridge University Press, 1988, p. 4. 本章关于雅典民主制度的介绍,主要基于该书。

[3] Ibid., p. 14.

[4] Ibid., p. 67.

[5] Ibid., p. 200.

[6] Aristotle, *Politics*, edited by Lord Carnes, Chicago: University of Chicago Press, 1984, p. 128(1293al:5).

[7] J. Thorley, *Athenian Democracy*, London, UK: Routledge, 2005, p. 74.

[8] William Pitt, "Speech on the Excise Bill, House of Commons"(1763年3月),见 Lord Brougham, *Historical Sketches of Statesmen Who Flourished in the Time of George* Ⅲ(1855), I, p. 42。这段著名的话曾经在美国联邦最高法院 Miller v. United States 一案(357 U. S. 301 [1958])以及英国英格兰及威尔士上诉法院 Southam v. Smout([1964] 1 QB 308 at 320)一案的判词中被引述。

[9] Charles Tilly, *Democracy*, New York: Cambridge University Press, 2008, pp. 7–15.

[10] Philippe C. Schmitter and Terry L. Karl, "What Democracy Is ... and Is Not," *Journal of Democracy*, 2 (3) (1991): 75-88.

[11] 本书关于陶片放逐法的介绍，基于 S. Forsdyke, "Exile, Ostracism, and Democracy: The Politics of Expulsion in Ancient Greece," Princeton, NJ: Princeton University Press, 2005.

[12] Abraham Lincoln, "The Perpetuation of Our Political Institutions," in *Great Speeches*, Mineola, NY: Dover Publications, 1991, p. 2.

[13] Thomas Paine, *Collected Writings*, New York: The Library of America, 1995, p. 34.

[14] 柏林原本是一个完整的城市。在"二战"后被分区占领，虽然柏林全境都处在东德之内，但因其作为首都的特殊政治地位，它也和德国全国一样被分成四个占领区，由美、苏、英、法分别占领。1949 年，联邦德国和民主德国建立，西柏林就此成为东德境内的一座孤岛。两德分裂后的很长时间里，柏林市内并不存在隔离墙，市民可以自由来往。然而由于各种政治、经济原因，大量东德人（尤其是年轻人和受过教育的人）逃往西德；1949—1961 年间，约有 250 万东德人冒着被东德边防射杀的危险逃入西柏林。1961 年 8 月 12 日，东德政府在没有任何事前咨询或警示的情况下，突然开始修筑柏林围墙，一夜之间将无数因生活、工作而穿越东西柏林的德国人分割开，妻离子散的故事不可胜数。在之后的近 30 年里，东德政府将所有尝试自行穿越柏林围墙的人视为罪犯或叛徒，予以制止或者惩处。

20 世纪 80 年代末，苏联由于自身改革，逐渐减少对东德的支持，东德政府面临的政治、经济压力剧增。1989 年 11 月 9 日，东德政府决定放松东德人民的旅游限制，其措施包括开放东西柏林间的自由往来。在记者会上宣布决定的东德政治局委员被问及此决定何时开始执行，他稍一犹豫后回答:"或许是立刻吧。"于是数以万计的市民立即走上街头,彻夜冲击柏林围墙,整个德国陷入极度兴奋状态。此历史事件也称为"柏林围墙倒塌"。11个月后,两德实现统一。

[15] 大公会议是基督教中有普遍代表意义的世界性主教会议,对重要教务和教理争端进行咨审表决。前七次大公会议得到天主教和东正教的共同认可;之后的大公会议由于东西教会大分裂,仅在天主教世界具有普遍约束力。

第二次梵蒂冈大公会议是第二十一次大公会议,也是距今最近的一次。教宗若望二十三世指出,此次大公会议的目标是"发扬圣道、整顿教化、革新纪律"。会议在1962年召开,1963年若望二十三世逝世,由继任的保禄六世主持第二期之后的会议。保禄六世指出大会的目标是:"认识教会本身,特别是有关主教的职务和主教与教宗的关系;教会的革新;各基督教会的合一;教会面对现代世界。"会议在1965年结束。

大会开幕后,法国主教团代表全体教长起草《大会告全人类书》,表达了关怀全体人类和愿意为全体人类服务的诚意,并提出大会特别关心的两个问题:国际和平问题和社会正义问题。会议通过了《论教会在现代世界牧职宪章》,其第一部分说明教会关怀并愿意服务于全人类,并且描述了世界各方面的进步和改变以及由此引发的严重问题;第二部分则讨论现代的几个重要问题,包括婚姻、文化、经济、政治、和平及联合国组织。其中,大会对于正义战争和核武器等问题有过激烈争论。大会还通过了《信仰自由宣言》。在讨论中,教长们的共识是:"大会公认当有信仰自由,但不能陷入宗教上的不可知论或旁观主义,大会承认真理应为众人所接受,但同时尊重每人主观良心的指示,因为这是人善和恶行为的最近准则。"

第四讲
政权组织形式：
新制度主义的框架

制度主义
"制度"的奥秘
制度怎样影响政治？
政权的组织
政党制度
选举制度

政权组织形式：
新制度主义的框架

制度主义

当代政治学是典型的问题导向型（issue-oriented）学科。今天的政治学学者虽然彼此之间意识形态和哲学基础各不相同，但他们研究的主要关注点都是经验主义的"问题"，而非规范主义的"观念"。粗略来讲，政治学考虑的是政治生活的"实然"，而政治哲学考虑的是政治生活的"应然"。政治哲学与政治学的分离是20世纪政治学学科发展的最重要成果。

今天的政治学所考虑的那些基于人类社会发展共同历程的问题，粗略可以划分为四个部分：第一，发展的政治学，即与经济社会发展相关的政治和政府过程；第二，民主与民主转型，包括对民主的不同定义、对民主转型道路的不同解释、民主转型对于社会政治的影响等重要议题；第三，政治制度和政权，即人类社会政治权力组织的不同形式及其对社会的影响；第四，政治社会学，即政权与社会的合作、冲突和互动，主要议题包括市民社会、公众政治参与、社会运动和政治认同等。本书对当代政治学的介绍，也正是从这四个主要维度入手的。

当代政治学所提供的解释理论纷繁复杂。在同一个主题之下，我们会发现有林林总总的理论学派和解释路径共存。简单地说，政治学的常态是不同的政治学学者往往为同一个问题（例如：为什么爆发革命？为什么经济发展？为什么政治稳定？）给出不同——有时甚至是截然不同——的理论解释。这些理论学说相互之间或者可以相容，或者有所冲突。但造成这一情况的根本原因，在于政治学研究路径的多样化和差异化。针对同一个政治现象，不同的学者往往运用不同的视角、通过不同的分析方式、采用不同的解释变量，来给出独立的因果关系解释。所以，要明了当代政治学的繁复理论，最重要的是了解不同研究路径之异同。在此基础上，才可以继续深入探究建基于不同研究路径之上具体理论的优劣差别。我们可以大致将政治学学者所使用的研究路径分为三类，也就是本书前一章提到的结构论路径、唯意志论路径，以及本章将要讨论的制度主义路径。

在英文中，结构论（structuralism）与唯意志论（voluntarism）都以"-ism"结尾，但严格来说，它们都算不上某种一般意义上的"主义"，而仅代表社会科学里不同的解释方法。结构论倾向于使用既定的、结构性的、人的能动性难以在短期内加以改变的因素来解释政治现象。对结构论学者来说，极端地讲，只要具备了18世纪下半叶美国的社会、经济和文化条件，或是20世纪上半叶中国的结构性环境，那么即便华盛顿和毛泽东互相生在对方的时代和社会成为领导人，美国革命与中国革命的历史进程与结果也不会有太大改变。

结构论的长处在于，用它来研究政治学的课题，不管是发展问题、民主转型问题还是其他，都比较容易进行量化研究，也更有机会形成一般性的理论。然而它的短处也同样明显：首先，结构论忽略了人的主观能动性。譬如，毛泽东作为革命领袖的在中国革命进程中的重要影响、华盛顿个人的政治价值观在美国宪政秩序建立过程中的作用等问题，结构论并没有办法加以解释；而据我们的观察可知，革命领袖和政治领导人在特定历史情境下对政治过程和事件的影响力是无法忽视的重要解释要素。其次，结构论通常具有比较强的"决定论"倾向，往往把自变量和因变量之间的关系看作固定的"单行道"，认为"只要"拥有某些结构性条件，就"一定"会得到某种特定的政治结果。但现实社会政治是复杂合力所共同作用的结果，通常并不具有这样的确定性。人们有足够理由怀疑在政治生活中究竟是否存在如结构论者所主张的那样恒定的、单向的、几乎具有决定性的因果关系链条。

当结构论者不知不觉走上决定论的歧途时，这其中更重要的后果则是：人的主观能动作用在结构论者对政治过程和政治现象的解释中，变得无足轻重。在结构论者看来，但凡具备一套既定的政治、经济、社会、文化等客观要素，那么不论时间、地点，历史的机缘与巧合，不同国家和社会的政治发展都会走上确定不移的道路，而人的主观能动性对其几乎完全无力施加影响。然而正如本书最开始所提到的，政治学中的因果关系仅可以表达统计学意义上的可能性——再多的实证材料、再严谨的逻辑推导，也无法改变政治学科这一根本特点。而结构论者对既定的、结构性因素的过分强调，往往会使其产生做出超越因果"可能性"而进入因果"必然性"结论的强烈冲动。

唯意志论的解释路径对结构论进行了有益的补充。首先，与结构论截然不同，唯意志论非常强调政治领袖、政治人物在政治过程和活动中所发挥的主观能动性及其影响。这有助于政治学学者理解那些超出结构性因素解释能力范畴之外的政治现象。为什么20世纪上半叶的中国革命在异常艰难的内外客观条件下，仍然能够取得最后成功？对于研究者来讲，毛泽东作为革命领袖的领导，其谋略和组织能力在这个过程中是无法逾越的重要解释因素。而为什么美国在民主难觅、王权遍地的18世纪末，走上了完全抛弃君主制度的民主宪政道路？华盛顿坐拥无可比拟的政治威望，却拒绝黄袍加身成为美国君主；他的个人价值观和个人政治倾向，不能不说是美国革命的成果得以巩固的重要因素之一。重视毛泽东和华盛顿这样的个人在政治生活中作为领袖所发挥的关键性作用，这是标准的唯意志论解释风格。

用唯意志论的方法研究政治学，自变量是人，目的是用人的因素解释政治现象和政治过程。唯意志论认为人的因素是政治过程的核心要素。无论是政治领袖抑或普通政治参与者，不同情境下人的因素的差别可能直接导致不同的政治结果。但也正因为此，唯意志论往往将理论建基于人的策略、意志、价值和能力之上，其解释力和预见力相对薄弱。这是因为在政治过程中，个人行为经常是难以预测、甚至是完全无法预测的。每个人的家世、经历、信仰、理念、能力不同，要分析、预测一个独立的个人在政治生活中的可能行为取向，恐怕犹如蜀道之难。在特定的时空背景下，政治行为者的个人行为还可能完全脱离过往的习惯性轨道，而做出离经叛道甚至貌似非理性的离奇行为。如果政治学将人的作用作为唯一有意义的自变量，并把所有政治现象最终归结在难以捉摸、多变难了的人的因素和人的主观能动性上，政治学家将无法构建任何一般性的理论和解释框架。不唯如此，纯粹的唯意志论过分强调某些政治人物的不可取代的作用，但历史表明即使是最伟大的政治人物，在政治过程中也常常是可以被替代的。从一定意义上说，政治人物的行为亦受历史和现实偶然性的影响。在这样的基础之上，唯意志论很难构建出坚实的、具有解释力的理论来。

纯粹结构论和纯粹唯意志论的种种内在缺陷催生了当代政治学的第三种解释路径：制度主义路径（institutionalist approach）。制度主义路径希望能够合结构论与唯意志论二者之长，而弥补二者之短。制度主义从一定意义上讲，是结构论和唯意志论之间的"中间道路"。

从20世纪90年代开始，制度主义的解释路径逐步成为政治学研究的主流方法。制度主义路径将"制度"（institution）置于其理论构建的中心位置，将其作为解释政治现象和政治过程的核心自变量。在不同的政治学研究中，宪法类型、议会设置、法院地位、军政关系等重要的制度要素，都曾被作为自变量来解释重要的政治过程和政治现象。

在政治生活中，人们通过制度来组织政治权力、规范政府运作、规管政治过程、分配政治利益、规约公民参与，及解决政治争拗。所有这些规范政治生活和政府运行的规则以及基于规则所建立的组织结构体，都是制度主义的解释路径所高度重视的要素。制度主义是结构论和唯意志论之间的中间道路。一方面，采取制度主义视角研究政治过程和解释政治现象，可以自动将人的主观能动性所发挥的作用包括进去——因为任何政治制度都是由人来设计、运转、改进和革新的。制度主义在一定程度上与唯意志论的解释路径存在广泛交集。但另一方面，身处政治制度中的人，无论是领袖还是大众，却又只能在各种客观的结构性因素（经济、社会、文化等）的限制下设计、运转、改进和革新政治制度，因此制度主义自然而然亦包含了结构性因素对政治现象和政治过程的重要影响。正因为制度主义的解释路径能够将结构性因素和人的主观能动因素有机结合起来，政治学学者一般认为它是能够综合纯粹结构论和纯粹唯意志论之长的较优的方法。

"制度"的奥秘

制度（institution）究竟是什么？执教于加州大学柏克利分校的哲学家约翰·塞尔（John R. Searle）在题为《什么是制度？》（"What is an institution?"）的经典论文中，曾为其给出这样的定义：制度是任何一种被人们普遍接受的规则系统（亦包括程序及习惯），它使我们得以创造制度性效果。政治学家法兰西斯·福山

· 111 ·

（Francis Fukuyama）提出，制度是那些"稳定的、有价值的以及重复发生的行为模式"，它的存在超越领导人本身的任职期限。从根本上说，制度是那些具有持续性的且被用来塑造、限制以及转变人类行为的规则。[1]必须指出，"institution"这个社会科学概念在英文中含义比较宽泛，约略包括我们在中文中所说的"制度"和"制度性构建物"两个范畴。而欲定义"制度"和"制度性构建物"，这里关键性的概念标准则是"制度性效果"，制度和制度性构建物必须能够创造制度性效果（institutional effect）。

什么是制度性效果？举个简单的例子：一个普通的苹果，它作为食物可以满足我们的口腹之欲，但苹果满足我们的食欲这个事实并不能算是"制度性效果"。因为苹果在发挥它帮助人类果腹效能的时候，并不依赖于一个为社会普遍接受的规则系统，所以苹果作为食物并不是制度或制度性构建物。但一沓钞票的情况就完全不同。纸币是一种制度性构建物。乍看之下，似乎这沓纸币是客观存在的事物，其存在并不需要人的参与。但实际上，要判断它是不是一项制度，其重点不在于有没有人的参与，而在于纸币要发挥其基本功能是否依赖于一整套为人们所普遍接受的规则系统。众所周知，纸币的基本功能是充当交换媒介，而纸币之所以能够履行这种市场交换功能，必须要有一套人们普遍接受的规则系统去支援才可以实现。买家和卖家需要一套大家共同接受的规则来决定某种纸币的市场价值。没有规则系统的支撑，纸币本身不过是印刷费用高昂的彩色纸张而已。而纸币之所以能够成为合法支付手段，更在于社会拥有以相关法律的形式存在的，由中央银行、警察、法院等国家机构以强制力来执行规则的系统。唯有如此，纸币才能发挥其功用。所以纸币是一种制度构建物。

是否存在一个简单的办法来帮助我们判定某样东西是不是制度或者制度性构建物呢？这里进行判别所使用的核心标准仍然是"制度性效果"之有无。我们似乎可以做如下设想：假设一个人孑然一身来到一座荒岛。他带了很多东西，包括一个苹果、一沓钞票，甚至他还带了一本《刑法》。在这个荒岛上，只有他孤身一人，也不能与外界进行任何形式的联系与沟通。那么，在这样的情况下，他随身所带的这些东西还能正常实现其基本的功能么？苹果当然还是可以照吃不误，因为其作为食物的功能完全不受这个荒岛情境的影响。但是钞票与《刑法》在这个只有一个居民的荒岛上，就好像不能发挥其本来的作用了——因为在这个荒岛上，除了可怜的主角之外，并无其他人同他生活在一起。没有社会，也就不需要一部《刑法》来调整人与人之间以及人与社会、人与国家之间的关系；岛上也没有任何的其他卖家可以基于共同接受的规则系统来接受他的钞票以完成支付。所以，在这个荒岛情境下，钞票和法律都是无法实现其基本功能的，因为它们都是制度或基于制度的构建物。钞票和法律在荒岛情景下丧失它们本应具备的功能，正是因为它们的日常功能之实现必须依赖一套为人们所普遍接受的规则系统——它们是政治学意义上的制度和制度构建物。

大体而言，政治制度可以分为两类：抽象的制度和实在的制度构建物。抽象的制度指政治规则和规则系统。比如在特定领土范围内，组织政治权力所倚靠的最基本的宪法规则，就属于抽象的政治制度。这些基本的政治组织原则或者以成文的宪制性法律的形式加以规定（如许多国家的成文宪法、香港特别行政区的《基本法》等）；又或许这些原则并不完整地出现在同一部书面文件里，而是以"不成文法"甚至习惯法的形式存在（比如英国的宪制）。一个国家的政治体制是实行君主制还是共和制，是采用总统制还是议会制，以及有关选举的规则、政党的规则，这些组织国家政治权力的基本规则都属于抽象政治制度的范畴。我们日常所见的抽象制度还包括法律、党章、议事规则、会议规则等。

实在的制度构建物，则是那些建立在抽象原则之上、基于规则或规则体系而运行的政治实体。由国家权力依照一定的规则体系所建立的政权机构，比如军队、法院、议会、公共财政部门等，均以国家的宪法及其他法律所构成的规则体系为基础来运行；而非政府组织（如红十字会、工会、专业学会、行业组织等）也都需要遵照国家制定的相关规则体系以及本组织的宪章来运行。这些林林总总的、创设于规则体系的基础上、依靠规则体系来运行的政治和社会机构，都被我们认为是政治学意义上实在的制度构建物。

面对现实政治生活中纷繁复杂的制度和制度构建物，制度主义与新制度主义学者如何切入对政治制度的研究呢？这里，制度设计与制度效能正是我们可以看到两个主要的切入点，即：制度主义研究主要通过政治制度设计的差异，或者政治制度构建物效能的高低，来解释政治现象。政治制度设计是制度主义研究的起点。这一维度的制度主义研究将重点放在政治制度的不同形式，以及这些形式差异对政治过程和政治事件的影响上。在政治生活，尤其是国家层面的政治生活中，不同的制度框架有可能塑造出截然不同的政治结果。不管是不同的宪政架构（总统制还是议会制）、政党制度（一党制、两党制还是多党制）、选举制度（单一选区制还是比例代表制）或者其他政治制度，不同的制度设计本身会导致迥然不同的制度事实和后果，在不少情况下足以令整个政治过程走上不同的方向。

在制度设计之外，制度主义研究还会进一步考虑制度效能的问题。一个设计好的制度，不管是抽象的制度还是实在的制度构建物，都仅仅是一种规范性的制度存在，而非现实政治中的制度事实。在实然的社会政治生活中，这些制度能否运行得当？是否以及在多大程度上可以发挥其应发挥的作用？这就取决于制度和制度构建物的效能。若一个制度或制度构建物运行稳定、规则落实严密，能够自主有效地维护系统稳定，我们一般认为其制度效能较强；反之，则是制度效能不足。判断制度效能的强弱，有两大类指标：第一类指标注重制度的持久性，即：该项制度安排或该制度构建物在现实政治中持续存在和运行了多久？比如美国在 1787 年制定的宪法，已经规管美国民主制度运行两百多年。在这两个多世纪的时间里，这一套政治规则系统大致稳定，并适应时代变化；从持续性的角度而言，美国的宪法制度拥有相当高的制度效能。反观缅甸，经过多年政治纷争，执政军人势力与民主反对派的和解最近才达成，其宪制制度才刚刚起步。由于存续时间过短，就目前而言，缅甸民主宪制的制度效能高低尚值得进一步观察。第二种指标注重执行力，即：该项制度或制度构建物在实际政治中的执行效能有多强？换言之，纸面上的制度安排和设计，究竟在多大程度上可以被切实落实到现实政治运行中去？有时候，尽管一项制度在纸面上的规定和权责界限十分清晰，但在现实生活中违反该项制度的行为比比皆是，竟为常态，人们熟视无睹。法不责众的结果，是制度的违反者也就得不到制度所规定的惩罚。如此的制度只能被认为执行力极差，那么它的制度效能相应就极弱，民众对其也缺乏信心。政治学学者把政治制度和制度构建物的持久性与执行力这两方面的指标结合在一起考量，就可以比较全面、准确地评估某个政治制度或者制度构建物的效能高低。

制度怎样影响政治？

就政治学的解释路径而言，制度主义的根本观点即认为政治制度是可以被用来解释政治事件和政治现象的核心变量，制度及制度构建物不但塑造政治过程，而且影响政治结果。既然如此，我们需要探讨制度及制度构建物究竟是如何影响政治过程和政治结果的。

首先，制度及制度构建物可以决定政治过程参与者的资格和范围，即：制度确定各层次、各类型政治生活的准入资格。比如，在香港特别行政区行政长官的产生过程中，谁可以参加投票、谁又可以被选举，这些最基本的政治过程准入资格就是由《中华人民共和国香港特别行政区基本法》(以下简称《基本法》)、全国人大对《基本法》的一系列解释和决定,以及在此基础上制定的香港特别行政区地方相关法例等一整套制度来决定。谁可以担任美国总统?多大年岁以上的美国公民可以投票产生总统选举人团?这些资格限制均由美国宪法为基础的规则体系来确定。按照美国宪法,只有在美国出生的公民才有资格竞选总统;所以 2008 年,奥巴马作为总统候选人不得不拿出自己在夏威夷檀香山的出生证明,来回应对他参选资格的质疑。建立在法律法规基础上的国家机构(从行政机关到军队法庭等)则承担起执行这些准入资格的责任,并把不符合资格的参与者以国家的强制力量排除在政治过程之外。所以说,以规则系统为基石的政治制度直接或间接地定义了政治参与者的准入资格和实际范围。

其次,制度及制度构建物可以决定政治竞争过程的胜利者和失败者。譬如,在 2000 年美国总统大选中,小布什(George W. Bush)和戈尔(Albert Arnold "Al" Gore, Jr.)分别代表共和党和民主党参选总统,美国全体合资格选民在选举中都有权参与投票,政治的参与者范围由制度清晰划定。但待投票站大幕落下,究竟谁能成功问鼎总统的职位呢?是否谁得到的选票多,谁就能赢得选举?美国的选举制度并不是这样简单安排的。美国总统大选实行间接选举制,即:全体符合资格的选民必须通过各州的选举人团最终选出总统;而由于大部分州都奉行"赢者全得"(winner-take-all)的办法,即使一个候选人在这个州只得到 51% 的大选选票,他也可以赢得这个州全部的选举人票。最后,小布什在普选得票少于戈尔的情况下,凭借选举人票的优势赢得了大选。这就是制度决定政治游戏胜负的现实例子。设想美国的选举制度设计如果不实行选举人团制度,而是如许多其他国家一样直接由普选票数决定,那么这个政治过程的胜负就要易手。政治制度如何设计与政治过程最后的结果如何息息相关。

再次，制度及制度构建物可以影响甚至决定政治、经济和社会资源的分配。就政治权力而言，譬如在中国，只有全国人民代表大会及其常务委员会有权决定对外宣战；在美国，只有国会参众两院有权弹劾总统——这是政治制度对政治权力在不同政权机构之间的分配。再譬如，在马来西亚，不论是大学入学资格、学生获得奖学金的机会还是房屋土地的出售，都设置有所谓"固打制"（quota system）来保障马来人的优先利益；在中国香港，《基本法》保障本地公务员的待遇不得低于港英时期的待遇——这都体现了制度对社会和经济资源配置的影响。实际上，在现代生活中，政治权力和社会经济资源的分配都可以通过一定的政治制度及制度构建物加以规约、保障和落实。

又次，在制度设计的指引下，不同政治系统中的政治家们可以形成自己的相应的政治动机（incentive）和政治策略（strategy）。在稳定的民主普选制度下，任何政治家如欲染指权力，就会有很强的动机去进行针对基层选民的宣传工作、对各种政策议题进行经常性表态，并建立各种机制为自己选区的选民提供服务，着力维护自己的公众形象，以争取选民在下一次投票中的支持。这显然与非选举体制下政治人物的行为模式与策略大不相同。又譬如，在美国总统大选的选举人团制度下，许多候选人会放弃那些自己的选民支持率明显大幅落后于对手的中小州，而集中资源争取双方支持度相若的所谓"摇摆州"（swing states）和选举人票本身比较多的人口大州——这亦反映出选举人团制度对美国政治人物行为策略的影响。

最后，制度和制度构建物还可以帮助塑造人们的政治身份和政治认同（political identity）。诚然，历史、文化、种族、语言等要素对政治身份的塑造作用是不可忽视的；然而，在政治社会中，制度及制度构建物亦可以在塑造公民身份认同方面发挥至关重要的作用。例如，国家作为政治共同体，是一个标准的制度构建物。国家通过构建一定领土范围之内的政治共同体，实际上也是在塑造生活在该政治共同体之中每一个人的身份认同——也就是我们日常所说的国民身份认同。在不少情况下，以民族国家为基石的政治认同往往会进一步深化为民族主义或者爱国主义情感。政治制度或者制度构建物甚至可以直接成为政治身份认同基础的重要组成部分。譬如，作为一个幅员辽阔、种族众多的多元主义国家，美国宪法在构建"美国人"这个政治身份认同的过程中是不可或缺的"黏合剂"。同时，制度构建物为公民带来的归属感和荣誉感也非常有助于构建政治身份认同。美国人都很乐意标榜自己的成文宪法是现今世界最古老的国家宪法之一；英国人说他们用最小的代价建立了君主立宪制度，所以1688年革命被称为"光荣革命"（Glorious Revolution）；中国香港人喜欢强调他们百无禁忌又受法律保障的自由舆论氛围。政治制度所形成的共同体让人们为之产生强烈归属感和荣誉感，并成为政治共同体成员身份认同基础的重要构件。

下面我们来具体讨论现代政治生活中最基本的三种制度：宪法架构、政党制度和选举制度。

政权的组织

宪法架构是政治生活中最重要的制度之一，它规约一个国家或地区的政权组织形式和政府结构，并确定不同政府机构之间的权力分配、制衡、统属及负责关系。宪法框架规定了政治体范围内政治生活和政治过程的基本运行秩序。一般认为，现代国家的政权系统按不同分工，可以粗略划分为立法、行政、司法三个主要的子系统。简单来说，宪法架构的主要作用就是规约和调节这三个子系统之间的相互权力关系。

立法子系统在世界上不同地方以国会、议会、立法会、杜马或者议院等具体形式出现，统而言之这些国家机构都可以被称为立法机关。在国家的政权组织架构里，立法子系统的基本职能是制定法律，决定国家财政的收入（即征税权）和支出（即预算、决算审查批准权）。在不少地方，政府高级官员的人事任命也必须得到立法机关的预先批准。不过要注意的是，立法机关一般无权针对个案立法，也就是说它不能行使权力去处理一个特定的案件，因为在个案中应用法律属于司法机关的职权范围。

行政子系统是我们在日常生活中最常打交道的政权机构，所以它亦是我们在狭义上所称的"政府"。行政机关负责执行立法子系统所制定的法律、预算和决定，并直接管理国家的日常事务。而司法子系统，主要是法院，则负责将宪法和法律适用到个案当中，并解决日常政治、社会和经济生活中的争执与纠纷，以及监督宪法和法律的执行。一般说来，在政治议题上，司法机关的角色是比较被动的，即只有当政治议题进入司法轨道、以案件的形式被"司法化"之后，司法机关才能对它适用的法律做出裁决。在不少国家，司法机关可以对立法、行政机关做出的决定或通过的法律进行合法或合宪性的司法审查，这是政治议题司法化的重要管道。在现代政治体制中，公民最基础的个人自由及人身和财产权利往往受司法机关的直接保护，立法机关或行政机关都不能以民主之名予以侵害。这种立法、行政、司法的三权结构是现代政府的大致形态。虽然每个国家、每个地区都会有这三类机关，可它们的具体设置方式是非常不同的，可以说这个世界上没有任何两个国家的政权机构设置完全相同。我们试举美国、中国香港特别行政区及中国内地的政府结构为例。

美国可以算是最典型的所谓"三权分立"国家（见图 4.1）。在其宪法架构之下，立法、行政和司法机关三者平行而立。立法机关实行两院制，即包括参议院（上院）和众议院（下院），任何立法都须在两院获得通过；但是财政预算案基本由众议院决定，而高级行政和司法官员的任命则由总统提名、参议院批准。美国的司法机关以最高法院为首。行政机关以总统为首。美国宪法架构的特点

· 119 ·

是非常清晰的分权和分立，世界上几乎没有第二个国家的政府分权如美国一般明确；在美国的制度下，立法、行政和司法三个子系统的宪法地位是完全平等的；三权之间存在切实有效的制衡，每一个子系统都拥有相当的制度手段去制约任一另外的子系统。

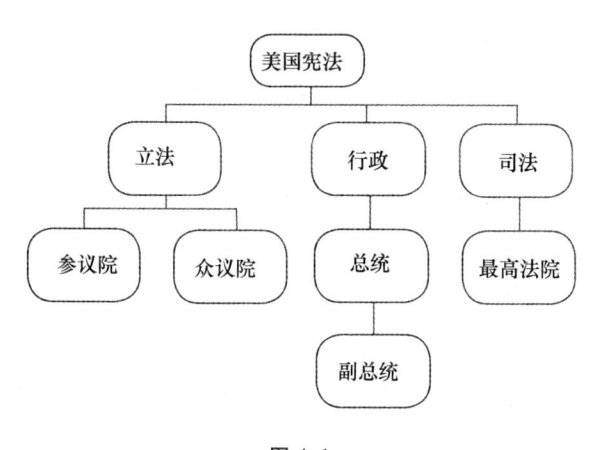

```
                    美国宪法
           ┌───────────┼───────────┐
          立法         行政         司法
        ┌───┴───┐      │           │
       参议院  众议院  总统       最高法院
                       │
                     副总统
```

图 4.1

中国香港特别行政区的政府结构就与美国不同（见图 4.2）。在《基本法》所规定的宪制架构下，虽然香港政府的行政、立法、司法机关也都存在与美国宪法架构类似的分工，但三个政权子系统之间的关系并非完全平等。香港奉行"行政主导"的原则，所以由行政长官执掌的特区行政系统拥有高于立法会及司法机关的法定权力和地位。相比于其他议会民主制政体，香港立法会所拥有的立法权、财政预算权和弹劾行政官员的权力都是非常有限的。譬如，《基本法》第七十四条规定："香港特别行政区立法会议员根据本法规定并依照法定程序提出法律草案，凡不涉及公共开支或政治体制或政府运作者，可由立法会议员个别或联名提出。凡涉及政府政策者，在提出前必须得到行政长官的书面同意。"即凡涉及公共开支、政治体制或政府运作的法律草案，都只能由香港政府提出，立法会议员无权提出；议员也无权独立提出有关政府政策的法案，除非得到行政长官的书面同意。《基本法》之附件二规定："政府提出的法案，如获得出席会议的全体议员的过半数票，即为通过。立法会议员个人提出的议案、法案和对政府法案的修正案，均须分别经功能团体选举产生的议员和分区直接选举、选举委员会选举产生的议员两部分出席会议议员各过半数通过。"此即所谓"分组点票"制度：政府法案只需立法会全体的简单多数即可通过，由议员个人提出的法案则须在功能组别和地区直选议席中分别得到简单多数支持方可通过。相比而言，后者的通过难度显然大大增加。

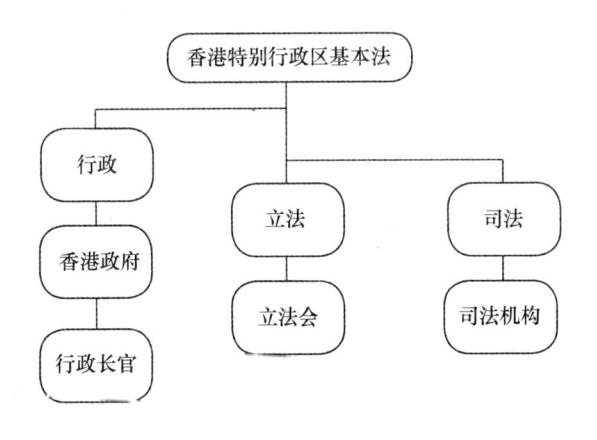

图 4.2

相比于美国和中国香港特别行政区，中国内地的政府结构更是显著不同（见图 4.3）。中国最主要的特殊之处在于，全国人民代表大会并不是一个单纯的立法机关，而是国家的最高权力机关。虽然全国人民代表大会在实际运行中主要负责立法工作，但它在理论上是一个"议行合一"的最高权力机构，即：它不仅掌握立法权，而是掌握全部的国家权力，包括行政权与司法权。在法理上，全国人民代表大会可以在特殊情况下选择自行行使行政权和司法权。例如，在 20 世纪 80 年代初期，全国人大常委会就曾设立特别检察厅和特别法庭，专门审判"林彪及江青反革命集团案"，直接行使了检察权和审判权。全国人大也曾在90年代审查批准三峡工程的计划，直接行使行政权。

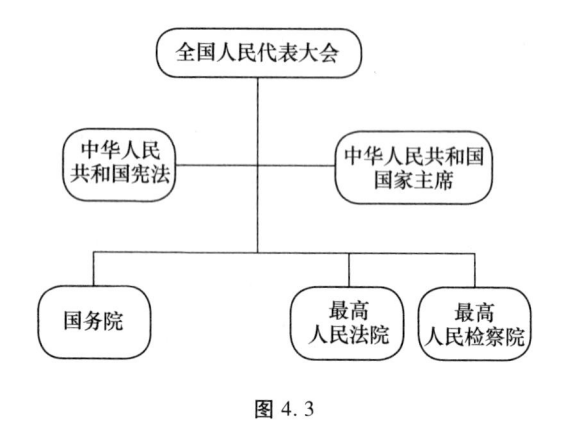

图 4.3

可见中国内地的政权组织形式不但与美国不同，而且与"一国两制"下的香港特别行政区都是明显不同的。可以说，虽然世界各国都在不同程度上存在着立法、行政和司法机关的分工，但是由于宪法架构的不同，这三个主要政权子系统之间的关系在不同国家和地区往往是大相径庭的。世界上很难找到具有完全相同的宪法架构的两个政治系统。宪法架构的设计，往往都是根据不同国家和地区独有的政治、文化、社会、经济条件而制定的。这种基于不同国情和历史文化传统的多样化的政权组织形式，使得现代政治如同万花筒般五彩斑斓。

尽管不同国家、不同地区的政权组织结构存在极大差异，简单起见，政治学家仍然根据立法机关和行政机关之间的关系，把这些多种多样的宪法架构粗略划分为两类：总统制（presidentialism）和议会制（parliamentarism）。

在总统制下，总统作为行政机关的首长，是由独立于立法机关的选举程序选举而产生。总统亦拥有独立于立法机关的固定任期。在行总统制的国家和地区，行政机关首长不受立法机关的直接控制。而这些国家和地区也一般有比较清晰的分权机制——行政权、立法权和司法权分别由享有平等宪法地位的不同机关来执掌。意大利学者乔凡尼·萨托利（Giovanni Sartori）曾为总统制提出了三项判定标准：第一，总统（国家元首）由直接或者间接的普选产生，有固定任期；第二，议会（立法机关）不能任命或罢免政府，除非通过弹劾的手段；第三，总统兼任政府首脑。[?]美国是奉行总统制的典型国家。美国总统是国家元首，同时也担任行政首脑和武装部队最高统帅。美国总统拥有四年一任的固定任期；根据1951年被批准的美国宪法第22修正案，总统连选连任不得超过两届。总统和国会拥有分开的选举管道，均由各州及华盛顿特区的人民以直接或间接选举的方式选出。总统和国会地位平等，总统的权力独立于国会，行政与立法之间奉行分立、分权和制衡。除美国之外，还有许多深受美国影响的地方也实行总统制，包括拉美国家、韩国、台湾地区、非洲的不少国家等。

议会制下立法机关与行政机关的关系则与总统制下大相径庭。议会制中的行政机关一般就是内阁，内阁成员在立法机关的成员中产生；行政机关由总理或者首相领导，而总理或首相往往是议会多数党或者占多数的党派联盟的领袖。因此，议会制下立法机关和行政机关的人员是重叠的，行政机关受到立法机关的直接控制。行政机关的施政必须得到议会多数的支持；一旦行政机关首长失去了议会的支持（即议会通过对政府的不信任案或否决重要政府法案），首相或者总理就必须辞职，或者解散议会重新选举，把决断权交回到选民手中。英国的"西敏寺制度"（Westminster system）是议会制的典型代表。在英国，议员由人民普选产生，内阁成员都产生于国会议员中间，而英国国王除极个别情况外总是委任议会多数党或占有多数的党派联盟领袖担任首相。只要内阁享有议会多数的信任就可以一直执掌行政权，直至宪法规定的下一次议会选举到来为止。若首相遭遇议会通过不信任案，他（她）可以选择辞职，或是请求国王解散议会、重新大选。欧洲的大部分国家实行议会制，另外大多数的英联邦国家——包括澳大利亚、加拿大、马来西亚、印度——也都实行议会制。此外，奉行议会制的国家还有日本、以色列等。

在总统制与议会制之外，亦存在介于二者之间的制度安排，通常被称为"半总统制"（semi-presidentialism）。法国、葡萄牙和波兰等国家实行的就是半总统制。在这些国家的宪法架构中有经过直接选举而产生的总统，同时也有经由议会多数党派产生的总理，两者分享总统制下属于行政首长的权力。半总统制的宪法架构有可能导致所谓"左右共治"（cohabitation）状况的出现，即总统和总理分别来自意识形态上对立的两个政党或者政党联盟。比如，在法兰西第五共和国的历史上，就曾有过三次"左右共治"的经历，最近一次出现在1997—2002年间。当"左右共治"出现时，半总统制下的政权系统运转可能出现许多意想不到的矛盾和问题。

就总统制和议会制这两种基本的宪政架构分类而言，政治学学者们一直试图了解：对于一个发展中的新兴民主国家而言，究竟总统制还是议会制更能促进政治稳定和便利于建设良好政府？当前，政治学界普遍认为，如果着眼于"政治稳定"这一目标，总统制和议会制两种宪法架构都存在一定缺陷。

在总统制下，政权系统中的行政权力完全由总统执掌，于是究竟由谁或哪个政党掌握总统这个关键职位就变得无比重要。一个党派若赢得大选、掌握了总统职位，它就有能力推动自己的政治议程；而一旦输掉大选，几乎就无法分享行政权力。总统制的架构因而有可能使多党派的政治竞争成为一种你输我赢甚至你死我活的零和游戏。采用总统制架构的拉美国家政变频发，部分原因就在于这些国家的反对党在输掉总统大选之后，缺乏制度内的参政管道分享行政权力，所以选择以制度外的政变等政治暴力手段来重夺政权。有一些学者就认为，在发展中国家，总统制的政权架构更有可能导致内战或者是极为严重的政治对立。

同时，在不少情况下，在政治竞争较为激烈的国家，当选的总统往往仅靠很低的相对多数赢得大选。低支持率的总统在当选后亦会有政治权威缺失的问题，严重时甚至形成普选产生的总统与普选产生的议会之间的政治僵局，即：总统拒绝批准议会通过的任何法案，议会也拒绝通过总统提名的任何人事安排。这种由互不隶属的行政与立法系统之间的分歧而导致的政治僵局，是总统制宪法架构不可克服的潜在性矛盾。另外，一位总统在其固定任期的最后阶段也很可能成为所谓"跛脚鸭"（lame duck）。那时，总统的任期将满，人们都知道其即将下台，甚至下一任总统人选都可能业已产生；此时，在位总统的政治影响力会显著下降，人们倾向于不与其充分合作，而是把注意力转向候任总统人选身上。在美国政治之下，这一段"跛脚鸭"时期可能会长达两年之久，对这一时期内的国家治理在决策和执行两个方面都构成非常严重的挑战。

但是，议会制也同样存在诸多问题。首先，由于行政机关由立法机关直接控制，一旦出现政府政策失误，选民就很难决定究竟应该问责内阁成员（行政子系统），还是问责议会（立法子系统）。议会制的重要缺陷就是可能会产生行政与立法机构之间问责不清的状况。其次，同样由于行政机关服从立法机关的直接控制，有时国家政策很难在"多数决"的民主原则与保护少数群体利益之间取得平衡。若由占有多数的群体通过控制议会而统治了全部政治议程，就可能引发所谓"多数暴政"，而少数派的利益在政治过程中无法得到体现。最后，议会制也有可能出现两党之间通过议会政治而进行拉锯战，其突出表现形式就是在一段时期内内阁超级动荡，政府总辞职隔三岔五地发生。另外，在议会制架构下，为了在两党议席数目接近的情况下构成议会多数，主要政党往往不得不争取与小党结盟，组成足以控制议会多数席位的政党联盟从而上台执政。在这样的政党联盟中，某些席位较少的小党就因而有机会成为关键少数，从而"劫持"议会的政治议程，对政局施加与其本身代表性完全不成比例的重大影响，不合理地放大由该党代表的社会上某一小部分选民的政治主张，伤害到代议制民主的核心价值。因此，不论采用总统制还是议会制，一个国家的政局都有可能陷入矛盾与僵局之中。也正因此，到底总统制和议会制何者更有利于形成稳定的民主，政治学界迄今都没有得到一个完全的定论，只能说是见仁见智。

政党制度

政党制度与选举制度是现代国家政权中重要的制度设置。

欲讨论政党制度，首先须知政党是什么。政党可以说是当今各国政治舞台上的主角，除了极少数禁止政党活动的国家外，在世界各地都有许多不同的政党，它们是本国和本地区政治的重要参与者。譬如，美国的政治基本上由民主党与共和党这两大党派控制。在日本，著名大党有自由民主党、民主党、日本共产党、原社会党等。在1955—1993年长达38年的时间里，日本政坛更是由自由民主党一党独大，史称"五五体制"（The 1955 System）。日本在战后的经济重建和起飞，就是在"五五体制"下实现的。在非西方民主制国家也存在政党，很多时候这些威权政党甚至比民主制下的政党更加重要，因为在市民社会相对萎缩的威权制国家里，政党可能是除军队之外仅有的具有控制能力和等级秩序的政治组织。总而言之，无论政体如何，政党在世界各国的政治过程中普遍占有极为重要的位置。

要给"政党"这一概念下一个完整和准确的定义很困难。我们大概只能用描述的方式，归纳出政党所具有的四个普遍特征。

第一，政党是具有高度自主性的政治组织。在政治世界里，政党总是拥有相当高的自主权；任何其他机构，不论是来自国家、市场还是市民社会，都不能操控一个政党在政治决策上的自主性。政党虽然积极参与政治，并由此与国家机构产生紧密的关联，但政党并不是国家机器的一部分，它们存在于国家正式的政权系统之外，并保持相对于国家机器的独立自主性。

第二，政党是由人们自愿加入的政治组织。在日常的政治生活中，有些政治组织实行义务成员制——比如在实行强制兵役制的国家，人们无权选择加入军队这个政治组织与否，因为服役是公民的法定义务。但政党不能如此——政党成员必须是自愿加入的。若一个组织在招募成员时动用强制力，而其成员可能是在非自愿的情况下被强迫加入，那么这个组织一般说来就不能算是政党。

第三，政党具有一个所有成员都共同承认的意识形态或政纲，人们自愿加入政党正是基于这个被成员共同认可的思想或者政治基础。人们在政党这个政治舞台上追求自己所信仰的政治理念、所支持的政策，并联合志同道合的同伴共同努力。政党一般都会有自己的意识形态；但在某些情况下，人们也可能只是单纯被某个政党的政纲所吸引而选择入党，尤其在西方多党制国家，当好几个不同党派在意识形态上区别并不显著时，它们在政纲上的区别就往往成为政治社会成员分野的依据。

第四，政党的终极目的是取得政治权力，并组织和领导政府。这一特征将政党与许多其他社会或政治组织区分开来：在市民社会中，各种民间组织或多或少也有自己的政治目标，但它们不以直接取得政府权力为目的。政党则不然——任何政党的最终和最高目标都是获得政治权力并组织和控制政府。

政党在政治生活中非常重要。作为一种制度性的政治组织，政党在国家和地方政治生活中发挥着其他政治组织所不能取代的重要作用。第一，政党可以简化选举中选民的选择过程，让他们可以比较方便地从政治光谱复杂的候选人集合中挑出自己所支持的人选。试想在没有政党的情况下，政治光谱上处于不同位置的独立候选人纷纷提出自己或同或异的政纲，选民们不得不逐一去分别了解每个候选人的每一项政策主张。但有了政党，情况就大为不同：候选人们依靠政党体制出来参选，并且大体依照所属政党的意识形态定位和政纲提出自己的具体政策主张；这样，选民们就可以借助候选人的政党标签（如：民主党还是共和党？自由派还是保守派？）来判断不同候选人的政治立场，比较方便地了解他们的政策观点概略，进而做出选择。

第二，政党的存在可以加强政治问责。在现代政治制度下，几乎所有政治职位都带有限定的任期。如果行政首长没有政党属性，那么在没有连任机会的情况下，他（她）根本不必忌惮在其任期结束之后的任何政治责任；在这样的情况下，没有政党属性的行政首长基本上就可以做法律允许范围内的任何事情，而不必考量选民的问责。然而，当行政首长具有政党属性的时候，他（她）不唯须小心照顾自己任期内的政治生命，还须顾及自己政党的政治前途。即便在任的行政首长已届任期尾声且不会连任，他（她）的政党仍然可能在下一次选举中为属于该党的前任官员所作出的错误言行付出选票的代价。简单来说，在政党制度下，政治家个人或许可以彻底退出政治，但其所属的政党却会一直留在政治游戏中；选民们虽无法问责将要完成任期的政治人物，但却可以让他们所属的政党在未来选举中为他们的错误付出代价。因此，政党制度下的选民可以通过问责政党来约束政治人物的行为，从而加强政治问责。

第三，政党可以延展政治家们的政治生命周期，有助于政府形成较为持续和稳定的政策行为。一个政治家作为个人就历史长河而言只能在非常有限的时间段内参与政治、宣扬理念、推动政策。在现代政治制度下，即使一位政治家历经艰辛、成功赢得了最高政治职位,其所面临的任期都是极为有限的。政治人物在短短四五年内所能施为有限,缺乏长期贯彻自己的理念的途径。但是,当有了政党这个平台后,一群政治理念相同的人就可以为了某种政策协作努力,在很长的时间段内以政党的形式连续执政、参政、主导政治;即便一个政治家的任期结束,还可以有同属一个政党的其他人物继而参选,继续推进政策。这样,政党将单个的政治家聚集为团体,就有可能超越个人短短的四到五年的竞选周期,通过同侪继承或代际继承来延长本政党的政治生命。同样的道理,在政治领域内推动政策,往往需要很多人的协力工作和长期努力,只有政党才可以把这种需要大量协同的政策行动变为可能。

第四,政党能够加强政府的管治能力(governability)。若担任公职的政治家们背后有政党组织的支持,他们就能得到政党智库提供的政策咨询,推动政策时亦能借助所属政党机器的强大组织、宣传、动员能力,在执政党支持下的政府管治能力会得到加强。在现代政治生活中,政党亦可以跨越不同政权机关之间的壁垒进而协调各个机关的政治行为,使整个政权系统得以在一定程度上协同行动,而不至于落入自相矛盾、相互僵持的低效境地,避免治理能力由于政权系统不同分支之间的内耗而受损。

最后,政党组织可以吸引、选拔和培养下一代的政治领袖人物。政党的存在给那些富有政治才华和抱负的年轻人提供了更多进入国家和地方政治生活的机会和管道,让这部分未来的社会精英"政治化",并得以熟悉国家政治的运作,得到实践训练;当他们成长为社会中坚时,业已具有丰富的政治阅历和经验,因此得以避免"局外人"施政的尴尬。同时,通过政党组织发挥政治吸纳功能,这些被吸收进精英群体的优秀政治人才也就不至于陷入必须要走上街头、以体制外政治运动才能表达政见的境地。因此,政党也是保持政权稳定和存续的重要组织基础和手段。

政治学中把一个国家或地区政党的构成和相互关系称为政党制度。政党制度决定了政党政治的存在方式、政党之间的权力关系和政党政治的约束机制。一般来讲，政治学家以一个国家或地区主要政党的数量来确定其政党制度的种属，所以政治学常常把各国各地区的政党制度划分为一党制、两党制（亦包括"两个半"政党制）、温和多党制以及极端多党制等四种基本形态。

实行一党制的国家或地区，通常只有一个政党合法存在，或者只有一个政党有可能掌控政府，而其他政党仅作为次要的政治实体而存在。例如，中国是实行一党执政、多党参政制度的典型国家。在一党制下，执政党的执政地位一般由宪法明确规定，不受选举结果的左右，其领导权也不被其他政党所挑战。譬如，在中国共产党之外还存在八个规模较小的政党，被称为"民主党派"。民主党派成员可以参政议政、提供政策建议、担任公职，但作为政党而言并不与执政党展开选举竞争，也不在国家政治生活中占据中心位置。

在奉行西方选举民主的国家也存在一党制。比如在南非，自1994年废止种族隔离后举行的首次大选以来，非洲人国民大会（"非国大"）一直是南非的头号大党，或单独执政，或为执政联盟的主导政党。在2009年大选中，非国大得票率高达62.67%，赢得了国民议会66%的议席，是标准的选举民主制度下的一党独大。前面亦提到在日本，自1955年至1993年，自由民主党牢牢占据着执政地位，社会党则成为"万年反对党"。这种格局被称为"五五体制"。"五五体制"是政治学中所认为的一党独大体制。新加坡在一定程度上也被认为是当代的一党制国家。自1965年新加坡独立以来，人民行动党一直单独执掌政权，是新加坡政坛的绝对主导性政治力量。虽然人民行动党一直依靠执政优势，通过各种方法保持对诸多反对党的强势地位；但在法理上，各个反对党均有权与人民行动党公开进行选举竞争，且国会大选也一直按期举行。每次大选，人民行动党的全部国会议员都必须得到选民以选票形式的授权认可，才可以组阁上台、继续执政。不过最近十年以来，新加坡的政党竞争有日趋激烈之势，人民行动党正面临越来越大的政治挑战。

有些国家虽然有两个主要政党，却不是典型的两党制，这些国家的政党制度被政治学家称为"两个半"政党制。在这些国家，两个大党中的任一者都很少能够独立取得议会多数，因此往往无法单独组织政府。因此在这些国家的两大主要政党之外，通常还存在一个或者多个关键性的小党。这些小党有机会在组阁过程中扮演关键少数的角色，是两个主要政党不得不争相寻求支持、以组成执政联盟的对象。关键小党往往在协助主要政党组织政府过程中获得极为优厚的条件。英国在传统上被认为是典型的两党制国家，其两党对峙从17世纪托利党与辉格党开始，在19世纪中叶演变为保守党与自由民主党的较量，20世纪初才由工党取代了自由民主党的位置。然而在2010年大选中，自由民主党赢得了23%的选票，紧随保守党的36.1%及工党的29%之后，赢得下议院650席中的57席。在保守党或工党议席都未过半数、出现"悬峙议会"（hung parliament）的情况下，自由民主党同意与保守党组成联合政府、其党魁出任副首相。加拿大是个更加典型的"两个半"政党国家，自由党与保守党一直是加拿大的两大党派，然而新民主党、魁人政团也拥有很强的选举影响力。

在两党制或者"两个半"政党制下，政府主导权在两个主要政党之间，随选举周期进行不规律的轮换易手。我们所熟悉的美国民主党与共和党，就是美国两党制下的两大主要政党，我们常用"驴"和"象"分别指代民主党和共和党。其实"驴"和"象"最初都是分别支持两党的漫画家用来诋毁对方阵营的，但是后来大家觉得这样的标志诙谐有趣，于是干脆就承认为自己的标志。一般来说，两党制下的两大主要政党分别代表保守派和自由派的意识形态。保守派要求保持政治现状、较少支持激进改革，要求限制政府的规模、维持小政府，希望减税、保护公民的经济自由，看重传统家庭价值，对移民持有警惕态度。自由派阵营则看重国家能力建设，要求政府积极管制、为民众提供高水准社会福利，主张增税以加强社会再分配来救济社会弱势群体及缩小贫富差距、建设福利国家，更尊重个人自由和个人选择的生活方式，看重社会的多元化，对新移民更加宽容。这种保守派与自由派的分野在世界各国都可以观察到。正如一党制下也可能存在其他政党一样，两党制也意味着存在其他党派，只是说一般只有两个政党能够经常地赢得执政权。仍然以美国为例，在民主、共和两党之外，往往还有自由党、绿党等在大选中提名自己的总统候选人；其他小党有美国党、独立美国党、和平与自由党、退伍军人党、世界工人党、禁酒党、社会主义党等，林林总总，不胜枚举。

除了一党制和两党制外，还有不少国家实行多党制。细分之，多党制既有比较温和的形式，又有比较极端的形式。在温和多党制下，主要政党不止两个，但是数量不会太多，最多可能有数十个主要政党，基本上每次组阁都需要在大党、小党之间组成执政联盟。但若是一个国家每次竞选都有非常多的政党参加（可能多达数百个），那么这就是一个极端多党制国家。在温和多党制和极端多党制之间不存在清晰的分界。极端多党制下，诸多党派呈"碎片化"存在；然而每次竞选，政党们一般不会单打独斗，而是倾向于结成党派同盟，分别团结在偏保守派与偏自由派的旗帜之下。所以从某些角度看，极端多党制与两党制呈现相似的选举形态，极端多党制下的跨党派同盟就扮演着两党制下两个主要政党的角色，政治学学者也往往采用相似的理论去观察、解释极端多党制和两党制下的政治现象。典型的多党制国家有瑞典（见表4.1）、以色列等。

表 4.1　瑞典历年国会选举议席分布（1970—2014）

年份	温和联合党	中间党	自由人民党	基督教民主党	新民主党	瑞典民主党	环保主义绿党	瑞典社会民主党	左翼党
1970	41	71	58	0	0	0	0	163	17
1973	51	90	34	0	0	0	0	156	19
1976	55	86	39	0	0	0	0	152	17
1979	73	64	38	0	0	0	0	154	20
1982	86	56	21	0	0	0	0	166	20
1985	76	44	51	0	0	0	0	159	19
1988	66	42	44	0	0	0	20	166	21
1991	80	31	33	26	25	0	0	138	16
1994	80	27	26	15	0	0	18	161	22
1998	82	18	17	42	0	0	16	131	43
2002	58	22	48	33	0	0	17	144	30
2006	97	29	28	24	0	0	19	130	22
2010	107	23	24	3	0	20	25	112	3
2014	84	22	19	16	0	49	25	113	21

资料来源：1970—2002 年选举：Nohlen, D. ed., *Elections in Europe: A Data Handbook* (Nomos Verlag-Ges, 2010) p.1858；2006—2010 年选举：NSD: European Election Database—Sweden, www.nsd.uib.no/european_election_database/country/sweden/；2014 年选举：Sweden Election Authority, http://www.val.se/val/val2014/slutresultat/R/rike/index.html。

选举制度

在现代民主国家里，政治党派形形色色，理念政策包罗万象，但是任何政党必须通过选举制度才能获取政治权力。选举也是政治学相当关注的重要制度。我们常说，民主是"人民统治"，建立在"多数决"原则之上；如此说来，选举就是让人民直接表达其政治意愿的过程。不管是民主制度还是威权制度，世界上的主要国家基本上都需要依靠选举制度来进行公共政治权力的授予和继承；缺少选举制度，政权往往就缺乏适当的认受性基础。选举制度的重要性，更在于人们通过选票得以拥有自由、公开的管道问责政府，通过制度化的选举给政府施加政治压力，迫使政治家们向人民和民意负责。

然而遗憾的是，即便是自由、公开的选举制度，也未必是平等的选举。在设计选举制度时，有五花八门的方式可以极大地影响选举结果；许多问题看似细枝末节，却也可以让一场看似公正的选举上演早已设计好的剧本。我们在一般意义上理解的自由投票、公开竞选甚至全民普选，都无法完全保障选举结果免于被操纵。

世界各国的政府或执政党对选举制度的操纵，首先体现在对选民资格所施加的各种限制。即便是全心支持"全民普选"的人士，也很少认为这里的"全民"是不加修饰的一个名词。最起码，未到法定年龄而尚未取得公民权的儿童乃至婴孩，就不大可能在这"全民"之列。那么，一个合乎民主原则的选举，应该赋予哪些人投票权呢？答案并不像看上去那么简单。在历史上，种族、性别、宗教信仰、财产收入、教育水准都曾被用来将大批民众"合理"地阻挡在选票站之外。特定党派一般持有比较稳定的意识形态或政策平台，在选举中也会相应得到特定人群的支持；因此，树立各种各样的选民资格门槛，就可以人为地保障某些党派潜在支持者的投票权，而剥夺其他党派潜在支持者的投票权，从而极大地影响选举结果。

美国建国之初，由于对选举资格的层层限制，在四百多万人口中，有权投票的公民只有约 12 万人，其资格限于拥有相当财产、信仰特定宗教、拥有自由身份的成年白人男性。迟至南北战争前的 1860 年，所有州都已允许 21 岁（盎格鲁－撒克逊习惯法中的成年年龄）以上白人男性投票。南北战争之后，美国国会通过了宪法第 15 修正案，规定"合众国公民的选举权不得因种族、肤色或过去的劳役状况而被合众国或任何一州否认或剥夺"。但南方各州仍然通过各种手段变相限制黑人的投票权。1964 年，宪法第 24 修正案通过，禁止因公民未缴纳任何税种而剥夺其选举权；次年，国会通过《选举权法案》，禁止以读写能力测试作为投票权的标准。至此，美国黑人的投票资格才得以真正确认。值得指出，美国是在1920年才通过宪法第19修正案，规定"合众国公民的选举权，不得因性别缘故而被合众国或任何一州加以否定或剥夺"，美国妇女由此才获得了平等的选民资格。

但即便拥有选民资格，也不意味着选民就可以顺利、平等地投票。选举制度采取怎样的选民登记程序，也可以极大地影响选举结果。选民登记程序越复杂，投票率就可能越低，尤其是摇摆选民很可能放弃投票的机会；登记程序越简单，就越有可能鼓励选民出来投票，但也很可能导致虚假登记、重复登记等舞弊状况。选民登记是否需要出示带有照片的身份证件、是否需要识字才能完成登记程序、有没有冗长复杂的表格需要填写、有没有必须在选举前夕再次确认登记的程序，这些都是可以操纵的制度设计。若那些能影响选举制度的政治集团希望更多中产阶级来投票，完全可以设置比较复杂的登记制度，阻吓那些文化和经济水准比较低的选民；如果这些政治集团在底层民众中有更多的支持者，它们或许就会支持简单和一次性甚至自动的选民登记，这样可以鼓励尽可能多的人来投票。就连投票日安排在什么时候这样的枝节问题，也可以极大地影响投票结果。如果放在公众假期，那么大家都不用请假就可以来行使民主权利，可以实现比较均衡的选民参与；但若投票日被定在工作日，人们就不得不请假出来投票。对高收入阶层来说，比如大学教授、投资银行家，在工作日找到间隙出来投票或是请假投票，还是有一些可能性的；但对于密集劳动的低收入阶层而言，要战战兢兢地保住自己的饭碗、不给老板解雇的机会，恐怕在工作日出来投票就没有那么容易了。可见，选择什么时候举行投票，最终可以影响参加投票者的阶级和阶层结构。

同样地，投票站如何分布亦可以影响选举结果。显然，如果车程几个小时范围内都找不到一个投票站，或是选民们为了投票不得不忍受几个小时的塞车，他们的投票意愿就会被大大削弱。在很多国家，富裕的社区会密集设置很多投票站，而住在底层社区的人们就一站难求。事实上，几乎所有的国家和地区都面临投票站分布不均的现象。另外，是否设置海外投票站，或是否允许海外驻军、侨民、留学生邮寄选票，这些制度设计都可以影响投票结果。

除了选民资格确认、选民登记程序、投票站设置这些技术问题外，选举制度当然还包括更重要的制度设计，即：如何把选民投下的选票转换为立法机关的席位分配或是由谁出任行政机关首长的决定。接下来，我们将分别讨论立法机关与行政机关的选举制度。

目前，世界各国各地区立法机关的选举主要奉行两种典型模式之一，即：相对多数制（plurality system）与比例代表制（proportionate representation system）。相对多数制实行于美国、英国、印度等地方。简单举例来说，若 A 国的议会一共有 100 个议席，相对多数制的最简单做法就是把这个国家分为 100 个选区，每个选区各自选出一个席位，在单个选区内获得相对多数的参选人即获得这个席位。相对多数制的英文也可称"first-past-the-post"，这是一种借喻赛马的表达方式。在赛马中，无论有几匹马参赛，只要有一匹马撞线，它就拿下了胜利，其他马无论跑得多快都是前功尽弃；同理，在典型的相对多数制之下，无论有几人参选，最后仅有能够"撞线"的那位胜者才能获得这个选区的议席，其他人则一无所得。在一些特殊的相对多数制安排下，比如新加坡的"集选区"，一个选区可以拥有好几个议席，候选人们以团队选战的方式竞选，得胜团队囊括选区的所有议席。当然，不同于赛马的"撞线"，在典型的相对多数制下并没有特定的"线"作为胜选的标准，胜者只需要取得比其他候选人都要多的选票就可以了。值得注意的是，当采用相对多数制的选举制度时，选民不是投票给政党，而是投票给候选人。任何参选人，不论他有没有党派归属，都必须直接面对选区中的选民才可能胜选。虽然候选人可能也需要在党内拥有一定的地位以获得选区内的党派提名，但是直接决定他（她）能否进入立法机关的人不在党内，而是其在选区基层所接触到的普通选民。

比例代表制则行于阿根廷、以色列、瑞典等国家。在这种制度下，选民并不直接投票给某个参选人，而是投票给政党；立法机关按照各个政党的得票率分配议席。最简单的做法：假如 B 国的议会有 100 个席位，甲党得票率为 10%，则甲党获得 10 个议席；乙党得票率为 34%，则乙党能够分得 34 个议席。这样的做法，是把全国作为一个单一选区来实行比例代表制。在很多地方，比如香港特别行政区立法会地区直选部分，采取的办法是先划分出若干个选区，将议席按照人口比例分配到各选区，在各选区内实行比例代表制把议席分配给政党。比如，把 C 国国会共 100 席的国家分为 20 个选区，每个选区 5 个议席；在任一选区中，某党只要有 20% 得票率，就可以得 1 个议席；若达到 40% 得票率，则得 2 个席位；依此类推，剩余席位再由另外规则派定。有些国家的选举制度则要求政党在选举前提出一个候选人名单，其党派赢得的席位必须按照候选人名单的顺序来分配；候选人排名越靠前，就越有可能进入立法机关。显然，在比例代表制下，若想要当选议员，最基本的要求是加入某一政党，最重要的策略是能否选择有影响力的政党，以及能否取得较高的党内地位。在比例代表制下，一个政治家能否进入立法机关，较大程度上取决于党内的决定和该党的整体选情。

在相对多数制和比例代表制之外，亦有不少国家和地区的立法机构选择使用混合制度，比如德国、日本、墨西哥等，其立法机关的席位一部分按相对多数制产生，另一部分则按比例代表制产生。比如，中国台湾于 2005 年修改法律，将立法院席次从 225 席减少到 113 席。其中，区域立委 73 席、原住民立委 6 席、不分区立委 34 席。选举方式改为"单一选区两票制"，于 2008 年起实行。区域立委实行单一选区下的相对多数制，每个选区只能选出一名立委，票数最多者胜。不分区立委实行政党名单比例代表制，参选政党提出自己参选不分区立委的候选人名单，以比例代表制原则将席位分配予各党，各党按照参选名单的顺序将席位分配给候选人。因此，选民在投票时，须填写两张选票：一张选择区域立委，投给候选人；一张选择不分区立委，投给参选政党。这是较为典型的混合选举制度。

至于行政机关的选举，通常也有两种方式，即：简单多数制（simple plurality）与两轮绝对多数制（majority runoff）。在简单多数制下，行政机关首长的选举只有一轮，在该轮投票中哪个候选人的得票最多，那个候选人就成功胜选；在更复杂一些的情况下，法律还可能要求胜选者必须达到一定的得票率才可顺利当选。而两轮绝对多数制可见于法国总统大选，在一些碎片化的多党制国家也很流行。它要求选民们在第一轮对所有候选人进行偏好排序，由此产生领先的两名候选人进入第二轮竞选；第二轮则直接采用简单多数制。两轮投票的安排，使选民们在第一轮时可以去选择更加激进的政党而不须顾忌它上台后的负面冲击，因为选民们完全可以在第二轮时再将激进派淘汰掉。相反，若在只有一轮投票的简单多数制下，大多数选民为了不让自己的选票"浪费"在当选希望极其渺茫的激进党派身上，就不得不更加谨慎，仅在他们认为比较可能当选、往往也是比较温和的中间派政党中选择自己中意的候选人。

毫无疑问，不同的选举制度对政党制度的影响也是不一样的。约翰·凯瑞（John M. Carey）在《制度设计和政党体制》（"Institutional Design And Party System"）一文中曾引述法国学者迪维尔热（Maurice Duverger）提出的"迪维尔热定律"（Duverger's Law）以及"迪维尔热猜想"（Duverger's Hypothesis）。"迪维尔热定律"的内容是：以单一选区相对多数制选举产生立法机关的国家，比较容易出现两党制。单一选区相对多数制奉行"赢者全拿"的原则，排名第二毫无意义,使得政党必须足够强大到在某些选区拔得头筹,否则就无法进入立法机关。在这种情况下,选举制度鼓励大党的产生,由此促使两党制的出现。"迪维尔热猜想"则认为,以比例代表制选举产生立法机关的制度可能对多党制更加有利一些。因为在比例代表制下,即便是一个无法在任何单一选区赢得相对多数的小党,只要能在全国范围内积累起一定的票数,就有机会在议会中取得一两个席位,使自己进入立法机关发出声音。换言之,比例代表制下政党参与立法机关的门槛比较低。

不过凯瑞也指出,我们不仅要关注在相对多数制与比例代表制之间的选择,还有一些更细致的制度安排也值得研究,它们会对政党制度产生影响。比如,每个选区拥有多少个议席(district magnitude)?在比例代表制下,立法席位具体如何分配(electoral formula)?在全国范围内最低要获得多少选票,才有资格凭总得票比例获得议席(threshold)?立法机关和行政机关的选举,在时间上是否错开,抑或二者会同时进行?等等。对于这些关于选举制度设计问题的回答,都对国家政党制度的形态有着极大的影响和塑造作用。选举制度和政党制度是相互影响、密不可分的。

注释

[1] Francis Fukuyama, *Political Order and Political Decay: From the Industrial Revolution to the Globalization of Democracy*, New York: Farrar, Straus and Giroupx, 2014, p. 6.

[2] Giovanni Sartori, "Neither Presidentialism Nor Parliamentarism," in *The Failure of Presidential Democracy* (Vol. 1), edited by Juan Linz and Arturo Valenzuela, Baltimore, MD: John Hopkins University Press, 1994, p. 106.

第五讲
国家理论：
从利维坦到福利国家

政体、政府和国家
国家：一种关键的制度存在
国家性和国家能力
失败国家

国家理论：
从利维坦到福利国家

政体、政府和国家

在前面的几章中，我们厘清了政治制度的定义，并简略了解了政治生活中最基本的三种制度构造：宪法框架、政党制度和选举制度。我们知道，政治制度是一套被人们普遍接受的规则，基于这些规则人们得以创造制度性效果。抽象的制度或实在的制度构造物在政治世界里纷繁复杂，林林总总。

然而，具体的政治制度和制度构建物并非凭空而来，它们都依托在一些更加基本的制度框架和制度空间，才能发挥其正常功用。在中文的日常使用中，我们常常用"国家"这个稍显模糊的概念来指称这些更加基础性的制度存在、制度空间和制度形态的总和。实际上，"国家"作为一种制度存在，在不同语境中的具体指向并不相同。就政治学而言，我们可以用三个更加精确的概念进一步厘清"国家"这个大范畴所指代的内容，包括政体（regime）、政府（government），以及国家机器（state）。这三个词语常常见诸各种新闻、时评、政治传播之中，它们三者都是具有基础性的政治制度，为其他政治制度的存续和运作提供了政治法律的依托、公共强制性权力的保障和必需的政治制度空间。实际上，在日常交流或者写作时，当我们泛泛而论"国家"这个制度存在的时候，有时我们想到的是"政体"，有时则指"政府"，而有时则在谈论政治学意义上的"国家机器"。若要清晰了解当代政治学的概念体系，就必须要了解政体、政府和国家机器这三个概念的各自意涵和彼此同异。

在当代政治学中，政体指政治系统运行所依据的一整套规则。政体规定了政治权力的来源、分配、继承和转移；通俗地讲，政体就是政治生活的核心规则体系，它规约政治权力的组织方式。政体在政治生活中的重要性从来都为学者们所高度重视。古希腊的亚里士多德就认为，"政体是城邦一切政治组织的依据"。[1]整体而言，亚里士多德将政体分为两类：一类是旨在照顾全城邦共同利益的，称为正态政体；另一类则是旨在为少数人谋求私利的，称为变形政体。亚里士多德还根据统治者人数的多少，将两类政体做了进一步分类：正态政体包括君主政体（kingship）、贵族政体（aristocracy）及共和政体（polity）；而其对应的变形政体则为僭主政体（tyranny）、寡头政体（oligarchy）及民主政体（democracy）。[2]

在今天的国际政治图景中，我们常见的现代政体形式有民主共和制、君主制（可细分为君主立宪和君主集权两种亚型）、军事独裁制等。

通常来讲，若是一个政府由自由和公开的选举产生、政府领导层基于选举结果实现常规性的和平轮换，它就大略可以被认为在权力的来源、分配和转移上实行了一套以选举授权、和平传权、均衡分权和司法制权的民主规则体系，这个国家的政体一般来讲可称为选举民主制。君主制也是一种重要的政体。在君主制下，政治权力并不根据选举结果分配，而是按照人们的政治出身、贵族层级和社会地位来从上至下地以差序分配；如在古代中国的君主制中，政治权力基本上是由皇帝予以分配。虽然皇权本身或许也面临一定的自下而上的限制，但起码在理论上所有政治权力都须追溯到皇帝的授予——这是一套非常清晰的政治授权规则。军事独裁制也是发展中国家和地区常见的一种政体。例如在 2009 年的缅甸,尚不存在稳定和定期的选举,也没有合法的国王或者君主,政治权力被一个由高级军官组成的军事委员会自上而下地分配。所以,军事独裁制作为政体的一种,是由军队的高级成员以集体或单独形式掌握政治权力分配的一整套规则体系。

一般而言,政体的更替比国家机器要频繁,但是政体比政府稳定得多。政体的稳定程度居于国家机器与政府之间。

政府这个概念在政治学里是指一群具体的人,他们在某个特定时段内占据了一个国家中处于最高层的政治职位。换句话说,政府就是那群暂时掌握政治权力、负责治理国家的人。在民主制下,构成政府的这个集体掌握政治权力的"特定时段"就会比较短,并且他们最长的任职时间由宪法确定;而在专制制度下,这个权力掌控时段或许就比较长,而且当权者任期也未必固定。但是有一点是确定的:任何由人组成的政府,其掌握权力的时间总是有限的;无论何种政体,都设有一定的制度化或非制度化的政府更迭机制。

在政治生活中,政府的更替要比政体频繁得多,更不用说国家机器了。即便在世袭独裁的政体下,政府的更迭频率恐怕也是政体、国家机器和政府这三者中最高的。

国家(或者国家机器)则是一整套由永久性的行政、法制、官僚以及暴力机关组成的治理系统。按照马克斯·韦伯的说法,国家机器这套管治系统在一个给定的地理区域内垄断了合法使用暴力的全部权力。国家机器既包含一整套具有强制力的法律规则系统,又指代负责以合法暴力来执行这套规则的官僚系统。这个官僚系统包括了大量的公务人员,比如每天早晨定时给你送信的邮递员、每一年定时向你征税的税务官、每一次你出入口岸时负责监视旅客健康状况的检疫官员,他们都是国家机器的一部分,他们所从属的机构(邮政局、税务局、卫生署)就属于"国家机器"这一概念中所提到的永久性的治理系统。

根据《基本法》，香港特别行政区行政长官每五年即须改选一次。试想，当一位新选出的行政长官宣誓就职并接管政府之时，香港特别行政区的政府（即掌握政治权力的那一组人）显然发生了更迭，然而邮递员、税务官、检疫官员们的工作则不会受到任何影响：邮递员继续送信，税务官照常征税，检疫官员一如往常在仪器上监视着旅客的体温信息；这表明政府的变更并不必然导致国家机器的变更。1997年7月1日，中国政府恢复对香港行使主权，港英政府的政体被崭新的、以《基本法》确定的"一国两制"政体所取代。而以第一任行政长官董建华为首的新的特区政府亦取代了旧有的、以末任香港总督彭定康（Chris Patten）为首的港英政府；然而，香港的邮差、税务官和入境检疫官员，还有警察、法官及各种政府公务人员的工作大致上没有什么变化，特区政府并没有全盘打碎、另起炉灶，而是基本上继承了港英政府留下来的国家机器；可见，政体变更和政府更迭，都未必导致国家机器的变化。这里的"国家机器"概念包括军队、警察、监狱、法院、邮政、税务、入境事务、卫生、教育等部门，还包括其他很多我们能够想到的、由政府公务员执掌的部门。它们是国家机器的一部分，合法地垄断着使用暴力的权力。在现代政治中，国家机器是唯一可以向你合法地征税、可以强制你服役，也可以把你合法关进监狱的政治实体。

如果我们用电脑系统打个比方，构成"政府"的那一群人就像是电脑用户，他们所操作的那台电脑的硬体系统就是"国家机器"，包括它的显示器、主机、键盘、鼠标、音响等；而"政体"则是电脑的软件，特别是让电脑运转起来的作业系统。我们知道，在很多公众地方（如公共图书馆），那里的电脑是开放给大众使用的。这些公共电脑的用户流动性很大，正如同政治学中所讲的"政府"一样，频繁更替。但是，电脑本身的作业系统却可以稳定使用两三年或更长的时间，直到软体制造商们推出新的作业系统才会更新。政体变化也如同电脑作业系统，虽然非一成不变，但也不是频繁变化。另外，这台公共电脑虽然使用者人来人往，作业系统不时更新，唯有电脑本身的硬体更新换代最是缓慢，除非它遭遇大损，或是年事已高、不堪重负，我们才会见到公共图书馆更新电脑硬体；我们在政治学中所谈的国家机器大概也是如此。

综上所述，在政治世界中，政府比政体变化频繁，政体则比国家机器变化频繁。国家机器基本上是一个恒常的实体——只有在极少情况下（如在无政府状态下，或革命和内战爆发之时），国家机器本身才会被破旧立新。在中国，1949年中华人民共和国取代了旧有的中华民国，紧跟而来的是整个旧国家机器被全盘摧毁、新中国另起炉灶，建设起崭新的国家机器。也唯有在这样的历史场景下，才可以说政府、政体还有国家机器都一同完成了革新。而这样的宏大事件在历史上并不是常常发生的。

国家：一种关键的制度存在

英国政治哲学家托马斯·霍布斯（Thomas Hobbes）在1651年出版的《利维坦》（*Leviathan*）一书中，曾形象地用《圣经》中描述的怪兽"利维坦"来比拟政治国家（霍布斯称为 political commonwealth）所拥有的强大权威，成为政治学历史上最著名的比喻之一。霍布斯用哲学假想式的逻辑推导来解释国家的起源和国家权力的正当性。他把无政治国家状态下的人类社会称为"自然状态"。霍布斯认为，由于人类为争夺稀缺资源以满足个体欲望以及人人自我保护以避免横死的需要，自然状态不过是永不止息的"一切人对一切人的战争"，人类在无政府状态下的生活因而也"孤独、贫困、卑污、残忍而短寿"。为了求得安宁及抵御外敌，人类共同体就必须达成社会契约，将每个人的自然权利都托付给"主权者"，并自愿服从"主权者"的无上权威，令其足以维护共同体内部安宁和抵抗外部侵略，以求得摆脱"自然状态"下人类的惨痛生活。这个主权者的产生,在霍布斯看来,就是国家的起源。因此霍布斯在《利维坦》一书中说,国家是在所有人都同意之条件下,以下述方式成立的:

> 人人都向每一个其他的人说:我承认这个人或这个集体,并放弃我管理自己的权利,把它授予这人或这个集体,但条件是你也把自己的权利拿出来授予他,并以同样的方式承认他的一切行为。当这个过程完成后,所有人也就都团结在同一个人之下,这就是"国家",或者拉丁文所说的 CIVITAS。[3]

这是霍布斯认为国家得以产生的信约基础。

霍布斯进一步认为,基于这一信约而产生的政治国家(亦即"利维坦")在12个方面享有主权权威:(1)主权权威所赖以存在的信约将立即取代任何旧有的、与之抵触的其他契约;而一经建立,主权权威管辖之下的被统治者亦不可能再合法订立任何新的信约来取代既有信约,或者以此背叛主权者。(2)由于主权权威所赖以建立的信约来自人们共同体的集体赋权,因而在主权者方面不可能违反信约,而被统治者亦不可能合法地收回赋权,或者脱离主权管辖。(3)由于主权者是由人们共同体的多数所宣立,任何持异议的少数派此时亦必须服从多数的意志以及主权者的管辖,否则可被合法消灭。(4)由于主权是按赋权信约而订立,一切被统治者均成为主权者行为和裁断的授权者;在此意义上,被统治者不可以控告主权者对被统治者的侵害:因为任何人不会以自己授权的行为来侵害自身。(5)主权者不可能被合法处死,或者被施以惩处。(6)主权者为维护安宁、避免内战起见,有权审查出版物和言论。(7)主权者有权订立民事刑事法规。(8)主权者有权裁断是非。(9)主权者有权根据公共利益之需对外邦宣战或者媾和,并为此目的统领全部军队。(10)主权者无论平时或战时都有铨选官员的权力。（11）主权者有权根据事先颁行的法律颁授荣典及施加刑罚。（12）主权者有权决定荣衔、礼仪次序以及公私集会上所行的敬礼。这些信条，反映了霍布斯作为英国内战时期的学者，对于政治国家及其享有的主权权威的看法。

在现代政治中，国家作为最基础的制度存在，仍然扮演着极为重要和关键的角色。从人类学及历史学的角度讲，最早形态的国家是脱胎于早期人类社会基于家庭、氏族和部落的公共组织结构。随着人类社会人口密度的增加、农业剩余产品增多，以及技术的发展，使得原有的氏族部落逐渐超越家族的范围，而成为按马克斯·韦伯的说法，"在一定的领域内垄断合法使用暴力权力"的公共生活组织形态。战争的需要，又使得国家日益脱离氏族的关系网络，而变成"非人化"（impersonal）的现代暴力和动员机器。正如政治学家查尔斯·蒂利（Charles Tilly）指出的那样，"战争造就国家，国家又发动战争"。[4] 就世界历史而言，战争与国家的构建往往具有密不可分的联系。

国家在现代政治生活中扮演的关键角色，首先体现在国家所承担的广泛功能上。现代政治学一般认为国家可以履行下列职能。

第一，国家垄断了合法征税的权力，为公共开支聚拢并提供财政资源。在传统上而言，通过征税以满足公共开支的需要或许是国家最重要的职能。税收是国家的主要财源之一。在民主制度兴起的年代里，不论是美国、英国、法国抑或其他国家，税收问题总是处在各种政策和政治争议的中心位置，并且与代表权等问题密切联系在一起，在不少情况下税收问题甚至成为政治革命的直接导火索。税收是国家以强制力量把属于自然人和法人经济收入和财产的一部分收归国库，集中起来支付公共开支，以支持政府运作、提供国土防卫、济贫扶困、修桥筑路。没有国家对税收活动的垄断，现代社会的很多公共服务就不可能存在，公共建设也不可能进行。

第二，国家负责管治国民经济，并规范市场交易行为。虽然国家涉入经济领域的程度在全球各个地方有所不同，但即使在今天最为笃信新自由主义的国家或地区，也可以观察到由国家所主导的、相当广泛而深入的宏观调控和市场规管。国家对国民经济的责任一方面体现在用国家法制机关为商业合同的执行提供保证，另一方面国家也通过宏观经济手段对经济发展的方向、品质和规模进行调控和规管。某些国家还特别对于特定经济产业采取扶植政策，以帮助本国产业保持竞争力。国家也对国内外贸易、劳动力市场、外汇市场、证券市场等进行严格的监管，保证国民经济的良性发展。

第三，国家保障公共秩序，尤其是国家的执法部门和司法部门承担了使用国家暴力机器以建立、维护和保障公共秩序及保证社会安宁的重要职能。同时，就保障公共秩序而言，国家还具有解决争端的功能。不管是国家机器内部的宪政争端，或者发生在国家与社会之间的争端，还是发生在私人之间的民事争端，国家都具有予以调整和裁决的功能。国家具有使用强制力量确保按其意志作出的关于各种争端的最终裁决能够被付诸执行的权力。国家对公共秩序的保护，也为实现和保障公民的各项经济、社会和政治权利提供了基础条件。

第四，国家提供共同防御，以保护公民共有之领土免于外国或外部势力入侵或占领。国土防卫对于任何国家都是最高优先事项之一。在当代，世界上绝大多数国家保持常备军，但也有少数国家基于独特的地缘政治条件，选择常备军以外的其他方式保证国防（比如通过和平条约或是依赖于外国军事保护）。然而，即便是不设常备武装力量的国家，也并非不重视国防，而是采取其他替代形式来保证国防安全。无论对世界的哪个国家来说，国土防卫永远都是其所有职能里最重要的环节，直接关系到政治共同体本身的安全。

第五，国家提供基本的公共服务。对于那些私人部门无法独自承担的公共事业，比如基础教育、邮政网络、铺路搭桥，甚至于架连互联网设施等重要的公共服务，国家也往往承担其责任。虽然不同的国家所选择提供的公共服务范围存在很大的差别，但它们的共同之处都在于以提供公共品作为国家的基础性职能之一。现代国家作为社会福利提供者的角色则是更为晚近的事。在20世纪30年代全球经济大萧条的震撼下，越来越多的经济学和政治学学者认为国家除提供基本公共服务之外，亦应承担责任向本国公民提供一定程度的社会保障和社会福利公共品，即：国家的职能范围应该涵盖对于民众基本生活需要的保障。

自20世纪40年代以来，越来越多的西方工业化国家加入到"福利国家"（welfare state）的行列之中，逐步为公民提供范围较为广泛的经济和社会福利；特别是一些北欧国家，其提供的社会福利几乎广泛到"从摇篮到坟墓"的程度，以至于这些福利国家得到了"保姆国家"（nanny state）的称号。福利国家以财政转移支付的方式，一方面以很高的比例向国民征税，另一方面则以很高的标准向公民平等地提供社会福利，实际上是利用累进税制度对高收入阶层征收高税收，进而倾斜补贴那些在经济或社会上处于相对劣势的社会群体，以达到"社会公平"这一社会民主主义的核心目标。不过，在近年的经济危机动荡之后，由国家以公共开支大量提供福利的政治和经济成本正变得越来越明显，希腊近年来的金融危机就是一例。福利国家转移支付的过程很可能引发非常严重的经济和市场扭曲。同时，国家的征税冲动可谓"由奢入俭难"，因为福利国家想花的钱永远比征收到的税更多；如若操作稍有不慎，转移支付的职能有可能严重伤害到国民经济的长期健康发展，并给政府带来严重的赤字危机，从而引发其国内激烈的政治对峙和对抗，甚至触发民众街头暴动。

在21世纪，现代国家的总体趋势是越来越庞大，而国家管制之手已经深入民众生活的方方面面。无论在东方还是西方，我们都

· 151 ·

已经从霍布斯笔下、"利维坦"式的主权权威时代,进入到一个"超级国家"甚至"全责国家"的时代。

国家性和国家能力

政治学家用"国家性"(stateness)这一概念来衡量国家作为一种实在的政治制度的存在状况。按照制度主义的观点,"国家性"可以作为一个自变量,去解释很多其他的因变量。一个简单的例子:为什么法国大革命在1789年爆发?为什么俄国十月革命在1917年发生?制度主义的观点会借助"国家性"的概念,用国家能力(国家性中的核心变量)的减退来解释大规模社会革命的发生。这种观点认为,当国家能力衰减、控制力下降时,相对而言社会的动员和组织能力就大大增强,因此在此情况下国家无力将社会运动和社会抗议限制在可以操控的程度内,大规模革命便有可能发生。可以说,"国家性"作为一个政治学中的重要分析工具,可以用来解析从社会运动、内战、无政府状态到社会革命的范围十分广泛的诸多政治现象。

"国家性"在政治学的分析框架中往往具有两个度量指标。第一个指标是国家的规模或曰范围(scope),它衡量国家对经济和社会进行干预的程度。许多新古典主义经济学派的支持者认为,将国家对经济、社会的干预限制在尽量低的水准是保障自由的前提;另外一些自由主义学派的学者则支持国家对社会经济进行更积极和更大程度的干预,从而为社会中每个人提供公平的发展机会和生活保障。

如果国家的规模很"大",对经济、社会的干预都很高,就有可能走向国家统合主义(state corporatism)的方向,即国家在充分认知社会利益多元化的条件下,由官方指定——而非通过选举机制产生——不同阶层的代表来参加政治决策过程,以求反映出他们各自所属阶层的利益。若国家干预走到极端，"国家性"大到极点，那就成了极权主义国家（totalitarian state），如纳粹德国。在这里，公民没有结社、集会、言论、出版等基本权利，政治自由被压缩到极限程度。极权主义的国家对社会和经济干预达到无孔不入、无所不包的程度。此外，第二讲曾探讨的"发展型国家"以及刚才又谈及的福利国家，在规模和范围上都属于"大"国家的类型。而在这个光谱的另一头，是那些奉行新古典主义的"小"国家：这些国家秉持政府对社会和市场的干预必须有限的原则，保护人民享受充分的政治自由、经济自由和自由竞争，避免过度的社会和市场规管，也控制福利供给水准。在"大"国家和"小"国家之间，存在着极其广泛的中间地带。

"国家性"的第二个度量指标是国家的能力（capacity）或曰强度，它反映国家是否具有足够的资源、手段、意志和组织来迅速有效地执行政策和决策。不管国家决策是出自民主程序还是独裁专断，国家在执行时是否高效有力永远都是衡量国家能力的核心指标。若国家有很强的能力去执行和落实政策决策，它就是一个"强"国家；相反，如果国家的执行能力很低，政策决策无法执行甚至久拖不决、议而不行，它自然就是一个"弱"国家。国家能力的强弱与政体类别不一定直接相关，可以说"独裁国家未必强，民主国家未必弱"；当代西方民主国家往往具有很强的执行能力，而许多非民主的所谓"弱势独裁国家"则国家能力十分衰弱。国家能力的高下和政体形式之间并没有必然的相关性。

基于上述国家性的两个层面，我们可根据国家规模之大与小及国家能力之强和弱，归纳出国家的四种假想类型（ideal types）。

第一类，小而强（small and effective）的国家。这类国家对经济和社会的干预范围和程度都有限，但是在国家决定干预和规管的范围内则政策执行高度有效，能够很完整切实地履行国家的意志。这类国家的代表是美国与智利。

第二类，小而弱（small and weak）的国家。这类国家对经济和社会的干预同样有限；但与第一类国家不同，小而弱国家即使在其对经济、社会的有限干预范围内，执行力仍十分虚弱，管治无力。例如许多在摆脱欧洲殖民者后获得独立的非洲国家，即便国家干预经济和社会的范围已经非常有限，在这有限范围内它们实际的干预能力仍然欠佳。第二类国家的极端例子就是所谓的"失败国家"（failed state）。失败国家完全无力对经济和社会进行治理。它们不仅无法增进国内福利，甚至给国际社会带来和平威胁；这些国家公共秩序失范，国家也无法从社会有效汲取税收，国家的绝大多数核心职能都无法得到有效履行。21世纪初叶的索马里就是当代世界失败国家的代表。

第三类，大而强（big and effective）的国家。这一类国家对本国社会经济干预程度深、范围广，国家机器本身的规模也较大。在较为广泛的干预和管制范围内，国家的执行能力高度发达，干预有效，政策落实切实。我们在第二讲中提到的发展型国家皆属于此列。这些国家在战后为本国经济的复兴和发展提供了非常广泛而深入的引导，由国家直接规划资源配置，优先配给重点发展的行业，指引私人企业引入外来技术。虽然发展型国家承担了范围广阔的协调及引导经济成长的职能，但政府在履行这些职能的过程中高效有序、彰显出高度的执行力。这一类型的国家，亦包括当代许多奉行社会民主主义的福利国家，比如瑞典、芬兰、丹麦等北欧国家。这些国家的政府规模很"大"，对社会经济干预很深，国家为全体居民提供非常广泛和高品质的民生福利，这些超大规模的福利国家通常被认为是高度有效的国家机器。

第四类，大而弱（big but weak）的国家。这一类国家虽然对社会经济的干预范围广泛、程度较深，但在干预和规管范围内的执行能力低下、效率缺失，有的贪污盛行、政治决策难以贯彻实行，管治品质恶劣。20世纪七八十年代的很多拉美军事独裁政权（智利除外）就属于这一类：它们往往对社会经济施加了全面的干预，但干预效果却非常差，政府效率低下，种种规划落空。这类国家中最极端的例子就是所谓"掠夺型国家"（predatory state）。掠夺型国家机器具有较大的规模，但在有效治理方面却无甚建树，其主要的国家能力都被用于从社会汲取大量财富以满足统治者个人的私欲。

失败国家

前所已述，"失败国家"是第二类"小而弱"国家的一种极端类型。这类国家对内既无力治理、维护正常的社会政治秩序，也无力汲取税收、保证履行正常的公共职能所需要的财政资源。失败国家在现代世界所意味的绝不是古代社会国家"无为而治"式的田园牧歌，而是国内和国际政治的双重灾难。当国家机器弱小到无法掌控和分配资源、维护社会安宁以及建立国土防卫的时候，它就根本无力治理内政、履行职能。失败国家不能给国内民众提供基本的安全感，无力调节国民经济，公共设施荒废，无力建设武装部队，也不能调整、裁决公私争端，社会福利更是无从谈起。这种时候，稳定的政治秩序不复存在，有心参政的人没有管道加入制度化的政治生活，他们只有在国家机器之外寻求参政方式，所以暴力很难与"失败国家"绝缘。"失败国家"往往内战频仍，造成巨大的人道主义灾难。

对国际社会来说，"失败国家"是对世界和平稳定的威胁。比如索马里国内的无政府混乱状态导致其所属水域海盗横行，迫使世界各国派遣自己的海军部队前往维护国际航路安全，这可以说是失败国家对国际和平与安全造成的直接恶果。失败国家往往也是恐怖主义的温床。因为失败国家无法控制、管理社会，恐怖主义组织就有可能侵入相当一部分社会组织和空间，并取得主导权；况且失败国家造成的无政府状态本身也给各种极端宗教政治思潮和力量的萌生提供了土壤。

21世纪初叶，人类社会面临的最大的失败国家索马里的政治乱局，可以追溯到20世纪90年代初。威权主义统治者巴雷总统（Siad Barre）在1991年被推翻，其后众多政治派别竞相争夺最高权力，索马里逐渐陷入无政府状态，迄今已持续二十多年未有平息。各种势力依照军阀、部落、宗教等方式合纵连横，兵戈不止，此起彼伏。索马里许多派别曾屡次尝试组建联合政府、实现非武装化，均未完全成功。时至今日，索马里国内尚不存在真正具备治理能力的中央政府。许多地区寻求独立或自治，以期与战乱更甚的首都摩加迪沙地区分隔开，其中以索马里兰共和国、邦特兰国及索马里西南国最为知名，然而它们从未得到国际承认。

2004年成立于肯尼亚奈洛比的"索马里过渡联邦政府"是目前得到国际普遍认可的索马里政府，然而联邦政府并未能完全止息军阀混战和部族冲突。2006年，厉行伊斯兰教法的"联合伊斯兰法庭"曾勃然兴起，并控制全国包括摩加迪沙在内的大部分地区。然而同年年底，邻国埃塞俄比亚派出大量军队协助联邦政府，给予"联合伊斯兰法庭"沉重打击。非洲联盟亦于2007年开始派遣部队进入索马里。在埃塞俄比亚军队于2009年撤出后，许多伊斯兰教义派叛军东山再起，击溃政府军及非盟部队，夺回首都摩加迪沙。"联合伊斯兰法庭"有时被指控支持国际恐怖主义。

联合国安理会在1992年通过一系列决议，授权组建以美国为首的联合国索马里维和部队，以期对其南部地区的严重饥荒进行人道主义救援，以及帮助处于无政府状态的索马里建立秩序。然而在1993年，联合国维和部队与当地民兵派别发生一系列激烈冲突，6月5日有23名巴基斯坦籍士兵被民兵射杀。10月3日，美军突袭市中心的民兵据点，共计18名美国籍士兵、一名马来西亚籍士兵阵亡，其中两名美军尸体遭游街示众，举世震惊。民兵方面则估计有近千人死亡，普通民众伤亡可能高达 3000 人以上。联合国维和部队遂于 1995 年撤出索马里。

索马里的无政府状态导致当地海盗横行。位于索马里外海的亚丁湾地处红海及阿拉伯海之间，是连接欧亚的苏伊士运河航线的必经海域。2008 年英国皇家国际问题研究所的报告指出，当年索马里海盗已获赎金上千万美元，占全球海盗赎金总额三分之一到二分之一。英国全球政治与经济资讯咨询公司则指出，索马里海盗 2010 年人均年收入折合约 70000 美元，是该国平均国民所得的 150 倍以上，其极丰的获利刺激更多民众加入海盗行列。

索马里海盗包括大量当地的渔民、商人、叛军等各色人等，他们均受到经济利益的鼓励，利用索马里当局无力制裁海盗行为的局面。大多数海盗行为不以伤害人质为目的，通常索要高额赎金（从几十万美元到几百万美元不等），但在一定情况下也时有杀害人质的事件发生。索马里的海盗组织严谨、装备完善，许多成员曾是受训的军人；他们配备强大火力及武装小船，迫使多国政府出动海军围剿。目前，派遣海军前往索马里地区打击海盗行为、维护航道安全的国家有美国、英国、德国、荷兰、土耳其、意大利、加拿大、丹麦、西班牙、希腊、印度、俄罗斯、中国、韩国、日本、马来西亚、伊朗等。

索马里是"失败国家"的一个典型案例。今天的索马里是殖民地时期英属索马里和意属索马里合并的产物。在"失败国家"的名单上，我们可以找到许多新近独立的所谓"后殖民主义国家"（post-colonial state）。为什么曾经被殖民者统治的"国家"往往具有小而弱的国家机器、甚至跌入失败国家的深渊呢？这不是巧合。我们知道，典型的现代民族国家最早产生于西欧，是在常年的战争征伐和长期的政治生活中发展起来的国家实体；然而许多前殖民地国家，尤其是在非洲地区，其国家实体完全是西方殖民者人为制造的产物，缺乏自身的历史演进历程。这些地方的国家机器可谓先天不足，无力从社会中合理地汲取财政资源、建立政治秩序，进而更无法获得政治认受性及进行有效治理，以至于陷入恶性循环；再加上冷战时期，东西方阵营竞相争取这些新型独立国家的政治支持，向它们输入了大量各类援助，缺乏自身经济造血能力的前殖民国家由此产生对外来援助的强烈依赖。但是20世纪90年代以后冷战止息，外来金援骤减，这些地方的国家机器就再无法勉力运转下去了。

从2005年起，美国智库和平基金会（The Fund for Peace）与《外交政策》（*Foreign Policy*）杂志每年发布"失败国家指数排名"（fragile stateindex），对世界各国的国家机器运行状况进行调查评估。排名采取的指标包括中央政府的控制能力、公共服务的提供、腐败和犯罪情况、难民人口、经济衰退等因素。排名将所有国家分为"极高度危险""高度危险""危险""极高度警告""高度警告""警告""不太稳定""稳定""非常稳定""可持续发展"和"高度可持续发展"等不同类别。

在2014年，该排名榜中排名前十、位列"极高度危险"或"高度危险"，亦即被认为最接近"失败国家"的，是以下国家：

1. 南苏丹
2. 索马里
3. 中非共和国
4. 民主刚果
5. 苏丹
6. 乍得
7. 阿富汗
8. 也门
9. 海地
10. 巴基斯坦

而榜单最末十名、位列"高度可持续发展"和"可持续发展",即被认为离"失败国家"最远的,是以下国家:

169. 澳大利亚
170. 爱尔兰
171. 冰岛
172. 卢森堡
173. 新西兰
174. 瑞士
175. 挪威
176. 丹麦
177. 瑞典
178. 芬兰

正如美国著名政治学家弗朗西斯·福山所指出的那样,不论是采用民主还是威权政体,国家都必须首先拥有足够的治理能力。不论"国家性"的"大"与"小","强"国家总能够提供比"弱"国家更佳的治理结果。如果国家没有治理能力,那它注定一事无成,而空谈政体、国家"大""小"则毫无意义;实际上,也只有在"强"国家里,国家治理才更有可能成功。1911年中国辛亥革命之后,虽然这个远东大国告别了持续两千多年的专制政体,在名义上建立了亚洲第一个民主共和国,但由于国家能力溃坏、国家机器羸弱,中国在整个20世纪一直未能完成发展任务。1840年以来,中国革命的历程最直观地给我们以启示:在国家缺乏治理能力的时候,现代化进程有可能混乱失序、暴力丛生、内忧外患,根本无法实现人民理想中的民主、富强、自由的美好图景,而强政励治才是建设现代化国家的不二法门。

注释

[1] Aristotle, *Politics*, edited by Lord Carnes, Chicago, IL: University of Chicago Press, 1985, pp. 94 – 95.

[2] Ibid. , pp. 95 – 97.

[3] Thomas Hobbes, *Leviathan*, Oxford, UK & New York: Oxford University Press, 1998, p. 114.

[4] Charles Tilly, *The Formation of Nation States in Western Europe*, Princeton, NJ: Princeton University Press, 1975, p. 142.

第六讲
政治参与理论：
为什么和怎么样？

什么是政治参与？
政治参与何以重要？
人们如何参与政治？
公民

政治参与理论：
为什么和怎么样？

什么是政治参与？

20世纪的人类历史见证了这样的变化——普通人越来越广泛、越来越深入地参与到国家的政治生活中。不论是被动参与还是自发参与，活跃在社会各个层面的普通政治参与者在当代政治生活中已成为一道靓丽的风景。有赖观念的革新、技术的进步、制度的演进，21世纪的政治不再仅仅是少数精英人士在密室中所决定的事宜，亦不再是富丽的宫廷内君主与臣子的钩心斗角、尔虞我诈，人们甚至都不再满足于仅仅通过问责自己的代表人去间接地影响政治。今天，无数的政治活动、政治团体、街头政治、民众抗议和社会运动等都昭示着一个政治参与的新时代——人民正不断尝试以新的管道去直接影响政治过程。21世纪的政治，势必是属于普通人的政治。

莱斯特·米尔布雷斯（Lester W. Milbrath）在《政治参与》（*Political Participation*）一书中认为，公民是否对政治感兴趣、是否对政治有所认知并积极参与政治，对民主制度的繁荣至关重要。[1]民主是"人民的统治"——没有民众的参与就根本不会有民主制度，而民主制度的运转能否成功，很大程度上亦取决于公民参与政治的意愿和品质。20世纪大众政治参与之所以得到较大发展，主要是由四方面的因素造成的。第一，技术进步和大机器生产的发展，使得普通人拥有更多的闲暇时间来关注和参与政治生活。第二，20世纪30年代的全球经济大萧条及其带来的政治衰败，也使得受尽其害的西方民众越来越关注政府治理的绩效，希望能够通过监督和亲身参与到实际政治运行中去，来维护自身的权益。第三，20世纪的两次世界大战使得民众对政治事务——特别是国家级政治事务——的观察、了解和认知程度显著提升，战争也加强了人们之间的政治团结和政治纽带，为战后高涨的社会运动提供了组织和社会基础。第四，人类在20世纪对与社会主义和共产主义的实验，也进一步使得更大规模、更高程度的社会动员和社会组织成为现实，高度的政治卷入和政治参与成为社会主义国家的常态，并带动了全球范围内政治参与的大发展。这四方面因素相互叠加，造就了20世纪人类政治参与的高峰。

那么，究竟什么是政治参与？普通民众有哪些方式参与政治？他们又为何参与政治？在塞缪尔·亨廷顿与琼·纳尔逊（Joan M. Nelson）合著的《难以抉择》（*No Easy Choice*）一书中，"政治参与"被定义为普通公民进行的各种意在影响政府决策的活动。[2]这里的"普通公民"指不担任政府公职的普通民众。在这个定义里有一些值得注意的地方：首先，仅仅拥有某种政治态度、观点或价值观是不能被算作政治参与的，政治参与者必须要亲身参与到政治过程和政治活动之中去。其次，这个定义强调民众对公民参与权的主动及积极地行使，而非被迫行使。再次，政治参与活动需要产生一定的政治影响。虽然参与本身未必完全改变政府政策或者创造出全新的政策议题，但起码能让普通民众的意见被表达、聆听与考量。最后，政治参与活动应当是带有政策预期的行动，其目的是造成某种可预见的政策结果。不管是民众上街游行还是政党选派候选人参与选举，目的都是为了改变某些既有政策，或是要求政府提供尚未提供或充足提供的公共品。

在日常生活中，我们常常可以看到各式各样的政治参与者。政治学学者通常采用以下几组相互对应的概念来描述各类别的政治参与者的具体特征。

日常参与者与偶尔参与者：前者包括立法者、行政官员、社会运动领袖等。他们以政治为业，将参与政治作为自己的日常工作。后者则包括其他的、不以政治为业的普通公民（譬如那些除了定期去投票站投票之外，就再无其他显著政治参与行为的人）。这些偶尔参与者拥有在政治领域之外的职业和日常工作，他们仅仅出于公民意识或切身利益，才时不时地参与到政治过程之中。

被动型参与者与积极型参与者：前者只有在法律、经济或社会压力下才会不得不采取最低限度的政治参与行动，这种压力往往是国家制定的、某些针对公民"不参与"行为的惩罚措施所带来的。譬如在强制投票制度下对拒绝投票者施以的罚款（以至监禁）等，就是典型的国家针对政治"不参与"行为而制定的惩罚措施。积极型参与者则不然。积极型参与者非常主动地参加政治活动、担负政治角色，甚至在政治参与进程中起到发动、领导和组织的作用。即便没有外在激励措施的鞭策，积极型参与者也会非常主动地去参与政治生活。

政治活动家与普通大众：前者参与政治不仅频繁，而且参与度深入，不只个人参与政治，还会投入时间同精力来组织、动员其他民众参与到政治活动之中。政治活动家也往往拥有自己较为明确的政治议程。而普通大众的政治参与就没有政治活动家那样执着，他们也未必有自己的坚定立场或明确议程，更不会投入时间和精力来鼓动社会上其他人参与政治。

制度化的参与者与非制度化的参与者：前者通过业已建立的、制度化的管道来参与政治。这些制度化的管道包括在选举中投票、加入政党组织、参加竞选活动、担任义工或者直接写信给政府官员等。而后者则主要在现有或者既定的制度空间之外活动。非制度化的参与者往往包括街头活动家、抗议活动或社会运动参与者、内战参与者以及政治和宗教极端组织成员等。以制度之外的方式参与政治还包括对公职人员行贿以影响决策、邀请公职人员乘搭私人飞机和私人游艇以建立友善关系之类的,往往是非法的政治行为。

保守派参与者与自由派参与者:一般来说,政治生活中的保守派人士希望通过参与政治维持现有政治秩序。他们通常支持那些有利于巩固传统价值及生活方式的政策,力主小政府、低税收、低福利。而自由派人士参与政治的目的则是变革政治现状,试图鼓励及推进新的观念、价值与生活方式,促进社会平等,主张大政府、高税收、相对较高的社会福利。

这些对于政治生活中不同参与者的粗略分类方式虽然并非绝对,却能帮助我们在研究中建立起相关的模型,以衡量和研究不同类型的政治参与者在现实政治中的行为模式、趋向或者偏好。这对于当代政治学的研究是具有重要意义的。

政治参与何以重要?

政治参与对于现代政治生活极为重要。第一,广泛和多层次的民众政治参与彰显人民主权,是政权的政治认受性之所系。为什么政府有权力施行统治?为什么公民要服从政令、向政府缴税?这皆是因为民众默认:施行强制力于自己的政府具有政治上的认受性。然而不同时代、不同政体下的政府,其认受性基础不尽相同。在西方世袭君主制下,君主的政治认受性来自出身及合法的继承。君王家族世代传承君权,而君权的原初则是来源于"神授"。古代中国则有"天命"(mandate of heaven)的观念;依照传统儒家学说,皇权的认受性来自以君王道德水准(moral qualification)为基础的上天认可;但由于"天视自我民视,天听自我民听",[3]天命的最终来源是民众对君主道德水准的认可。若民众不认可在位君主的道德水准，或者一个原本道德上合格的君主开始败坏，民众就可以揭竿而起、改朝换代，实现天命转移。中文里的所谓"革命"，本意即是"天命的变革"，指的是上天的意志由于人间君王的倒行逆施、道德合法性崩塌而产生政权改变。在近代西方，以人民主权为基础的政治认受性原则更成为现代民主制度的基石。从英国的自由主义传统到美国独立革命所树立之政治原则，都明确声明政府统治的合法性必须基于人民（受管治者）的同意，即"主权在民"。当代政治中以选举为主要代表的各种政治参与方式，都是民主制度下体现"主权在民"原则的基本制度形式。实际上，在今天，具有截然不同政体性质的国家往往都选择用定期选举这一形式来建立、彰显或者重申自身的政治认受性。当今世界"主权在民"的原则已被看作十分普遍的政治认受性基础和政治权威的来源。

第二，民众政治参与是现代政治生活中实现和不断增强多元社会利益代表性的基本途径。现代社会存在各种各样的分歧——经济利益的差别、种族认同的对立、宗教信仰的多元、政治理念的相异——这些分歧和不同构成了现代社会多样性的基础。今天，各国政府所治理的几乎都是利益诉求非常多元化的现代社会。在多样性日益丰富的社会环境下，必须有一个具有充分代表性的政治机制来容纳及处理不同的利益诉求，并协调其中存在的各式各样的差异性，才能保证治理的有效性。因此，现代社会对处理多样化利益诉求的需要，决定了现代政府唯有以不同形式让普通民众参与到政治过程当中来，才可以使得不同的社会利益和理念在国家政治生活中得到体现和代表，并通过法定的制度管道去协调与统合互相之间的分歧，达成共识和决策。

第三，民众政治参与亦可以为改善政府治理提供来自社会面的反馈与意见。现代政府治理的难点之一就是如何从社会上获得关于治理成效和政策取舍的真实、完整及有代表性的反馈信息。民众政治参与在一定程度上可以帮助解决这一问题。譬如，选举作为一种重要的政治参与途径，它既是政治人物争取担任公职的一次角逐，但同时政府也得以通过投票结果来获得民众对其治理成效的总体性评价：本届政府的表现是否令人满意？政府的政策得到社会多大程度的支持？执政党在前一任期的治理成绩是否足以为其赢得下一个任期？民众通过选票对这些问题的回答，都可以影响政府的政治和政策决定。同时，立法机关和行政机关所时常举行的公共质询、公共听证、意见征集，以及一些由非政府组织进行的、针对各种政治人物或特定政策的民意调查，都是通过民众的参与来获取社会对政府治理的回馈意见。即便是非制度化的、体制外的政治参与方式（例如游行示威），也同样可以在一定程度上起到上述回馈作用。

广泛、有序、具有代表性的民众政治参与是现代政府治理的基础。落实现代政治的"主权在民"原则、实现治理多样性社会所必需的代表性，以及获取真实有效、关于政府治理绩效的社会反馈，这些现代政治中重要的核心过程都离不开普通民众的参与。而要真正达至这种质素高、范围广的民众政治参与：第一，需要培育健康的公民意识，即普通民众既愿意也有能力以个人身份积极参与到公共政治生活之中。第二，高品质的民众政治参与也需要有活跃的市民社会场域，政府须以法律制度保障民众享有依法结社并进行活动的权利。第三，民众表达自己意见的自由权利须得到国家的切实保障。第四，有序的、高质素的民众政治参与需要强有力的法律和行政支持，即国家须对公众政治参与的渠道、权利和所需资源提供坚实的行政和法治保障。

人们如何参与政治？

在现代社会中，民众政治参与往往采取多种多样的形式。一般来说，民众政治参与的主要形式包括选举、游说、团体参与、个人参与以及对抗性参与五种。以下分别详述之。

选举：选举是现代政治的基石，也是人民评价政府治理效能、对公共议题发表意见，以及更换和授权政府领导人的最直接方式。选举作为一种对政府治理的评价和回馈机制，并非一定是最有效、最直接或最及时的；然而，现代政府通过选举程序可以实现政府对公民的负责，以及公民对国家权力的问责。选举应该遵循一些基本原则，才算符合现代政治参与的要求。譬如，每位依照选举法律合乎被选举资格的公民都应该有权参与竞选、拥有组织竞选活动的权利（如组织政治集会、与选民进行直接或间接对话等）。罗伯特·达尔曾指出，在民主制度的发展史上，三种政治权利的落实具有里程碑式的意义，包括：人民通过投票参与政府决策的权利、人民被代表的权利，以及人民组织反对党在选举和议会活动中争取选票的权利。而最后一项权利的确立在达尔看来，在人类社会政治发展历史上出现得最晚。[4]

选举权应该依法具有普遍性，即所有正常的成年人都应依照法律享有投票权，而不应以财产、宗教、种族、文化水准、职业等附加指标对投票权作出不合理的限制。这种全民普遍投票权的思想基于人类拥有平等之理性的假设，亦是现代社会对人民个体权利和尊严的承诺及保障。在作为现代政治参与形式的选举活动中，每个公民的选票权重应当一致，没有贵贱之分，不应有制度安排使得某一部分选民的选票比其他选民的选票权重更大。此外，作为民众政治参与重要形式之一的投票行为应当受到法律和司法保护。选举应当实行秘密投票制度，避免选民在公开投票下可能遭受的威胁和压迫；更重要的是，秘密投票制度可以遏制潜在的贿选，因为秘密投票制度下无人可以将选票追溯到选民个人，即便候选人花钱贿选也无法核实收受贿赂的选民有无如实按照贿选人意愿投票。为了保障秘密投票、遏制贿选，一些国家甚至把选民对社会公开自己的投票列为触犯刑律的行为。最后，点票和宣布选举结果都应该公开进行,以消弭秘密"做票"的空间。败选一方应和平承认失败,不寻求用选举机制以外的方式挑战甚至推翻选举结果。

游说:作为利益团体参与政治的一种形式,游说活动(lobbying)可能比民主制度本身还要历史悠久。职业或非职业的政治说客作为社会上某些利益团体的代表,努力与公共官员建立私人联系,在正式的政治体制之外开展形式多样的说服活动,以图用各种正式或非正式的方式和管道去影响公共官员和政府机构的决定。在现代社会中,各个利益团体固然具有需要表达和实现的独特利益诉求,但团体成员却往往对相关政治管道并不熟悉,亦缺乏必要的手段和途径与政府公职人员建立非正式的联络。游说活动可以帮助填补这一缺失。职业政治说客(lobbyists)往往由前立法机关成员、前政府官员、律师说客、公共关系专家、会计师说客等构成。通过游说活动,职业政治说客可以帮助利益团体建立与政权机构的联系,也可以为利益团体提供咨询以帮助其厘定自己的政治策略。若有可能,利益团体也可以雇用说客作为代理人常驻首都,接受团体的指令,为团体收集政治信息,并随时准备代表相关利益团体参与到政策决策的全过程,必要时亦将对本团体可能不利的政治讯息在第一时间传递与该团体。政治说客也通过自己的日常活动为雇主服务。譬如,政治说客掌握丰富的政治信息,拥有很多接触政要的机会,可以有偿出让给利益团体的代表;说客之间也与政府部门保持经常联系、互相沟通信息;政治说客还常常访问政府机关、参加公共听证会,并受委托参加政府组织的咨询小组,以监督其所代表的利益团体的诉求能够在决策过程得到展现。在今天,传统的院外游说活动有逐步被所谓"间接游说"(indirect lobbying)或者"基层游说"(grassroots lobbying)所取代的趋势。间接游说和基层游说活动不再将接触点放在政府高层;相反,基层游说活动通过给选民大规模写信、发动公共关系战役以及通过亲友网络的非正式宣传,试图以间接的方式、通过塑造民意来对民选政治家起到影响作用。

政治游说集团在比较成熟的选举式民主制度下往往是非常重要的政治力量，也是不同社会团体参与到政治过程中的必不可少的桥梁。

团体参与：团体性的政治参与往往包括政党政治与利益集团政治两种形态。政党是由其成员自发参加的政治性组织，具有比较严密的结构和意识形态及政策平台。政党以掌握政府权力为目的。关于政党的政治活动，本书第四讲已经讨论过。而按照大卫·杜鲁门（David B. Truman）在《政治过程：政治利益与公共舆论》（*Governmental Process: Political Interest and Public Opinion*）中所给出的定义，利益集团是基于一项或几项共同立场或诉求而组织起来的一群人——例如学生会、农会、步枪协会等——这些组织起来的人群对社会上其他的团体或者组织提出利益要求。显然，利益集团得以形成，除了团体成员所共有的利益诉求外，也必须具有足够的、可以供这群人组织和动员起来的资源和动因。就动因而言，人们参与利益集团的政治活动，无外乎是因为希图获得物质利益、实现特定目的或者促进组织团结这三个基本因素。利益团体也往往会使用强制力（如某些早期工会组织殴打不愿意入会的工人），或者通过发动社会运动、提供选择性福利等多种手段和方式，吸引或者迫使利益相关者加入到组织中去。在日常政治生活中，利益团体也深入参与到院外游说、基层游说、选举工程（electioneering）、大众宣传、直接行动以及促进立法等重要的政治过程中。在以多样性著称的现代社会，利益团体在政治生活中的作用日益显著。但与政党有所不同，利益集团并不以组织或者控制政府为自己最高和最终的政治目标。

个人参与：虽然公民个人在现代政治生活中常常显得单薄无力，但是个人的政治参与往往又在历史的重要关头发挥重要作用。在日常生活中，公民个人可以通过在公共舆论空间中表达意见、向政府请愿、联络公职人员、为政党或者其他组织捐款、就政治问题提出个人法律诉讼，或者发动个人抗议活动等形式来实现政治参与。在互联网时代,网络活动亦成为个人政治参与的新的形式。以第二代互联网技术(Web 2.0)为标志的信息技术最新发展,使得人们之间的沟通和集结的成本大为降低,信息流动性亦显著加强。第二代互联网使得信息的生产、传播、分享和储存达到前所未有的便捷程度。通过互联网,组织政治参与活动更加便宜、简便和快捷。在互联网的帮助下,只需要更少的核心人员——甚至是分散的个人——就可以组织起广泛的、有影响力的政治参与活动。2009年发生在伊朗的群众性抗议运动更被直接称为"Twitter革命",在当年举行的伊朗总统选举中,官方宣布在任总统内贾德(Mahmoud Ahmadi-Nejad)以绝对优势成功连任,但是反对派总统候选人穆萨维(Abbas al-Musawi)认为选举存在严重舞弊,要求重选。从当年6月13日凌晨起,大批伊朗民众走上街头抗议选举不公,要求政治改革。由于穆萨维以绿色作为竞选标志,示威群众大多身穿绿衣或者佩戴绿色头巾、丝带并且挥舞绿色旗帜表示对其的支持,因而这场抗议活动又被称为"绿色革命"。示威抗议活动从伊朗首都德黑兰蔓延到全国各地,最多时据称有300万人参与了示威。在这次运动中,网络技术发挥了重要作用。虽然伊朗政府采取种种措施管制互联网信息,封锁并驱逐社交媒体,但是伊朗民众仍利用代理服务器等方式,使用Twitter、Facebook、YouTube等新兴的网络工具,将示威和政府镇压的实况报道给全世界。伊朗的"绿色革命"第一次向世界展示了,在21世纪,技术进步为公民个人的政治参与提供了广阔的空间和无限的可能。

对抗性参与:对抗性政治参与往往指"街头政治",以政治抗议、反叛或者革命的形式出现。这种政治参与方式是非制度化、非常规的。对抗性参与常是公共性的集体社会运动。所谓"对抗"指的是这种参与活动的核心过程是某种诉求的提出者与应诉者之间的互动关系;而所谓对抗性"政治",则要求政府必须是这个过程中提出诉求或者应对诉求的一方。对抗性参与的案例十分广泛,从印度圣雄甘地（Mohandas Karamchand Gandhi）的"非暴力不合作"运动（satyagraha），到近年的"颜色革命"（color revolution）皆在此列。对抗性政治参与有三种主要的形式，即：抗议（针对特定议题表达反对意见）、反叛（以暴力或者非暴力的方式，系统性拒绝服从政治管治）以及革命（以迅速而暴力的方式根本改变国家的政治、社会、经济系统，并颠覆原有政权）。关于对抗性政治，我们留待第八讲详细讨论。

公众意见或公众舆论（public opinion）是民众政治参与的重要表现形式。公众意见通常指民众关于公共议题、政治经济社会局势或政治人物意见的总和。公众意见通常是政治参与活动的产品。一般来说，公众意见通过人们之间的社会交往、利益调适、教育和媒体传播等不同过程来形成。现代政府为了提高管治质量，非常注意监视、收集和评估公众意见。然而在现实中，公众意见往往是未经深思熟虑的，也经常前后不一，缺少一定之规。美国学者布赖恩·卡普兰（Bryan Caplan）更指出，在西方发达国家，公众舆论通常具有四个方面的偏见：第一，公众舆论往往对市场持怀疑和批判作用，具有反市场的偏见；第二，公众舆论往往也对外国或者非本地人持有偏见；第三，公众舆论往往认为"行必果"，而很少认识到某些结构性社会问题未必一定可以通过政府的努力得到解决；第四，公众舆论往往对前景持有悲观态度。[5]因此，就治理而言，政府对于公众舆论不可不听，亦不可全听。政府决策必须立足于科学、立足于长远，兼听则明，不能简单化地唯民意是从。

公 民

政治参与的基石是公民的政治身份，而政治参与本身又不断加固公民对自身政治角色的认识和认同。就政治学而言，"公民身份"（citizenship）的概念大抵包含三个层次：首先，它是一种身份

· 173 ·

认同，指个人在某政治社群中的成员身份，是一种独特而有力的塑造政治认同感的元素。其次，它是一种法律地位，这一地位可以用公民个体在法制框架下所享受的社会权利、政治权利和经济权利来定义。最后，公民身份指向一种"政治人"的状态，在这种状态下人们主动地参与社会的政治管治，并在政治活动中保持高度的活跃性。

对于公民身份意义的认识上，往往有两种认知模式：共和主义模式和自由主义模式。按照共和主义的理解，公民身份的核心意涵是公民自治。公民通过积极投身于政策酝酿和政治决策的过程之中，从而保证每个公民个人的政治主动性和主体地位，防止成为强权的奴隶。亚里士多德甚至认为所谓公民就是分享公共职权的那些人。因此，根据共和主义的理解，公民身份的核心内容是政治主动性。

而自由主义的理解则认为公民身份的核心意涵在于公民的基本权利受到法律的充分保障，而非公民个人必须加入到法律制定或者执行的过程之中去。所以自由主义学者迈克尔·沃尔泽（Michael Walzer）认为公民身份是一个偶尔才会使用的身份认同，是一个法律地位，而不是每日生活的常态事实。实际上，自由主义理解的公民身份的核心内容就是公民的法律地位。

然而，无论持何种理解，可以肯定的是：公民身份所指代的各种权利和自由，有赖于民主和法治制度的保障，亦有赖于国家积极创造公民得以行使自身权利的必需条件。然而，从另一方面说，公民身份中所蕴藏的积极政治参与的意涵，也要求公民不仅要履行自己的义务，亦应通过主动投身到国家政治生活的方方面面，以帮助巩固现代政治制度和改善政府治理。现代政权和治理的未来，不可能依靠政治冷感的公民群体；没有积极的公民参与，就没有高质素的政府管治。在21世纪的今天，公众政治参与同政府治理的成效密不可分。

注释

[1] Lester W. Milbrath, *Political Participation*, Lanham, MD: University Press of America, 1982, p. 142.

[2] Samuel Hungtington and Joan M. Nelson, *No Easy Choice: Political Participation in Developing Countries*, Cambridge, MA: Harvard University Press, 1976, p. 3.

[3] 《孟子·万章上》。

[4] Robert Dahl (ed.), *Political Oppositions in Western Democracies*, New Haven, Connecticut: Yale University Press, 1966, p. xiii.

[5] Bryan Caplan, *The Myth of Rational Voter*, Princeton, NJ: Princeton University Press, 2011.

第七讲
在国家和市场之外：
建设美好社会

在国家和市场之外

什么是市民社会？

市民社会能使民主运转起来吗？

"独自去打保龄球"

市民社会使民主失败？

功能与基础

在国家和市场之外：
建设美好社会

在国家和市场之外

在本书的前面六章，我们专注于讨论制度化的国家级政治生活中的各种重要议题。就当代政治学的基本框架而言，本书已经讨论了发展的逻辑、国家的建构、政体的规则、政府的构成。在下面三章，我们将展现当代政治学的另一领域——社会。社会既是政权存续的环境，又是政府治理的对象，更是政治学的基本研究场域。今天，世界很多政治学家都致力于研究发生在"社会"层面的政治问题，我们不妨将他们的理论称为"政治学中的社会理论"；而政治学中的社会理论的重点即在于国家与社会在政权和治理这两个基本问题上的互动。接下来，本书将扼要介绍政治学在社会层面所探讨的三个主要话题：市民社会、对抗性政治，以及身份认同的政治。本章将首先讨论市民社会（civil society）。

今天，在我们熟悉的社会及政治生活中，活跃着各式各样的民间团体和社会组织，这些团体和组织构成了丰富多彩的市民社会。不同市民社会组织的结构、目的、功用和规模都大不一样：有的经过长时间的发展已然壮大，成为国际性或跨国界的组织，有的则局限在很小的社区范围之内。通常，我们可以按功能将市民社会社会组织划分为服务型组织、权益型组织、信仰型组织和理念型组织四类。

著名的"红十字会与红新月会国际联合会"（以下简称"红十字会"）成立于1919年，拥有近9700万成员。在其早期历史上，红十字会的宗旨是拯救在战场上受伤的战士和平民；然而今天，它的功能早已超越了战场救护。国际红十字会在自然灾害援救、公共卫生普及、抗击流行性疾病、提高人口素质中都扮演着极为重要的角色，并且还在更加广泛的情境下救死扶伤，让人们享受到更高的安全和健康水准，维护人类共同的和平与尊严。由此可见，红十字会作为一个社会组织的基本目的是为了提供某种政府不能或不便提供，以及政府虽提供但供给不足的那一部分公共服务，我们通常称这类社会组织为"服务型组织"。服务型组织也是民间组织中最常见的一类，经注册成立的各种慈善组织、致力于医疗卫生事业、教育事业或提高人民生活水准的非政府发展组织，往往属于这一类。

权益型组织，顾名思义，是为了保护组织成员所公有的某种权益。比如，不论是在中国香港还是中国内地，住宅社区都有大大小小的"业主会""业主协会"或"业主委员会"。像"业主会"这样的社会组织也会提供一些服务，比如在中秋节给会员馈赠月饼、春节期间组织联欢活动，或者雇用物业管理公司来管理社区等；可是在大多数情况下，给会员提供服务并非业主会的主要职能。业主会存在的基本目的是为了保护业主们对于自己不动产的合法权益，以集体的形式防止业主利益以任何形式受到伤害，并在此原则下负责监管公共服务。像"业主会"这样的民间组织，显然以保护特定人群的特定权益为主要职责，所以被称为"权益型组织"。以职业或行业划分的行会、工会、商会等往往也可以划归权益型组织。这是市民社会中很重要的一类民间组织。

第三类民间组织的历史更加悠久，它们可以统称为"信仰型组织"。不论走到世界哪里，我们都能看到在人们的日常生活中存在着不计其数的、服务于各种宗教信仰的民间组织。在这些组织里，人们由于共同崇拜的神灵抑或共同信守的宗教信条而组织起来。在中国香港，不同信仰和谐共存的图景非常普遍：罗马天主教、基督新教或者东正教的教堂，伊斯兰教的清真寺，佛教寺庙，道教寺庙，还有犹太教、锡克教等各种信仰的寺庙林林总总，和平共处。这些宗教组织所拥有的宗教建筑（寺、庙、堂、观等）、宗教慈善机构、宗教教育机构，连同劝人行善或者皈依的传教标语无处不在，每天都出现在大众视野中。宗教信仰型组织的功能非常广泛。除崇拜活动外，它们也为信众甚至普通大众提供许多公共服务（譬如救济、医疗、教育、安老等），有时也会出面维护所属信众的人身、财产和宗教权益；然而，信仰型组织最重要的职能毫无疑问还是为了让信众得以实践其宗教信仰，以及提供集体的信仰生活。信仰型社会组织构成了市民社会的又一个重要部分。

相比于古老和传统悠久的信仰型组织，那些由自称"生态战士"（eco-warrior）的环保主义者们组成的民间组织是较年轻的社会组织。生态战士们为自己的环保诉求大声呼吁，有时不惜诉诸对抗性的行动策略甚至使用暴力，以图引起社会的关注。这一类民间组织的活动与宗教信仰不甚相关，亦并不特别着眼于提供公共服务；它们的诉求或许与某种"权利"有关，但是与我们说的第二类"权益型组织"却完全不是一个概念。因为它们的利益诉求不再是具体而微的个人或团体权益，而是关于人类社会全体的普遍性利益和正义。这一类社会组织所秉持的核心理念可以是"绿色和平"，可以是支持同性婚姻，可以是吁求外来移民的平等地位，也可以是保护太空。我们把这一类组织称为"理念型组织"。"理念型组织"的特征即是它们往往为特定的社会、政治话题发声、呼吁、呐喊乃至行动。理念型组织对其所宣扬和践行的理念有非常清晰的理论陈述，观察者可以非常直接清晰地得知这些组织支持什么、活动的目的又是为了什么。理念型的民间组织既可以让持有相似观点的民众聚集到一起、形成团队进而合作行动；也能起到思想交流平台的作用，促进社会大众对特定重要议题的深入讨论，并使得更多人开始关注、思考该问题。理念型民间组织是市民社会中越来越重要的一部分，也是最容易被国际化的一类民间组织。

以上我们罗列了四种类型的市民社会组织，分别是以提供服务为主的服务型组织、以维护人们权益为主的权益型组织、以组织宗教和半宗教活动为主要目的的信仰型组织，以及关切特定公共议题并集中推进特定诉求和主张的理念型组织。近年来，不论是哪一类民间组织，都有一个共同的趋势，即：社会组织正在变得越来越全球化。在第二次世界大战之前，可以说绝大部分社会民间组织都局限于各自国家和地区的行政区域之内，它们的组织和活动往往只能涵盖某一个国家或地区的居民，仅有极少数组织可以跨越国界；而在全球化的时代里，众多的民间组织已逐步迈向全球化的大道。社会民间组织所提供的服务、维护的权益、守护的信仰和宣传的理念都越来越全球化。国际"红十字会"即是最典型的跨越国界的社会组织之一。从20世纪60年代发展起来的"绿色和平"（Greenpeace）运动，其参与者在今天已经遍及全球，不论是哪个国家的绿色和平活动者都在使用相同或相似的话语体系来宣传自己的环保理念。而世界主要的宗教教派组织，其活动则早在千百年前就已超越了国界，罗马教廷是其中最典型的例子。随着当今全球人口流动的加强、传教人员和传教手段的更新，各个宗教组织也在变得越发国际化。在21世纪，我们看到市民社会的人员、活动、理念和影响力都不再受国界的拘束，而是登上了全球舞台。市民社会的全球化趋势和国际非政府组织（International Non-governmental Organizations, INGO）的兴起是全球治理所面临的最新课题。

什么是市民社会?

在现代政治生活中,市民社会是一个具有丰富的色彩和层次的组合空间。以上我们所讨论过的林林总总的民间组织,都属于市民社会的不同部分。就现代政治学而言,对市民社会的研究亦已经成为学科中最重要的内容之一。事实上,国家与市民社会的分离和分立,常常和国家与宗教的分离一起被视为现代国家形成过程中的两个关键节点。如美国学者吉安弗兰克·波基(Gianfranco Poggi)指出的那样,现代国家与市民社会的分离意味着"国家开始承认受其权力规约的个人亦具有非政治性的能力和兴趣"。[1]那么,到底什么是市民社会?

英国广播公司(BBC)在其系列纪录片"什么是市民社会"(*What is Civil Society*)中曾经给出过一个非常直观的定义:市民社会是一个处在国家、市场及家庭之间的公共领域,人们可以在此公共领域进行辩论以及采取行动。这个定义虽然简单,但却揭示了市民社会这一概念所包含的要素。第一,市民社会不是国家、市场或家庭的一部分。因此,任何国家和政府官方机构都不是属于市民社会中的公共组织。同时,市民社会组织亦不应从属于某个商业组织,市民社会并不追求经济利润,其一切活动都不应当以营利为最终目的。并且,市民社会也不是以婚姻为基础的家庭的一部分:一个已婚者与他(她)的配偶之间的法律关系不属于市民社会的范畴;如果有某个公共组织的顶层领导全被某个家族以家庭关系来占据,那么这个组织也很可能并不属于市民社会,而仅仅是家庭或者家族关系的一种组织化延伸。第二,市民社会必然是一个公共领域和开放的空间。人们可以自愿进入或离开这个空间,市民社会不可以是封闭的、排他的或具独占性的。一般来讲,市民社会作为一个整体的公共空间和场域(注意:具体的市民社会组织有权选择自己的成员）并不能拒绝民众的自愿进入，同样也不能拒绝向民众共同体公开自己的准入途径和标准。第三，人们可以在市民社会所提供的公共领域和空间内公开辩论、表达自己对公共议题的看法，并以此讨论为基础发起公开行动来传达自己的意见，甚至以合力来实现共同支持的愿景。

伦敦政治经济学院（The London School of Economics and Political Science）的市民社会研究中心用更加复杂的描述方式定义"市民社会"的三个核心特征。第一个特征，即由市民社会中生发出的集体行动并非出自胁迫；相反，市民社会组织和活动的参与者往往是在他们共有的利益、目标及价值观的基础上得以组织起来，并发动集体行动。这一特征超越了政治学过往对市民社会的观察，而深入触及它的一些基础的核心价值——即不论是直接利益、笃信的价值，还是其他更为具体的政治、经济和社会目标，投身于市民社会中的普通民众必然拥有某些共同的观念基础。

第二个特征，在理论上，市民社会是不属于国家、市场以及家庭的特殊的公共空间。也就是说，市民社会应该具有独特的结构特征，并与国家、市场和家庭组织有明显的组织边界和区隔；然而，在现实生活中，市民社会与国家、市场和家庭之间的界限又往往复杂而模糊。在一些较为复杂的个案里，有时很难判断某个特定的组织结构究竟是否属于市民社会。国家、家庭、市场与市民社会之间"一刀切"式的清晰界限恐怕只存在于理论中。

第三个特征，市民社会的组织样态一般来讲是相当多元的。这种组织样态上的多元性体现在市民社会组织往往在活动空间、参与者构成、自主程度、权力地位以及组织形式上林林总总，各不相同。市民社会组织的多元性，意味着我们很难拿出一个统一的、标准的模型去描绘市民社会组织"应该"具有的样子。譬如，就活动方式而言，有的市民社会组织可能非常激进，有的则相对温和；有的习惯于采取戏剧性的方式来表达诉求、开展活动，而有的却只通过常规的、体制内的管道开展活动，对公共政策施加影响。就组织结构而言，有的市民社会的组织结构相当正规（如各国各地区的红十字会都有一套完整的官僚体系）；有的不为所在国家当局所接纳的组织则显得非正式一些，有些取向较为极端和激进的市民社会组织恐怕在一定程度上还是地下组织，处于非法状态。就自主程度而言，有的市民社会组织自治程度非常高，有独立的资金来源、人员管道，完全可以自主决策而不必受其他组织或个人的影响；然而有些组织就做不到完全的独立自主。同时，在一个国家或者地区的市民社会中所存在的、不同的市民社会组织就所拥有能力大小而言更是天差地别，对国家、对民众以及其他组织的影响力亦很不一样。然而这些千差万别的民间组织和团体，都可以被政治学中所谈的"市民社会"这个大概念所容纳。

除此之外，学术界对市民社会的其他定义还有很多。但纵观不同的观点，学界普遍认为归于市民社会的各种民间组织和团体均具有以下特性。第一，自愿性。市民社会基于民众的自愿参与。在这一点上，市民社会与建基于政治强制性的现代国家机器形成了鲜明对比。现代国家建立的秩序、发出的政令都以国家所垄断的合法暴力为后盾；但是市民社会的参与、组织与行动都是基于完全自愿的原则。第二，独特性。市民社会是处于现代国家之外、市场之外和家庭组织之外的特殊的公共空间和场域。第三，一致性。各市民社会组织的成员们往往具有某种相同的价值观、利益诉求或是其他共同的经济、社会或政治目标。这种组织成员内部基于理念或利益的一致性是市民社会组织的重要特征。

与政党不同，市民社会作为一种公共组织形态，其存在并非为了控制政权。如我们在第四讲中所讨论的：一个政党不论其当前力量和规模多么弱小，它的最终目标都是控制政府、获得政权，然而市民社会组织则不同。市民社会组织的存在只是为了提供公共服务、发出利益诉求、实践宗教信仰或维护权利利益，而非控制政府。值得注意的是，市民社会中的某些组织的确具有潜力转型成为高度政治化的组织甚至政党。当一个市民社会组织决定从社会层面进入政治层面，从提供服务、发出呼吁、实践信仰、维护权益等目标转向以获取政治权力、影响甚至控制政府为目标时，那么该组织已经在事实上逐渐脱离市民社会这个独特的公共空间，而转型为新政党的雏形，并进入国家公共政治的场域。

市民社会能使民主运转起来吗？

市民社会的成熟与活跃程度和现代民主制度的运作之间存在怎样的关系？而市民社会到底会对现代民主的运转发挥积极还是消极的作用？这个问题在政治学界长期存在争论。不少学者认为，市民社会是现代民主最重要的元素之一。它是民主的基础，亦是民主的驱动力，更是现代民主社会最重要的组织结构之一。那么，到底为什么人们如此笃信市民社会对于现代民主制度的神奇作用呢？政治学界往往会引用美国学者罗伯特·帕特南（Robert D. Putnam）的理论来尝试解答这个疑问。

在帕特南 1991 年出版的《使民主运转起来：现代意大利的公民传统》（*Making Democracy Work: Civic Traditions in Modern Italy*）一书中，他对 20 世纪 70 年代意大利共和国所进行的一场政府行政改革的效果做了考察。他发现一个很有趣的现象：虽然意大利南部和北部的地方政府拥有着完全相同的民主制度结构，但北部政府的治理效能却比南部要高许多。不管是在维护公共秩序、提供公共服务还是其他方面，意大利北部的地方政府都运转得非常有效，但同样的政府结构在南部地区的表现就不尽如人意。[2] 究竟是什么原因导致了意大利南北部区域之间如此不同的政府治理品质？

帕特南以对意大利地方政府改革的比较研究为基础，完善和发展了"社会资本"（social capital）这一概念在政治学范围内的使用，并指出社会资本是民主制度得以维持和运转必不可少的重要条件。他认为，社会资本指的是社会组织所独具的一系列特质，如信任、规范和网络，它们通过促进合作行动从而增进社会的公共效益，最终保障民主制度的运行和稳定。[3] 在对比研究中，帕特南发现在意大利治理绩效比较理想的北部地方，往往存在广泛的社会组织，例如合唱团、足球队甚至观鸟社。通过对每个地区公民共同体和社会组织的具体分析，帕特南认为，市民社会越活跃的地区，政府的治理绩效则越高。帕特南进一步指出，在市民社会活跃度较低的地区更容易出现所谓"庇护—附庸网络"（patron-client relationships）。他亦发现，市民社会活跃的地区更注重政治平等，其政治领导人也更愿意妥协。同时，在这些地区，市民社会组织参与公共生活的方式是横向的——人民关心公共事务，遵纪守法；政治领袖较为诚实，政治制度也较为平等。在治理绩效较差的地区，人们则较少参与市民社会生活，社会依照垂直的等级制度组织和展开，政治参与更多是源于私欲而非对公共事务的关心。政治权力分配很不平等，人们大多认为公共事务是精英和"他人"的义务。在这样的社会里，人人都觉得无力和受到剥削。帕特南认为，市民社会活跃程度的高低直接影响政府治理绩效的良莠。

在书中，帕特南更试图回答影响市民社会活跃程度高低的一些因素。通过回顾历史，他发现在意大利市民社会活动比较发达的北部地方大多在 19 世纪就已经拥有众多合作社、文化团体和互助会。甚至早在公元 12 世纪的城邦共和国时期，这些地区的宗教组织、同业公会和邻里组织就已经达到相当高的程度。相对来讲，意大利南方的诺曼底专制制度就未能在历史上发展出类似的市民社会组织。帕特南在这里着重强调历史的延续性和历史的力量：历史上延续不断的市民社会传统，正是某些地区社会和社区组织活动程度较其他地区为高的重要原因。同时，他对市民社会与经济发展之间的关系做出了探讨，认为互惠互利和普遍参与的市民关系网络对经济发展起到了促进作用。

通过对意大利地方政府治理绩效区域性差异的对比研究，帕特南得出了三个重要结论。第一，社会环境和历史深刻地影响着政治和社会制度的有效性，"一个地区的历史土壤肥沃，那里的人们从传统中汲取的营养就越多"。[4]而活跃的市民社会——正如法国学者托克维尔所言——会帮助民主政治的健康运作。第二，改变政治的规则体系（制度）可以改变政治实践。无论在意大利南方还是北方，地方行政改革都带来了更开放、更包容的政府和治理，改变了旧有的权力模式。虽然新制度仍存在这样或那样的问题，但倘若没有这样的改革，意大利南部的情况只可能会更糟。第三，政治制度的历史发展大多进行得十分缓慢。就制度建构而言，时间单位应当是以十年计算，而发展互惠互利的市民社会网络可能需要更长的历史过程。

总体而言，帕特南在《使民主运转起来》一书中，通过分析意大利政府改革的实例，结合历史与现实中市民社会发展的具体情况，分析并提出了社会资本的概念，并展现了市民社会的活跃程度如何正面影响民主制度的稳定和运转。他所揭示的市民社会活动与政治制度之间的联系，无疑对制度研究和民主发展理论有着重要的意义。在帕特南之前，学者们一般会着眼于制度安排方面来解释治理绩效的差异。正如我们在第四讲中讨论的那样，新制度主义学派认为制度设计和制度能力的差异可以用来解释广泛的政治现象。基于这个根本观点，制度主义者往往会用政府组织结构上的差别来解释政府管治效果的差异。但在意大利这个案例中，显然用制度安排作为决定性因素无法提供令人信服的解释，因为意大利南部和北部地方政府的制度结构是大体相同的。制度主义无法使用对于两个地区来说完全相同的自变量（政府组织结构）来解释它们各自大相径庭的因变量——治理绩效。这个疑问迫使帕特南的研究团队把目光投向政府结构和制度安排之外，以更深入的社会面调查去寻找制度之外的影响因素。最终帕特南发现,恰恰是意大利北部和南部在社会结构层面上的不同形态,导致了治理效能的差异。

那么,为什么成熟和活跃的市民社会可以导致较为优质的治理绩效呢?举个简单的例子,假设有一天你去著名的赌城去赌博,来到一座神奇的赌场。在那里没有任何法例或规则的约束,也没有赌场工作人员和摄像探头的监视,只有赌徒自治。又假设我们以在赌桌上发生的舞弊情况之多少来衡量该赌桌治理的质素。第一种场景是,在某一赌桌上,你不认识赌桌上的任何一个人,你与他们从来没有过任何往来,你很确定你将来也不会与这群人中的任何一位再次相遇。此时,你发现了一个"出老千"(作弊)的机会,在赌桌上作弊可以让你赢一大笔钱。你会作弊吗?在这里我们姑且不考虑道德问题,只把这当作一个纯粹的博弈场景。答案很显然:你会作弊,只要你是一个理性的人,在没有规则的赌桌上,面对的每一个人都是仅有一面之缘、而将来也再找不着你的陌生人,你用不着担心自己因为作弊被发现、声誉受损,也不用考虑这些人以后会不会报复于你——总之,在这里作弊既没有风险(除了被当场发现离场外),又没有太大成本(即使作弊被发现也不会受罚),任何一个理性人都会选择作弊。结果就是这个赌桌必然是作弊丛生、互不信任,治理绩效极差。再考虑第二种场景。你仍然是玩赌博,但这回你选择的赌桌是和一群熟悉多年的朋友一起玩。这个赌桌上的每个人都与你相识多年、还是非常要好的朋友,你们过往曾在各种活动中有过无数次合作,相互信任很深,并且你很确信在今后的很多年里你还是会和他们交往。假设在完全同样的场景下,你会在这样的赌桌上作弊吗?这里仍然是没有法例管束、没有赌场的监督,仅仅是熟悉和相互信任的人在一起,显然一个理性的人在此作弊的动机会小很多。因为一旦作弊被发现,这个人预期所要付出的成本将极大,恐怕将完全超过其作弊的所得。而总体而言,这样一张赌桌的自治一定是秩序井然，治理质素很高。

这两个假设场景的根本区别在于赌局是否可以重复。如果赌博游戏只是一次性的，每个人之间都是陌生人，那么在没有外在规约的情况下，理性人都会为了赢钱作弊。但倘若赌博游戏会不断重复，每个赌徒就会相互认识，那么作为一个理性人，即便在没有其他外在规约的条件下，也会有很强的动机去克制自己不要作弊，因为这位赌客必须在这群熟人中间保持自己的声誉，使自己可以一直在赌局中玩下去而不至于被踢出局。因此，在一个不断重复的博弈情境下，即便没有外在的制度性规约，参与者之间可以产生较高的相互信任，亦有很大可能相互合作，自发遵循某些规则，以确保自己不至于被驱逐出局。

我们把这个原则应用到更加接近市民社会问题的情境中。假设某个居民社区没有雇请物业公司打扫；为了保持社区清洁，社区希望每个家庭最好都能贡献出一点时间来分担公共区域的清扫工作。但是作为理性的人，往往我们宁愿待在家里看电视，也不会想走出来参加打扫公共空间的劳动。这是为什么？如果大家都放弃一点点私人休息时间出来清扫社区街道，社区的卫生环境显然可以好很多，公共生活的品质也会相应提高，这不是利人利己的大好事么？这里的问题在于，在任何一个社区，以至在任何一个集体行动中，都存在"搭便车者问题"（free rider problem）。每个人当然都希望社区公共环境干净整洁；但作为一个理性人，你合乎逻辑的理性选择（即成本最小而收益最大）恐怕是留在家里看电视，而不是奉献时间参加义务劳动。无论如何，你可能有几百户邻居，其中只要有那么几位出来清扫，社区就可以很干净，而你即使不付出劳动，也完全可以享受他人的劳动成果。那么作为一个理性人，为什么不等别人出来打扫呢？这就是典型的"搭便车者"情景，等着别人去为公共利益付出代价，而自己坐享其成。倘若社区里的这几百户人家全部采取"搭便车"的策略，那么结果就是没有一个人出来打扫，这个社区的卫生将恶化，公共生活品质很差。

怎么办呢？一种解决方法是制定某种强制的规则，并且配上外在的监督机制，确保人们守规。或许这几百户人家可以开个会，共同制定一套轮班制度，像值日那样来确定每天总有人去打扫；或许他们可以选出几个长者，成立一个机构来监督人们每天按照值日表去打扫社区。但是，若这个社区里的人从来都没有什么社交生活，或者他们都是来来往往的租客，无人常住，随时可能搬走；那么，他们互相之间也就毫不相识，仅仅是陌生人而已。在这种情况下，要制定共同遵守的规则、建立监督规则施行的机构、实现相互合作以克服"搭便车者"的困境将会十分困难——根本原因在于居民之间缺乏相互信任和联系纽带。设想如果居民都知道自己仅会在社区里暂住一段时期而已，那么偷懒、违反规则也不会为其招致太多惩罚或损失；若居民之间平时素无往来、毫无交情，也就更不会担心因为违反规矩而与邻居交恶，因为你本来就没有预期在未来和他们产生合作。同时，既然不是朋友，那么每一个居民对其他邻居都一无所知，相互信任欠缺，何以相信其他人也会自发地遵守规则出来打扫卫生呢？于是，每个人为了不吃亏，不让自己变成那个傻傻的"无私奉献者"，"搭便车"便会成为最简单、最理性也是最自然的策略选择。

因此，在这一假设的场景中，为了解决社区卫生的问题，仅仅有外在的、有强制力的规则是不够的，要达至社区的良好管理，还有另外一样东西不可或缺：人与人之间的纽带与信任。有了人与人之间的密切交往和社区关系，每个居民才有保持自己在社区中声誉的动机；有了人和人之间信任，才能使一套外在的规则制度得以落实，并运转得当。正如在赌场的例子中所示，在熟人圈里，人们选择合作策略的动机会比选择作弊大得多；而在人际网络比较薄弱的情境下，合作的动机就比较弱，坑蒙拐骗就会盛行无阻。同样，在社区卫生这个假设情境下，如果这个社区里所有的居民都是长期居住、拥有产权的业主，他们明白自己会在这片社区里和同一群人比邻而居几十年；如果在这个社区，孩子们都就读于同一所学校，家长常常可以在学校的亲子活动中碰到；如果在这个社区里人们长期共处，相互认识成为朋友，每个周末都有组织社区聚会或是后院烧烤。那么，即便没有一套外在的、强制的规则，人们自发出去打扫社区的可能性也会大得多，而一旦有了规则，这套规则的执行效果也会比在一个充满陌生人的社区要好得多。因为在这样一个社区里，人们努力保持与其他人的关系与纽带，维护自己的声誉、信用和形象，积极参加社会活动和公共服务，遵守并维护规则体系，最终使得高品质的公共管理成为可能。这也就是帕特南关于社会资本的基本论点。

帕特南认为，要克服"搭便车问题"，须使得博弈长期重复；唯有在一个市民社会成熟和发达的地方，人际纽带比较紧密，人与人之间的信任比较强，人们才更有可能克服自己"搭便车"的冲动。这种人际的纽带和互信，也就是帕特南所称的社会资本。我们知道，政府欲达致优良的治理效果，不仅需要精心设计的制度，也需要民众的信任与合作——而这种信任与合作需要高度的社会资本。在帕特南的理论里，一个发达的市民社会可以巩固人际网络，增加人们互相合作的动机，培育更多"社会资本"，因此，治理品质得以提高。在帕特南看来，社会资本越多，民主就越有可能成功；社会资本比较低，民主就倾向于失败。市民社会对民主的贡献，就在于它帮助增强"社会资本"。社会资本是连接市民社会与民主制度的桥梁。

"独自去打保龄球"

既然社会资本有益于民主的健康运作，那么社会资本的衰微便自然有可能威胁到现代民主政治的存续。帕特南在其后续著作

《独自去打保龄球：美国社区的衰落与复兴》（Bowling Alone: The Collapse and Revival of American Community）一书中专门讨论了在 20 世纪的后工业化国家中社会资本的消退和衰微，以及这一状况对当代西方民主制度所具有的潜在威胁。在这一著作中，帕特南特别提出了若干导致西方工业化国家社会资本消退的可能诱因。他认为，人们工作量的增加、郊区化现象（suburbanization，即中产阶级搬离城市中心），以及远端通信技术的进步，都严重挤压短距离的人际网络，降低人们参加集体活动和社会生活的意愿及可能性。帕特南认为，"社会资本"的衰退可能导致两个政治结果：首先是随之而来的政治冷感——因为当人们不像往日一样频繁地参与公共事务，他们对政治话题的关注度就会逐渐减低，进而更不愿意加入到民主社会的政治活动中。其次是公民对政府信任度的减退——当人们纷纷撤退到自己的私人生活空间中时，社会面的人际纽带和人际互信相应衰减，人们更少有机会去培养自己对于公共领域和公共部门（特别是政府）的信任。所以，帕特南认为，市民社会的发达与活跃程度与"社会资本"的高低呈现正相关关系："社会资本"是使得民主成功的关键，其衰退则是对于民主制度良性运转的重大威胁。市民社会的发达与否，与民主制度的健康程度息息相关。

《独自去打保龄球》上承托克维尔，并延续了帕特南自己在《使民主运转起来》一书中曾表达的观点，认为民主品质的好坏或民主制度的绩效可以通过市民社会的发展程度得到解释。在该书中，帕特南描述了美国市民社会衰落的各个方面，并指出 20 世纪后半期是美国的公民参与和社会资本逐渐衰落的重要时期。他认为，社会资本是"社会上个人之间的互相关系——社会关系网络和由此产生的互利互惠和互相信赖的规范"。[5] 社会资本决定了社会信任的范围、社会合作的品质以及公民参与的可能，并从而影响了民主治理的品质。帕特南在书中特别指出了当代工业化国家社会资本衰退的四个主要诱因，即：时间和财富的压力、人口流动性与扩张的加剧、科技和大众传媒的迅猛发展，以及代际更替造成的影响。他认为，代际更替（即热心公共事务的一代被不关心公共事务的新一代公民取代）则要为社会资本的衰退承担一半的责任。帕特南也讨论了这四大主要诱因之外的其他一些因素，包括家庭联系的松散化、宗教社区参与的衰落，以及经济发展及全球化进程对公民参与的影响等。

书中，帕特南进一步详细阐释了社会资本对于民主制度健康运行的四项积极意义。在他看来，第一，社会资本可以令公民克服集体行动的困境，更容易地解决社会集体所面临的各种公共问题。第二，社会资本可以促进人与人之间的相互信任，从而降低日常商业活动和社会交往的成本。第三，社会资本可以拓宽公民的自我认知，培育公民健康的社会人格。第四，社会资本亦可以通过心理和生理的过程来提高人们的生活品质。通过翔实的数据分析和例证，帕特南从教育与儿童福利、邻里关系、经济繁荣、健康与幸福以及民主发展等多个维度证明了社会资本对于当代政府治理的重要价值。

市民社会使民主失败？

帕特南的市民社会和社会资本理论是政治学界对于社会与民主关系的一项重要研究；然而他所得出的基本结论——活跃的市民社会有助于民主制度的健康运转——仍被后来的学者不断质疑、修正和补充。谢瑞·伯曼（Sheri Berman）即是帕特南理论的主要批评者之一。

伯曼在1997年发表的题为《市民社会与魏玛共和国的崩溃》（"Civil Society and the Collapse of the Weimar Republic"）的论文中研究了德国在两次大战之间的社会政治状况，并得出了与帕特南相当不同的结论。[6]她发现，德国在20世纪早期的魏玛共和国时期曾拥有非常活跃的市民社会。那时候，德国存在各式各样的社会组织，民众自发组织许多社会活动，社会成员对公共事务也很热心，社区生活高度发达。但是这种活跃的市民社会不仅没有如同帕特南的理论所预期的那样导致魏玛共和国民主制度的健康运转，相反却帮助了德国纳粹党在民主体制内部得以崛起。魏玛共和国时期活跃的市民社会为纳粹党的勃兴提供了坚实的动员基础和丰富的组织资源，并最终令希特勒彻底颠覆魏玛共和国的民主制度，建立了人类历史上最令人畏惧的极权国家——第三帝国。"一战"后德国高度发达的市民社会不但没有让民主制度健康运转起来，反而将世界带入了法西斯主义和第二次世界大战的浩劫。

在这一重要文献中，伯曼首先回顾了威廉二世和俾斯麦时期的德国市民社会的总体状况。她认为，自18世纪后期开始，德国的市民社会组织进入迅速增长时期。1871年普选权的实施进一步促进了市民社会组织的大发展。19世纪晚期的经济衰退，则使许多德国人意识到德国正处在发展的十字路口，面临传统的农业社会与现代的工业化社会之间的矛盾和抉择。这种矛盾促使大批旨在推广特定价值观和生活方式的社会组织得以成立。实际上，1871年开始实施的普选制度加深了德国社会的分裂：各政党基于分裂的社会结构而组建，全国性的政府又无力弥合社会分歧。俾斯麦当政时期尚能勉强维持相对统一的多数统治联盟；但当这位铁血宰相在19世纪90年代离职后，来自统治阶级内部及外贸商人与国内生产商的尖锐矛盾愈演愈烈，中产阶级和底层人民的参政热情被大规模动员起来。这些变化对德国当时的政党，特别是自由主义政党冲击巨大。直到19世纪90年代，自由主义政党仍然主要由社会显贵构成，其政治组织完全无法适应当时德国政治环境的需要。因此，德国的既存政治体制无法回应人民的需求，许多德国人转而支持市民社会。而市民社会又进一步分裂了德国社会，并动员许多公民转向既存政体的对立面。总体而言,在第一次世界大战前夜,德国人充满了对国家政治生活的不满。全国性政府既不能应对经济政治的急剧变化,传统政党又不能适应人民政治的时代要求,市民社会因此出人意料地获得了长足发展。然而,这种发展并非意味着自由主义价值观或民主理念的增长;相反,它反映了德国政治进一步的分化和政权合法性的继续流失。

魏玛共和国时期的市民社会发展延续了这一趋势。第一次世界大战之后德国的民主化促使各式各样的市民社会组织开始广泛参与国家政治生活。其中,德国中产阶级尤为积极地参与到各种专业组织之中。然而市民社会的大发展并没有带来自由民主理念的传播,脆弱的传统资产阶级政党依然无法获得民众支持,突飞猛进的市民社会组织则进一步加剧了传统政党和既存国家体制的脆弱度,造就了一个高度组织化亦高度分裂化的德国社会。20世纪早期的全球经济危机严重伤害了德国中产阶级的利益,使得他们对工人阶级和大资本阶层越发抵制;同时,中产阶级对传统的自由或保守主义政党无力保护他们的权益越来越不满。这使得德国传统资产阶级政党迅速在选举中失去支持,取而代之的则是许多分裂的小型政党。

自20世纪20年代开始,德国中产阶级大量投入各种市民社会组织,而抛弃传统的资产阶级政党。这些社会组织集合了大量成员,试图建立超越社会经济分歧的大联合。正是在这一时期,纳粹党策略性地利用高度活跃的市民社会以及高度发达的公众参与所造就的社会网络来发展和壮大自身。20年代后期,纳粹党着力吸引对传统政党失望的资产阶级加入,而市民社会活动家则为其基层宣传提供了最坚实的组织基础。市民社会组织不仅成为纳粹党的选举机器,而且帮助他们进入并驻留在基层社区——这种政治动员的广度和深度是其他缺乏市民社会支援的传统资产阶级政党所望尘莫及的。通过利用市民社会,希特勒和纳粹党成功解决了长期困扰德国政治家的两大难题，即建立强大的政治机器以及构筑真正跨阶级的政治联盟。这最终导致了希特勒的上台。

伯曼认为，德国的例子挑战了被视为理所当然的新托克维尔主义。市民社会的活跃程度未必与民主的稳定成正相关，有时也会导致反民主现象。因此市民社会对于民主政治的作用应该被视为中性。如果一国的政治体制可以有效回应选民诉求且政权认受性稳定，活跃的市民社会便有可能支持民主制度的健康运转。反之，如果一国政治体制脆弱、政府认受性较低，活跃的市民社会反而会被作为体制内正常政治生活的替代物而吸引民众的关注，最终损害政治稳定、加深社会分裂，并为反对运动提供土壤。

因此，就伯曼的理论观点而言，成熟、活跃与发达的市民社会和高水准的社会资本诚然是民主制度得以健康运行的必要条件，却绝不是充分条件。在社会资本之外，民主得以成功的另一个必要条件是存在制度化、统一和有效回应民众诉求的国家机器。国家的民主制度设计必须能够回应民意，使得人们对民主制度抱有信心；同时，制度化的国家机器必须足够强有力，有充分的能力去推行和巩固民主规则和民主秩序，惩罚那些拒绝和超越民主规则的政治玩家。国家须有能力完成民意所托付和宪法所要求的任务，根据法律规范约束市民社会的行为。如果只存在活跃的市民社会，而民主制度设计不佳且没有足够的制度能力，那么充沛的"社会资本"、高度发达的市民社会组织就有可能导向灾难性的政治结果。

今天，政治学家们正不断扩展社会资本的概念，在市民社会与民主成功之间的因果链条上加入了越来越多的限制条件，包括得以实行民主规则的制度化的国家，社会宽容和种族融合等重要因素。这些研究都使市民社会与民主关系的论述愈加丰富，也使得我们对于市民社会与现代民主这两者的关系的认识不断深化。

功能与基础

抛开学术界的争论,市民社会究竟对于政府治理可以产生哪些作用呢?对于现代政府治理来说,市民社会最重要的作用在于使各种利益群体都能推出自己的代表、发出自己的声音,并合力参与到国家的政治过程中去。在现代社会,不同的公民组织往往代表了不同社会群体的特殊利益,而当它们之间展开辩论与竞争的时候,也就是不同的利益群体在社会面的相互对话与互动、竞争或合作。如果法律体系提供足够的规限,这种社会面的互动过程对于提高政策的代表性、改善管治品质是可以发挥重要的促进作用的。市民社会是社会运动的"肌肉"。因为任何大型政治运动都需要坚实的组织基础。如果不存在市民社会,那么我们的社会就会像人来人往的陌生人社区一样,人们很难有足够的"社会资本"进行自我组织;政治运动规模越大,组织成本越高。一个发达的市民社会可以提供大规模政治和社会运动所必需的组织基础。

市民社会组织亦可以提供公共服务。在现代社会,政府未必是某些特定公共品最有效率的提供者;此时市民社会就可以扮演补充性角色,为社会提供范围更广、品质更高的公共品和服务。市民社会的活动也可以在保护民众的个人权利方面发挥积极作用。在现代社会,处于"原子化"状态的个人在国家机器面前往往是极其弱小的,然而凭借发达的市民社会,拥有共同利益、价值和目标的人们就可以组织在一起,以集体的姿态面对国家,从而更好地保护他们的个人权利不受国家机器的侵害。

市民社会亦可以促进社会经济发展。比如,红十字会致力于提高公共健康水准,各种慈善基金则以不同方式帮助经济落后地区实现发展,志愿者的支教网络则使得教育资源落后地区的孩子们能够获得新知。环境保护组织不但可以提高人们对于环境问题的关注,还可以引导大家从日常生活的一点一滴做起,保护大自然、保护环境。在良好的法制规管下,市民社会在促进社会经济发展方面的潜力不可低估。在全球化的时代,国际性的市民社会亦推动着全球正义和可持续发展的不断深入。随着人类面临的问题越发全球化,市民社会的组织和活动亦会同样越来越全球化。在 21 世纪,在人类着手共同解决困扰全球的世界性问题时,尤其需要市民社会的参与和推动。

注释

[1] Gianfranco Poggi, *The State: Its Nature, Development and Prospect*, Stanford, CA: Stanford University Press, 1990, p. 21.

[2] 为了准确衡量政府治理的绩效,帕特南在书中具体分析了 12 项用于评价意大利地方政府制度绩效的指标,即:内阁的稳定性;预选的及时性;统计和信息服务;立法改革;立法的创造性;日托中心;家庭诊所;产业政策工具;农业开支能力;地方医保支出;住房与城市发展;官僚机构灵敏度。

[3] Robert D. Putnam, *Making Democracy Work: Civic Traditions in Modern Italy*, Princeton, NJ: Princeton University Press, 1993, p. 167.

[4] Ibid., p. 182.

[5] Robert D. Putnam, *Bowling Alone: The Collapse and Revival of American Community*, New York: Simon & Schuster, 2000, pp. 326 – 335.

[6] Sheri Berman, "Civil Society and the Collapse of the Weimar Republic," *World Politics*, 49 (3), April 1997: 401 – 429.

第八讲
社会运动理论：
对抗性政治简析

对抗性政治
社会革命
革命的缘由
"革命不是请客吃饭"

社会运动理论：
对抗性政治简析

对抗性政治

在日常生活中，政治活动往往是在一定的规则体系和制度结构中进行的。无论是立法、司法还是行政机关运作，又或者是市民社会的活动，它们都是在法律或者既有制度的框架内发生，并通过一定的组织形态和管道来进行。这些循制度管道发生的政治行为、过程和形态，属于人们通常所说的"制度化政治"（institutionalized politics）的范畴。然而，在特定的时空条件下，民众也有可能因种种原因对制度化的政治途径丧失信任和信心，而把政治带入街头，发动抗议、抗命甚至革命运动。这些不同形式、强度和烈度的街头政治行动，政治学家们将其统称为"对抗性政治"（contentious politics）。

对抗性政治不同于政治体制内发生的、一般性的竞争性政治活动。对抗性政治通常牵扯到对社会中某些人群来说极端重要的议题，使这些社会群体不满足于在既有制度结构内采取温和行动，而选择具有高度公共性、对抗性和象征性的集体行动来展示利益诉求。从各国、各地区人们日常生活中广泛存在的社会抗议，到20世纪圣雄甘地领导的"非暴力不合作"运动，以至21世纪的"颜色革命"，这些不同规模、强度和烈度的政治行动均是对抗性政治在不同面向和不同层次上的表现形态。

就现代社会而言，不同的对抗性政治活动可以被粗略划分为三种主要类型：抗议（protest）、抗命（resistance），以及革命（revolution）。抗议是参与者针对某一个或几个特定政策或者政治议题的诉求展示和意愿表达；抗命则指属于某一个或几个社会群体的民众以暴力或非暴力的方式，系统性地拒绝服从政府发出的指令或订立的法律及规则；革命则是一个国家或地区的政治、社会和经济系统所发生的迅速而暴力性的彻底改变。革命是政体的变革，就规模、强度和烈度而言都是最高等级的对抗性政治活动。但三种类型的对抗性政治活动，在现实生活中的某些特定时空条件下，往往构成互相交织、互为因果、交替发生的政治过程，有时可能难以进行明确区分。

社会抗议是日常生活中最常见的对抗性政治行动。同抗命和革命相比，抗议活动的规模较小、议题单一，行动的强度、烈度都不高，波及的社会群体也比较有限。在现代社会中，社会抗议往往是部分民众针对一定的政策议题集体展示其意愿的一种行动。但如果对抗性政治行动不再限于特定群体表达意愿，而发展到社会上较大规模的人群系统性拒绝服从政令的程度时，街头政治就被提高到了另一个层次，进入"抗命"的范畴。抗命可能采取较为暴力的形式，但也不排斥和平及非暴力的方法。"非暴力抗命"的理念最早来自美国人亨利·大卫·梭罗（Henry David Thoreau）的论文《论公民不服从》（"Civil Disobedience"）。在文中，梭罗写道：

> 难道一个公民永远应当在特定时刻，或在最低程度上迫使他的良心服从立法者吗？如果这样，人们的良心又有何用？我想，我们首先应该是人，其次才是臣民。仅仅为了公正而培养尊敬法律的习惯是不可取的。我有权承担的唯一义务就是在任何时候做我认为是正确的事。

当然，一个人没有责任一定要致力于纠正某种错误，哪怕是最不公正的谬误。他仍可以适当地从事其他事情。但他起码有责任同这谬误一刀两断。既然他不再拿它当回正事，他就应该基本上终止对它的支持。要是我致力于其他追求和思索，我首先至少得保证我没有骑在别人肩上。

要是今年有一千人拒交税款，那还算不上是暴力流血的手段。我们若交了税，则使州政府有能力实行暴力，造成无辜流血。事实上这就是和平革命的定义，要是任何这种革命是可能的话。假如那位收税官或任何其他政府官员问我，正如有人已经问过的："那么我该怎么办呢？"我的回答是："假如你真要干点儿事，就请辞职吧。"当臣民拒绝效忠，官员辞去职务，那么这场革命就成功了。

那些不知真理有更纯洁的源泉的人，那些不再沿真理的小溪往高处追寻的人，他们很聪明地守在《圣经》和《宪法》旁边，毕恭毕敬地掬水解渴。而那些看到水是从哪儿汇入这些湖泊的人们却再次整装出发，继续他们探寻真理源头的历程。

梭罗本人于 1846 年因反对美国奴隶制和墨西哥战争而拒绝缴纳人头税，从而被捕入狱一夜。他后来曾在波士顿近郊的瓦尔登湖地区短期隐居，基本上过着自给自足的生活，并声称脱离美国政府的管治，拒绝遵守法律，被视为现代公民不服从运动的始祖。但抗命不仅包括如梭罗那样个人层面的公民抗命，也包括大规模的、集体性的非暴力不合作运动。比如 20 世纪上半叶，圣雄甘地以其强大的道义感召力在印度领导范围广泛的"非暴力不合作运动"（Satyagraha），将和平与非暴力理念贯彻到抗命行动的始终，极大地影响到印度在"二战"后的民族独立进程。

然而，抗命行动也可能充满暴力，甚至血腥。就在圣雄甘地领导印度非暴力不合作运动的同时，印度人在对抗英国殖民统治的过程中也常常爆发大规模骚乱，期间掺杂着血腥的暴力冲突和仇杀。这使得甘地痛心疾首，也成为他坚持非暴力不合作原则的原因之一。19世纪上半叶，奴隶制下的美国黑奴被奴隶主当作生产工具驱使和奴役。为了反抗奴隶制度，黑奴在当时也常常群起暴动，将血腥暴力施加在白人奴隶主的身上，进行抗命。总之，不论是暴力的还是非暴力的、个人的还是集体的，只要是以系统性拒绝遵守政府制定的规则、发出的指令来表达对政权的根本反对，就属于抗命运动的范畴。

社会革命

比抗议和抗命更加激烈、彻底的对抗性政治行动是革命。"革命"顾名思义指的是迅速的、剧烈的对旧有政体所施加的摧毁性变革。革命总是基于对暴力的集体运用或威胁运用。直接或暗含的高度暴力性是革命的题中之义。革命的对象是全部既有政治体制；在特定情况下，革命甚至会被用来刷新一个国家或地区的整体政治、经济、社会系统。"革故鼎新"，不仅革新政体，而且革新国家机器和社会经济结构。正因为社会革命的彻底变革性，它常常成为引领历史向前发展的主要动力源。正如马克思在《1848年至1850年法兰西阶级斗争》一文中所指出的那样，"革命是历史的火车头"。[1]

但，革命究竟是什么？哈佛大学的政治和社会学家西达·斯科奇波尔（Theda Skocpol）在其名著《国家与社会革命》（*States and Social Revolutions*）一书中曾这样定义社会革命："社会革命是一种急速而根本的转型。这一转型的主体是一个社会的国家机器与阶级结构。社会革命总是伴随着以阶级划分的社会下层的反抗，或在一定程度上由此种反抗所推动。"[2] 社会革命在人类政治史的重要性不可低估：革命造就了宏大的社会革新和进步，但也造成了惨烈的人间悲剧；革命高扬新的理念，把旧的意识形态踩在脚下；革命无情摧毁既有的制度体系和国家机器，但同时又刺激新的国家机器大大膨胀，以便凭借国家权力之手把革命理念施展到社会的每个角落。革命亦在不同时期重塑国际政治的基本格局。

从17世纪一直延续到18世纪的英国"光荣革命"、法国大革命和美国独立革命不仅掀翻了旧的君主专制或者殖民主义政体，并且揭开了现代宪政民主的篇章。这些革命刷新了人类政治的旧有意识形态，提出或再造了权利、理性、尊严、独立等现代政治概念；它们创造新的政权形态，比如三权分立、人民主权、司法民主；它们创造新的政治精英，革命后由更适应新的意识形态和政体形态的新兴精英阶层代替原有的政治和神权贵族来控制新的国家机器。从英国、法国到美国这三场资产阶级民主革命改变了人类历史的面貌，开启了西方宪政民主的新时代。

1917年发生在俄国的"十月革命"则在人类社会建立了西方民主宪政政体之外的另一个选择——社会主义政体。俄国革命与英、法、美革命不同，它毫无保留地摧毁一切原属于资产阶级和封建贵族阶层的制度体系，创建了在人类历史上崭新的苏维埃体制。"苏维埃"（совéт, Soviet）的原意是"代表会议"，最初仅用作实现士兵和工人阶层直接民主的组织形式，但在革命之后很快扩展为国家制度。以苏维埃制度为基石的俄国社会主义体制基于全新的原则，如无产阶级专政、民主集中制等。无产阶级专政强调工人阶级对国家机器的领导与控制；民主集中制则既要求政治过程的广泛参与，又强调决策权力的相对集中，以及决策执行的高度服从和一致。这些政治原则都与过往政体形式所崇尚的原则截然不同。俄国的工兵苏维埃是在工人阶级革命中所创造出来的，有别于西方宪政民主政体的全新政体形式。

在人类社会政治生活中，社会革命究竟扮演了怎样的角色？为什么"革命是历史的火车头"？首先，社会革命使得新的政治系统和政体得以创建、生存和发展。现代政治生活的特质是其独有的规则系统。政治生活中的每个参与者能够通过怎样的管道获得多大的权力、谁有资格参与政治权力与资源的竞逐、社会应使用怎样的规则决定政治竞争的结果，以及怎样的机构和制度可以用来保障和实施这些政治规则——社会革命在这些方面都可以为社会摧毁旧有的游戏规则，并建立一整套新的规则体系。革命是政治规则的改变者，是旧的规则体系的破坏者和新的规则体系的创建者。

其次，社会革命往往造成政府的更迭，甚至国家机器的重建。社会革命前的政府领袖鲜有能熬过革命风暴而屹立不倒者——社会革命成功的第一步往往就是政府的更迭。更为深刻的社会革命甚至产生和重建新的国家机器。比如中国革命在1949年将旧有的国家机器从军队到法庭一扫而光，建立了一套全新的国家制度和国家机器。

再次，社会革命改变社会经济制度，调整阶级、阶层之间的相互关系。社会革命往往由社会经济原因诱发，最终亦通过更新国家政治制度和政治组织来改变社会经济制度；并且，社会革命推广新的意识形态。革命会以大规模社会动员和政治运动的形式把革命者所崇尚的意识形态向社会普及和宣传，并在革命胜利后建立起新的价值观体系和政治文化。

更重要的是，社会革命作为一种充满政治激情的社会过程，往往可以激励民众团结在同一面旗帜下，培养起构建统一的民族国家所必需的共有政治认同。政治精英、知识分子、普通人，都在革命的旗帜下被组织在一起，挑战原有的政治规则、制度和价值观。人们常说，自由派渴望改变，而保守派则维护现状——那么在这个意义上，革命者可以算是最激进的自由派改革者，因为他们不追求部分的、渐进的改良，而是追求经济、社会和政治制度以及社会文化价值观完全的、彻底的颠覆与重建。社会革命象征着普通民众对于美好未来的渴求和对基本正义价值的坚守。

革命可以创造代表这种纯粹理想主义的象征。切·格瓦拉（Che Guevara）是阿根廷人，他在青年时曾骑行摩托车横穿南美洲，目睹了种种贫穷和不平等，形成了革命信念。他在墨西哥城结识了卡斯楚兄弟，并参与了他们的武装革命，成为1959年成立的古巴新政权的领导人。在古巴政权中，他历任国家银行总裁、工业部长等。后因与菲德尔·卡斯楚的政见分歧，以及不满于许多革命者在建政之后的腐化，他于1965年离开古巴，前往世界各地继续他的革命理想。离开古巴后，他先花了七个月的时间试图在刚果的丛林里依照古巴经验组织游击队，然而却以失败告终。1966年，他前往玻利维亚领导当地的革命游击队伍。然而他的存在不仅招致玻利维亚政府的强力围剿，并且引来美国中央情报局的干预。最终，切·格瓦拉在1967年10月受伤被俘，并迅速遭到秘密处决。切·格瓦拉死后被当作是理想主义的标志性人物：他拒绝了革命胜利的腐蚀，而选择继续留在革命者的反抗行列中。他被视为第三世界的英雄、左翼革命的象征、流行文化的标志。切·格瓦拉作为革命者的形象在当代社会已远远超越了他个人的政治经历，而成为标志性的理想主义形象，代表着反叛现状、追求纯粹正义甚至是"酷"；他的形象激励了太多的人，也被印在太多的商业产品上。切·格瓦拉和他的传奇正是在革命中被赋予永恒的意义和被创造为革命精神的图腾。

革命的缘由

社会革命是对抗性政治的最高表现形式，但它的发生并不频繁。在日常生活中，由普通人所参与的形形色色的抗议、示威、抗命、罢工等才构成对抗性政治的主体部分。但无论是社会革命还是日常抗争，它们共有的特征就是：这些对抗性政治行动的参与者必须付出相当的成本——从花费的时间金钱到法律的制裁，甚至是牺牲生命。那么究竟什么原因可以导致人们愿意付出这些代价，投身到对抗性政治中去呢？

在过去大约一个半世纪中，理论家就这一问题发展出三代解释理论。第一代社会运动理论基本认为，民众的愤怒是引发对抗性社会运动的主要原因，可以被称为"愤怒导向对抗"（frustration-aggression）的解释路径。但是，马克思主义和非马克思主义的理论家在社会大众愤怒情绪的来源和成因上做出了不同的判读。马克思主义认为，阶级社会里的阶级对立和阶级斗争是社会革命爆发的根本原因。马克思认为，在资本主义社会，民众对既有体制的种种不满都可以追溯到工业革命以来逐渐成形的新的社会生产关系中。工业革命带来先进的机器，大大提升人类的生产力，对经济发展有着无可争辩的推动作用；然而同时，工业革命的社会结果是新兴资产阶级和产业工人阶级的兴起。大部分人口不再是分散在土地上工作的自耕农或是从属于贵族阶层并享有基本生活保障的农奴，而是具有人身自由、集中于工厂和工业地带的工人。工业化早期，欧洲产业无产阶级的世界是悲惨的。相比起农业时代的记忆，工人们的工作时间非常长，失去了原有的自由，薪资微薄，生活水准差，生活在新的剥削关系的枷锁下。以马克思为首的早期革命理论家们认为无产阶级种种不幸的根源在于工业生产中资产阶级对工人阶级剩余价值的剥削。无产阶级对既有社会体制的愤怒最终将导致无产阶级革命的爆发，而无产阶级的最终解放也在于通过社会革命——对抗性政治的最高形态——推翻资产阶级的统治，实现无产阶级专政。

在第一代社会运动理论中，非马克思主义的学派同样将社会大众的不满情绪看作对抗性政治的起因。但他们不再认为结构性的阶级对抗是社会不满的唯一根源。泰德·古尔（Ted Gurr）在1970年出版了《人为什么造反》（*Why Men Rebel*）一书，在其中提出著名的"相对剥夺"（relative deprivation）理论。他认为，足以引发革命的那种社会不满,不仅仅是社会中某个人的"愤怒",也绝不仅是某个群体的愤怒,而是整个社会范围内普罗大众的普遍心态,其根源则是所谓"相对剥夺感"。相对剥夺感的产生是因为人们实际获取的物质没有达到他们期待的水准。古尔认为,社会成员绝对的收入多寡并不是问题的核心 —— 真正的核心问题在于人们的所得是否与他们的预期是一致的;如果两者不一致,那么实际所得值与期待值之间又相差几何。如果在发展进程中社会大众普遍期待得到某个水准的收益,然而其实际所得却远远低于他们的期待,那么"相对剥夺感"就很可能会成为普遍的社会心态,革命在这样的条件下就很有可能爆发。

"相对剥夺感"这个概念在今天的中文学术世界里并不新鲜,我们甚至常常在报纸上看到它;但遗憾的是,这个概念常常被误用,即被错误认为是普通民众与财富精英之间的收入差距。实际上,相对剥夺感的诱因并不是社会面上的横向比较,而是我们的实际所得与我们对收入的预期之间所存在的差距。现实中,这两者都不是恒定的,须在动态环境中考虑。但从古尔的相对剥夺理论,我们可以得到一个推论:若某国在经历一段长期繁荣后突然遭遇经济危机,大众的相对剥夺感就会相当显著,这样的历史时刻给大规模的社会运动 —— 甚至是社会革命 —— 创造良机。

不过,我们或许应该想一想,有没有哪个时代、哪个国家的人民,自发自主地对政府只有感恩戴德而没有丝毫愤怒不满?生活中总是充满意外,历史常常和人们开玩笑,社会愤怒几乎是已知人类历史的主要和日常的场景,但为何革命却并非每天发生呢?对这一问题的探求催生了第二代社会运动理论。这些理论家们认为,之所以大规模社会运动(甚或革命)得以爆发,除了社会面上存在的大规模不满之外,社会运动的组织者还需要足够的资源,才能够在现实政治生活中发动一场真正的社会运动。

社会抗议、叛乱或者革命都不是凭空爆发的。组织和发动社运动或革命，需要巨大的资源储备和高效率的资源运用。这里的资源并不仅仅是指资金或人员，甚至不仅仅包括物质形式的资源，更包括组织资源、人际联系网络和领导力量等隐性的政治社会资源。列宁对马克思主义的主要贡献之一，就是强调了革命政党作为发动社会革命的重要组织资源的作用。列宁认为，有没有能够领导革命的无产阶级政党，是决定革命是否能够成功发动的最重要的因素之一。正如他在《怎么办？——我们运动中的迫切问题》一书中指出的那样："给我们一个革命家组织，我们就能把俄国翻转过来！"[3]

第二代的西方社会运动理论同样强调资源的储备和运用对于社会运动和社会革命至关紧要的作用。革命政党即是第二代理论家们所说的组织资源的重要形式：要建立起如臂使指的革命组织，使它拥有强大的动员能力去赢得群众的支持，发动社会成员投身革命，这都是非常困难的任务，不仅需要大量投入，也得有天时地利。但唯有当这样强有力的革命组织业已充分担负起革命的引领和指导任务时，大规模的社会运动和社会革命才有可能发生。但西方理论家认为政党只是组织资源的形式之一，其他形式的社会结构同样可以成为动员社会运动的关键性组织资源。譬如，在20世纪60年代发生的美国民权运动中，那些平日以黑人群众为主要信众的基督教教堂网络就曾构成动员非洲裔美国人参加到民权运动之中的重要组织资源。就抽象意义而言，一切具有社会联系性的人际关系网络在适当的条件下都有可能成为社会动员的组织资源。

与前两代社会运动理论学者相比，第三代社会运动理论家逐渐摆脱了从民众不满和资源动员的角度解读革命和社会运动的成因；相反，他们更注意从文化、身份以及意义建构的宏观过程中寻求对革命和社会运动肇因的解释。就马克思主义传统而言，20世纪30年代意大利共产党的重要领导人葛兰西（Antonio Gramsci）在著名的《狱中笔记》（*Prison Notebooks*）里，专门探讨了文化和意识形态霸权对于巩固资产阶级政治秩序的关键作用。葛兰西认为，无产阶级要发动成功的社会革命、打破资本主义的政治秩序，首要的是要创造无产阶级的文化来取代资产阶级的意识形态霸权。因此，无产阶级革命的成功最终要取决于无产阶级本身的文化构建和阶级意识构建的成功。

第三代西方社会运动理论同样认为，包括革命在内的一切社会运动都是发生在一定的文化情境中，而运动参与者在给定文化情景下对集体身份认同的构建则是社会运动得以成功的关键前提。例如，在美国民权运动中，所有参与运动的非裔美国人逐渐发展、构建并共用着一种"被压迫者"的政治社会身份认同。唯有在这种被构建的共同身份感召之下，非裔美国人才能为了他们共同的目的而起来反抗不平等的种族秩序。这种意义构建（meaning construction）未必是针对某一特定的制度、政党或政治人物，它更可能是涉及一些更加宏大的、甚至带有哲学意味的理念建设。比如就今天的国际环境保护运动参与者而言，他们所力图构建的共同"意义"不仅在于为人类社会享有更洁净的空气、更多样的物种，他们试图重塑的乃是有着一整套与自然环境和谐共生的哲学观念和原则，而这些观念和原则才是这些社会运动构建意义的真正基础。一切社会运动都会建构"意义"，意义建构是社会运动的首要功能之一。

有趣的是，政治文化对社会革命和社会运动的影响并不局限于运动参与者所共用或试图构建的微观义化情景和结构，宏观的政治文化同样对社会运动的发生发挥深刻的影响。哈佛大学教授裴宜理（Elizabeth J. Perry）在《挑战天命：中国的社会抗争与国家权力》（Challenging the Mandate of Heaven: Social Protest and State Power in China）一书中即以政治文化为因来研究为何中国历史上社会革命的发生如此频仍。裴宜理强调"天命"这一中国政治文化中的核心概念对于社会运动的影响。在本书前一章里，我们曾讨论：

就中国传统的最高政治权力而言，皇权"受命于天，既寿永昌"；没有天命的支持，就没有"天子"的合法统治权。但天命的存续取决于两个因素：其一，最高统治者必须具备很高的道德水准，拥有足够的道德信服力；其二，最高统治者的道德水准亦须得到人民的认可，因而得到人民大众的支持，即所谓"天视自我民视，天听自我民听"。

裴宜理认为，这两个特点造成了中国政治权力的基础与西方的君权神授不同。中国的"天命"观对道德合法性的要求，决定了"天命"本身的可转移性。在西方，君权的合法性构建基本可以由血统和继承来完成；然而在中国，情况则复杂得多。一个合法执政的最高统治者除了满足一定的血统条件之外，更重要的是他（少数情况下是"她"）还必须满足高度的道德要求。这种道德判断的不确定性给予社会革命更多的正当性空间。若一个中国帝王道德腐化，他就失去了统治的合法性，亦就失却了"天命"；在此情况下，"天命"的合法性会转移予任何一个领导革命并逐鹿成功的领袖。换句话说，只有当某一个具体的革命领导人成功后，我们才知道以道德合法性为基础的"天命"已然从腐败的旧统治者转移给了一个新的、道德上更为合格的取代者。这种中国政治文化中特有的统治合法性转移机制给予历朝历代的社会革命领导者和参与者以巨大诱惑。在裴宜理看来，以"天命"为核心的中国传统政治文化为中国历史上频繁发生的叛乱、起义和革命提供了上佳的文化土壤。

"革命不是请客吃饭"

就总体社会而言，社会运动和社会革命究竟是具有破坏性还是具有建设性呢？无疑，社会革命的基本目的就是要改变既有的全部社会、政治和经济关系，不少时候还涉及对既有的文化、价值体系和符号体系进行彻底改造。因此，革命总是要通过彻底摧毁旧的社会体制、权力结构、经济关系和文化价值观来创造新的政治、经济、社会和文化秩序。在"破旧"方面，社会革命是破坏性和摧毁性的，因为它旨在把原有的结构、关系和秩序彻底消灭，甚至为此目的不惜使用革命暴力。革命的过程无疑伴随着破坏性事件的发生；即便在革命成功之后，新政权也未必能保证立即树立起运转良好的新秩序以取代被它推翻的旧秩序。正如毛泽东在《湖南农民运动考察报告》描述的那样：

> 革命不是请客吃饭，不是做文章，不是绘画绣花，不能那样雅致，那样从容不迫，文质彬彬，那样温良恭俭让。革命是暴动，是一个阶级推翻另一个阶级的暴烈的行动。[4]

但我们同时也应该看到，革命亦具有其巨大的建设性，它往往是推动历史前进的基础动力。社会革命创造和构建崭新的意识形态、培养和造就新的政治领袖、创造和巩固新的政府形式，以及营造和辐射其跨越国界的国际影响力，这些都代表着新的希望和新的力量。在历史上，社会革命往往高擎社会正义、平等和福利的大旗；尽管在革命的疾风骤雨中，革命者未必能实现自己每一条诺言，但是许多关乎社会公平正义的政策内容都会作为革命的成果，在革命成功后逐渐地渗入到新的政府的基本原则中，为社会进步带来新的动力。

社会革命更是国家建构（state building）的母体。要构建一个新的国家，要么通过战争，要么通过革命，通常别无他途。革命亦会为世界留下属于自己的政治、理念和意识形态遗产，为革命胜利之后建立起来的国家政权提供长期、强有力的意识形态基础，用以支援和维系社会各个群体在革命之后的大联合。最重要的是，革命是政治动员的最好途径。在革命期间，原本政治冷感的人们受到革命激情的感召,通过社会运动进入政治生活场域,并且很可能最终留在公共生活当中,在革命之后仍继续参与政治,以积极的姿态影响社会的发展和进步。革命造就人民。

注释

[1] Karl Marx, "The Class Struggles in France," in Karl Marx and Frederick Engels, *Collected Works*, Vol. 10, London, UK: Lawrence & Wishart, 1978, p. 122.

[2] Theda Skocpol, *States and Social Revolutions: A Comparative Analysis of France, Russia and China*, New York: Cambridge University Press, 1979, p. 4.

[3] Vladimir Ilich Lenin, *What Is to Be Done?*, London, UK: Penguin Books, 1988, p. 188.

[4] 毛泽东:《湖南农民运动考察报告》,《毛泽东选集》(第一卷),人民出版社1991年版,第17页。

第九讲
政治认同理论：
我们是谁？

永恒的追问
什么是政治认同？
认同政治的迷思
实践中的认同政治
从"大熔炉"到"沙拉碗"
认同政治与未来

政治认同理论：
我们是谁？

永恒的追问

"我们是谁？"在人类对世界的探索中，对自身存在之价值意义的追问古已有之。相传在古希腊圣地德尔斐的阿波罗神庙里镌刻着三句箴言，其中最著名的一句就是："认识你自己"（Γνωθι σεαυτόν）。了解人类自身的身份意义是古希腊先哲们为我们留下的最基本问题之一。在东方的佛教哲学里，对于"我是谁"的追问同样处在修行和解脱之路的核心位置，认清本体的虚无，是佛教哲学中铺平通向永恒之道路的前提。古代印度哲学也认为，关于"我是谁"的答案奠定了"我"与社会相互联系的存在基础。德国哲学家尼采（Friedrich Nietzsche）在《道德的谱系》（*Zur Genealogie der Moral*）一书中亦曾写道：

> 我们无可避免跟自己保持陌生，我们不明白自己，我们搞不清楚自己，我们的永恒判词是："离每个人最远的，就是他自己。"——对于我们自己，我们不是"知者"。[1]

在哲学意义之外，"我们是谁""我们要往哪里去"这些对人类本体意义和终极目的的追问,与政治生活同样存在着根本性的联系。因为对于这些问题的回答,关乎人们将怎样组织政治权力、怎样分配政治权力,以及对政治权力的行使赋予怎样的价值意义。在文明史上,对于"我们是谁"这个问题,不同国别、不同时代的学人已经给出无数的回答,而其中差不多每一种回答都可以对应到某一种独特的政治观念。因此,"身份认同"这个貌似基本的概念中蕴含着巨大的政治力量。

不过,身份认同(identity)真正进入当代政治学的研究视野还是比较晚近的事。在早期,政治学研究既没有把身份认同当作一个有待解释的因变量,也没有将其作为一个用以解释其他问题的自变量。直到20世纪的最后十年开始,学者们才逐步认识到人们对自我身份的认同会非常强烈地影响他们对社会结构和外在世界的认识,从而影响甚至塑造个人和群体的政治取向、政治行动的方式和政治观念的流变。正是从那时起,身份认同问题才引起了政治学学者的兴趣,成为一个因变量;差不多同时,政治学家们亦开始逐渐把身份认同考虑为一个政治学意义上的自变量,用它来解释人类从普通工薪阶层在总统选举中的投票行为到极端宗教分子的恐怖主义活动等范围极其广泛的政治行为和政治现象。在21世纪的今天,"我们是谁"这个问题已然跃出纯粹哲学的范畴,在当代政治学里占据显要位置。

今天,随着各种极端主义势力和组织在国际政治与各国国内政治中的兴起,身份认同越来越成为研究各国政治过程的一个无法忽视的因素。在2001年的"9·11"事件中,两架被劫持的客机撞了西方资本主义的中心标志——纽约世界贸易中心,另外一架则坠毁于美国国防部所在地——五角大楼;"9·11"事件一共夺走了来自90多个国家的2996条生命。这使得国际社会开始认识到,身份认同的政治一旦被极端化和暴力化,会给世界带来巨大的灾难。而21世纪前15年,蔓延于世界各国的民族冲突、种族屠杀、宗教激进主义活动、分裂主义活动，无一不是与基于身份认同而动员起来的政治观念和行为具有直接或者间接的联系。在可预见的将来，身份认同的政治势必成为全球政治生活中的最主要议题之一。

不管在采用何种政体的国家里，公民所具有的国家认同都是他们最重要的身份认同之一。国歌、国旗、国徽、国家象征性建筑物等各种属于国家的专门标志都被用来构建、巩固和彰显国家认同，使得一国公民可以聚集在自己的国家标志之下，并形成"同呼吸、共命运"的命运共同体。国家认同就像某种"集合点"——来自五湖四海、各行各业的人们围绕着它团结在一起，形成共同的意志，采取共同的行动，享有共同的尊严。这些国家标志所彰显的身份意义，对当代政治生活的影响不可低估。国家认同往往蕴含激情，极富动员性。基于国家认同所产生的政治观点和行为经常比日常的、以理性利益计算为基础的政治观点和行为更加直入现代政治生活的冲突核心。公民对国家的政治认同是巩固现代国家政权和实现良善治理的根本基础。国家认同对于构建公民对现代国家最根本的政治归属感、并巩固和维系与之相适应的诸权利义务关系，具有十分重要的基础性意义。

什么是政治认同？

政治学学者通常认为，每个个人对"身份认同"的定义是基于对以下三个问题的回答：我是谁？我属于哪类人？我与其他人存在怎样的关系？这三个问题可以被细分为身份认同意涵的三个层次。第一个层次"我是谁"，关乎个人对自身政治身份的定义，也就是每个人类个体对自我存在的理解和感知。正如亚历山大·温特（Alexander Wendt）认为，身份认同是那些比较稳定的，基于具体角色的自我理解和期许。法兰西斯·邓（Francis M. Deng）——南苏丹共和国的首任驻联合国大使——则在《愿景之战》（*War of Vi-*

sions）一书中指出，身份乃是个人及群体基于种族、宗教、语言和文化等因素对自身的定义方式。身份认同首先关乎自我定义。

　　身份认同第二个层次的意涵则是群体归属感，或曰个人成为某个社会集体之一员的从属感。这种对社会集体或者社区的归属感，不一定需要强制的外力来确认或者是由法律来认可；群体归属感常常是很柔软的、深藏内心深处的感觉。这种归属感既可能与生俱来，由每个个人的出身、成长经历所决定，亦可与个人的自主选择和自主行动有关（如个人选择拿起武器加入政治革命者的行列，或选择加入政党成为特定政治立场的支持者等）。理查·詹金斯（Richard Jenkins）在《社会认同》（Social Identity）一书中亦指出，身份认同是个人及群体在社会关系中将自己与其他个人及其他群体区分开来的方式。并且，社会上每一个人都不只拥有着一种集体归属感，实际上每个人都同时从属于很多的群体。群体归属感对于每个人来讲都是一道多项选择题。

　　身份认同还存在第三个层次的意涵，即："我与其他人如何产生联系，以及产生怎样的联系？"人际关系、社群关系毫无疑问是定义我们身份的重要因素，即：身份认同也关乎个人与自身之外的他者如何产生联系、与自己群体之外的他者产生怎样的联系，以及自身如何被他者所定义。在这里，社会上其他人对我们的身份定义往往与我们自己的身份认同存在差异，有时甚至存在鸿沟。身份认同永远来自自我认知和他者认知之间的交汇与平衡。

　　从以上身份认同这一概念所具有的三个层次的意涵中，我们约略能够得到三个直接的推论。第一，社会上的每个个人都具有属于自身完全独特的身份认同。个人身份、集体归属再加上与他者的联系关系，这层层不同的认同使得社会上的每一个独特的个人都拥有一个独特的身份组合。每个人都同时拥有很多不同的身份认同；或者说，每个人都有一个成分复杂而丰富的身份"组合套餐"。世界上没有任何两个人拥有一模一样的身份套餐组合，从这个意义上讲，社会上的每个个人都是完全独特的。

第二，人们基于自身身份认同而产生的社群归属感是流动的。每个人都在某一事项上与社会上一些人共享某种身份认同，而在另外的事项上又与另外一些人共享另外一种身份认同。也就是说，基于身份认同而产生的社群归属感是在不断分化组合中的，在不同的情景下，每个个人与不同的他者共用身份，结成有形或无形的群体。在现代社会中，伴随着高速流动的生活和五花八门的社会政治经济议题，人们在具体情境下的社群归属感也在不断地流转和分化组合之中。

第三，每个个人在属于自己的不同身份认同之间总有自己的优先排序；意即，对每一个人来说，并非自己所拥有的每一种身份都具有同等的重要性和优先顺序。或明确，或隐约，人们总归会更加看重自己所拥有的某个或某些身份，而不那么重视另外一些身份。身份认同之间的优先排序有时会影响甚或决定人们的政治行为——因为在政治行为中，人们无时无刻不处在权衡取舍中，必须做出一定的"牺牲"；而相关身份认同的优先顺序排序会极大地影响到我们在取舍中愿意做出怎样以及做出多大的牺牲。不同的情境、独特的身份亦会要求我们在社会关系中背负相应的责任和义务，或者以行动守护着特定的尊严。

那么，人们的身份认同究竟从何处而来？在政治学中这是个很棘手的问题。大致上，我们有"原生说""工具说"以及"社会建构说"三种看法。

"原生主义"（primordialism）学者认为身份认同是以自下而上的方式产生，就形象而言身份认同不过是"承自古代的仇恨"（ancient hatreds）。这种看法认为，身份在出生的一刻就已确定，它融于血液，来自血缘、家庭和家族，每个人生来就与具有同一种身份认同的人分享着根深蒂固的情感。由这种"传承之恨"支撑起来的身份认同是一种情感与情绪，而非理性的产物；它存在于我们的内里，来自我们共有的祖先、文化、血缘。这种说法为一些人类学家所支持。

"工具主义"（instrumentalism）论者则用自上而下的方式解释身份的构建，认为身份认同是一种政治工具。国家、政党或者其他政治组织编织出一些身份，并将其作为组织和动员社会的工具手段来达至自己的社会、政治或者经济目的。例如，执政者可以利用政治身份认同来巩固国家团结、服务于自己的政策议程。在工具论看来，身份认同仅仅是人为的制造物，是国家或其他政治组织操控的结果，是实现政治目标的工具。

"社会建构说"（constructivism）则是一种更接近当代政治学共识的看法，得到政治学和人类学两个领域很多学者的支持。社会建构论认为，人们并非一出生就拥有完整的身份组合，身份认同本身也并非纯粹的是实现国家政治目标的工具手段。身份认同是社会建构的产物。它既不由下而上，也不完全是由上而下产生的。身份认同是经由每个人在日常生活里所亲身参与和经历的各种社会过程所构建出来的。比如，一个人去学校学习、参加民间组织、与朋友们交流、与家人沟通，甚至独自在家看电视、读报和读杂志等行为，都是社会构建的一部分。这些社会过程都会让我们在潜移默化的、直接或者间接的社会、家庭影响之下慢慢构建自己独特的身份认同。按照这个看法，身份认同既不完全来自国家的鼓动和操作，也不纯然由出身命定，而是在纷繁复杂的社会生活中慢慢积累和建造起来的。

认同政治的迷思

身份政治（identity politics）在 21 世纪的政治图景中占据越来越重要的地位。身份政治中所涉及的社会群体可以基于很多不同元素而形成，这些元素包括但不限于种族、阶级、宗教、性别、民族、意识形态、国家、性取向、文化等。实际上，身份政治的一个重点就是着力关注特定社会群体的成员所遭受的不公正待遇，致力于保障在社会大背景下被边缘化的社会群体成员的政治自由、经济平等和社会尊严。身份政治通常呼吁或要求政府、社会和民众以不同方式理解并尊重特定社会群体的独特性，对抗占统治地位的社会界定方式（dominant oppressive characterization），并循此路径寻求属于本群体的更大的自决空间。

身份政治这一概念源于20世纪70年代。第二次世界大战之后兴起的大规模政治运动，例如民权运动、女权运动、同性恋权益运动及美国印第安族裔运动等，为身份政治的勃兴提供了适宜的社会政治土壤和强大的动力。身份政治一般发端于对特定社会群体所遭受的不公正待遇的认知和反抗，通过提高关注（consciousness raising）的方式，改变该群体成员固有的自我和集体认知，并由此挑战和改变由主流社会赋予该群体的负面形象，以扩展其权利空间。身份政治运动作为受压迫社会群体通过自身经历来传播其所遭受的不公正对待的一种方式，使其显然有别于传统的以个人权益所驱动的自由主义运动。

身份政治作为一个学术概念，最早被用于描述由残障人士发起的、旨在转变自身和社会对残障群体认知的运动。[2]经过长达半个世纪的发展，时至今日，身份政治这一概念已广泛应用于人文和社会科学的诸多领域，用于描述多元文化主义、女权运动、民权运动、同性恋权益运动、分离主义运动（例如加拿大魁北克和西班牙加泰罗尼亚地区）以及在亚非地区前殖民地及东欧地区前社会主义国家所发生的民族冲突和民族主义矛盾现象。除此之外，身份政治这一概念还被用于分析一系列基于政治、文化或身份因素的政治动员行为。

学者们对于身份政治的兴起与西方自由民主制度的关系说法不一。有学者认为现代西方的民主制度是当代身份政治兴起的重要基础。他们认为，正是西方民主制度对人们基本权利的保护以及对平等的追求为被边缘化的社会群体通过身份政治来维护自身的权利提供了思想基础和制度保证。[3]亦有学者指出，恰恰是当代自由民主制度对社会群体利益和个人利益的保护体系才使得一部分社会人群被边缘化，以至于产生了身份政治的诉求。例如，民主制度通过形成政治团体来影响政策决策；然而这些团体大多基于特定的利益和目标而形成，往往难以估计和包容被边缘化的社会成员的利益，以至于这些边缘化群体产生了通过身份政治争取自身权利和集体尊严的需要。[4]事实上，许多学者都指出，传统的自由民主制度难以有效解决持续的结构性边缘化问题，亦难以化解边缘群体对于被主流社会同化的焦虑和不安。[5]

无论如何，从20世纪晚期开始，政治学家们越来越关注身份认同在政治事件和政治过程中所发挥的重要作用。首先，身份认同对国家构建（state building）至关重要。现代意义上的"民族国家"概念产生于西欧——理想中的民族国家，不再依赖封建分封所产生的地理区域和臣属关系来建立国家共同体，而是在政治演进（尤其是在战争攻伐）中演化出人们之间某种共同的身份认同，进而在这种共用的身份之上发展出权力机构，最终建立起民族国家（nation-state）。没有身份认同，就不可能形成稳定的政治共同体。现代国家亦采取各种各样的手段去不断加强这种身份归属感——因为只有稳定的国民身份认同才最有助于国家的安宁、政体的安全和政府的有效治理。

其次，身份认同也可能成为种族暴力的温床。在多种族国家里，身份认同的差异不仅能够成为针对国家制度的政治动员基础，还可能引发严重的社会割裂和政治对立，甚至导致种族暴力冲突、屠杀与内战。历史上绝大多数国家的内战、冲突或者屠杀背后，都有种族、民族、宗教、文化等身份问题的影子。1947年印度独立时，基于宗教信仰产生的民族分裂导致南亚次大陆不能建成同一个联邦，而是分裂为印度和巴基斯坦两个国家；印度独立时引发的大迁徙、大冲突，即便按照最保守的估计也导致50多万人丧生，且直接引爆第一次印巴战争。在一个国家之内，若这种身份认同的冲突主导了国家机器，它就有可能上升为大规模的、针对某一身份认同群体的国家暴力，造成灾难性的后果。

最后，经济资源的分配不均也可以引发一个国家之内不同身份认同群体之间的歧异和冲突，甚至导致严重的社会割裂。在社会财富阶梯上处于不同位置的人相互对立，各自将相同阶层的人看作排他性的、分享异己身份认同的群体，而敌视其他社会身份群体的成员，往往导致政治撕裂或者社会动乱。身份认同自然也是政治组织和政治动员的基础。只要有政治动员，不论是政党政治还是市民社会，不论是揭竿革命还是和平静坐，某种由参与者之间分享的"身份认同"都是迅捷实现政治动员的社会心理基础。同一个种族、同一个宗教、同一个阶层之内的人，更有可能被组织和团结起来，成为统一认知与行动的政治力量。

实践中的认同政治

值得注意的是，现代社会中多元文化、多种身份的并存，是创新和发展的最根本驱动力。这种多元身份的存在，是不同个人和不同社群之间相互对话的前提。不同的社会群体得以在跨越身份认同的对话当中更清楚地认识自身及别人，并能从文化的"他者"那里得到借鉴。到21世纪的今天，世界大多数国家都是多种族、多元文化的国家。但是当代的多元文化国家究竟如何对待和处理多种身份认同并存这一政治现实呢？

作为一种政治实践，身份政治首先是作为文化政治的一种形态而走入政治舞台的。[6] 20世纪六七十年代的许多社会运动并不着力于挑战所谓的阶级结构；相反，诸如民权运动或女权运动这样的社会运动更多关注以文化和身份为基础的权利平等。考夫曼（L. A. Kauffman）就认为身份政治使得人们的日常生活中原本不属于政治的那些领域——例如性取向、人际关系、生活方式和文化等——变得政治化了。从文化政治的角度来看，身份政治作为一种实践，更多涉及基于文化或心理层面的平等权利，而并不涉及基于阶级和经济等结构性因素的不平等。

身份政治被许多学者视为一种文化政治，不仅在于身份政治本身与体制和政治经济结构之间不存在明显联系，更因为身份政治被认为是特定群体借以实现对其文化差异的认可和尊重的一种方式。此种关于身份政治和文化的看法也遭到不同学者的批评。有学者指出，基于边缘化的文化身份而展开的权利运动只会导致社会统治群体对边缘化群体更多的约束。[7] 亦有学者指出，将身份认同群体与文化联系会带来潜在危险，即导致某些种族主义观点被认可和合理化，例如白人种族主义者可以辩称自己在维护一种被诋毁的文化。[8]

另外，不少学者认为作为实践的身份政治往往降低了形成统一的社会愿景的可能性。身份政治倾向于区隔狭窄的社会群体，妨碍了不同社会群体之间融合的过程。具有不同身份认同的群体在身份政治的浪潮中，很难在除了反对共同敌人以外的其他领域取得共识。这种身份政治的实践，使得社会很难形成联盟，无法追求进步的或革命性的社会变革。[9] 不过也有学者认为，身份政治并不会削弱组成社会联盟和寻求社会共同价值的可能性，因为多元文化主义同样尊重其他价值观，且"实现社会共同性并不一定需要在对特定群体的认可和对社会正义的认可之间做出非此即彼的抉择"。[10]

作为一种社会政治实践，身份政治这一概念的出现与20世纪六七十年代社会运动的兴盛是相辅相成的。因此，不少新社会运动理论都十分关注身份认同这一要素在社会运动中所扮演的重要角色。新社会运动理论认为，不仅阶级可以成为社会运动的动员基础,身份政治也可以成为动员的基础。特别是当代的社会运动,诸如和平、环保或反核能运动,已经是基于意识形态和价值观等身份认同要素的运动,这与传统的、基于阶级的劳工或社会主义运动截然不同。新社会运动理论将这些运动视为"拓展自由、增加选择"的运动,并"主要着力于表达身份",以求得到"对新身份和生活方式的认可"。[11]

无疑,新社会运动理论对身份政治的讨论仍然是有局限的。例如,它不能解释为什么文化和身份会成为20世纪60年代以来社会运动的主要动因,也未能厘清文化、身份、政治和经济等结构要素之间的相互关系。尽管如此,通过把基于身份认同的社会运动以及基于意识形态的社会运动联系起来,并分析两者的相似之处,新社会运动理论挑战了传统社会科学关于身份政治的理解,并为身份政治提供了更为广阔的概念化定义。

无论从哪种理论视角来理解身份政治,一个不可否认的事实就是,身份政治作为政治实践,已经对当代社会(尤其是当代社会运动)产生了不可磨灭的影响。玛丽·伯恩斯坦(Mary Bernstein)曾指出身份因素至少在三个层面上与社会运动息息相关:第一,集体身份是社会运动的动员基础;第二,身份的表达可以成为集体行动的政治策略;第三,身份亦可成为社会运动的目标——社会运动既可致力于实现对某种身份的认同,也可旨在解构或打破某种固有的身份认同。[12]就第一个层面而言,大量的研究已经显示,社会运动需要身份认同来实现其动员过程。社会运动通过建立并维持一个身份认同,借以区隔成员和非成员,并发展成员间共有的政治理念。无论是基于何种诉求的社会运动,其建立和维持身份认同的机制几乎都是相似的。就第二个层面而言,社会运动领导者选择的策略和他们作为运动者的身份认同有一定关系,同时整个运动的身份又会与特定的总体策略相关联。譬如,基于带有和平要素的身份认同所动员起来的社会运动,通常会有意识地避免暴力活动。就第三

· 229 ·

个层面而言,社会运动的目标可以是"为一个迄今为止仍然被污名化的身份来正名并寻求(社会)对其的接受和认可",例如同性恋权益运动对同性恋身份的去污名化;这目标亦可以是解构既有的身份类别,例如"男性""女性""黑人"或"白人"等带有特定意涵的政治、社会和身份概念。[13]

在实践中,身份政治与文化多元主义(multiculturalism)密切相关。在各式各样的民族主义和多元文化议题中,我们都可以看到身份政治所发挥的关键性作用。身份政治亦有可能体现在针对移民和少数族裔的政治活动中,例如21世纪初期欧洲多国爆发的针对移民和少数族裔的示威活动,大多数都是基于多数群体针对少数群体和外来移民的身份对抗。不少欧洲人认为穆斯林移民不能融入欧洲社会,与当地主流文化"格格不入";这种身份认同上的对抗,是催生排外示威甚至反移民运动乃至在选举中右翼政党获得选票增长的一大原因。

此外,基于宗教的身份政治对世界的影响亦越来越明显,最为典型的例子就是伊斯兰极端宗教势力和以此滋生的恐怖主义组织和活动。当前,这种以宗教认同为基础的、极具暴力性的身份政治已在世界许多国家和地区蔓延。同时,由于身份往往是特定社会群体区分自身和自我定位的基础,身份政治及其诉求也可以暗含在各式各样的社会议题之中。无论是种族、女权、同性恋、宗教、移民乃至分离主义议题,身份政治都在其中起到使特定社会群体得以定义群体边界并进行有效政治动员的作用。围绕着特定身份展开的政治行动无可避免地受到身份界定的影响,这也是身份政治在广大社会议题中重要性的直接体现。

从"大熔炉"到"沙拉碗"

种族和多元文化问题是身份政治中极为重要的一项议题,也是现代国家需要处理和应对的重要挑战。不同种族和社会群体基于其文化和民族身份的差异形成不同的身份认同，而围绕不同的身份认同产生的互动又深刻影响着各国社会政治经济发展。处理得好，则多元文化的社会可以保持和谐稳定、经济繁荣；处理得不好，多元文化社会就会充斥种族暴力、仇杀和国家溃败。面对多种多样的文化和种族身份认同，不同的国家往往采用不同的政策来处理多元文化问题，消弭其对社会安定的潜在威胁。下面着重介绍在多元文化主义的背景下，各国政府所采取的、两种不同的身份政治政策："大熔炉"政策和"沙拉碗"政策。

以美国为代表的国家曾选择所谓"大熔炉"政策（Melting Pot），着眼于同化来自不同文化的外来移民，以使不同种族、宗教、来源地的移民都融入同一个所谓"美利坚民族"当中，用新的、共享的美国身份认同，在潜移默化中淡化移民们原有的身份，令其归于美国的主流身份认同。通过不同形式的教育、传播和理念宣传（如"美国梦"等），熔炉政策力图拉近移民和他者之间的距离、缩小彼此的差异，并共同加入一个以新的身份认同为基础的政治社群，即国民社群中去。"大熔炉"作为一种政策概念，其核心是使得异质化的社会变得同质化，即通过同化过程使得社会的多元文化群体融合进一个由国家整合起来的主流身份认同中去。

通常认为，美国长期实行的移民和国民身份政策就是"大熔炉"政策的具体化表现形式。美国移民政策的核心要素是美国化，即通过政府的有意识规划使得多元文化族裔和移民融入美国主流文化、分享美国身份、接受美国价值观。早在19世纪，来到美国的欧洲移民就开始参与到"大熔炉"的过程中去，一代又一代欧洲移民被融入美国的主流价值，并放弃传统的欧洲式生活和身份认同。在20世纪，"大熔炉"政策的重点被放在如何融合不同文化并形成主流价值观和主流身份认同上。主要的争议在于，究竟是应该直接将主流价值和文化体系融入移民并吸收他们进入主流价值观，还是通过移民与现有美国文化的互动形成新的、包容各方的价值和文化体系。但无论如何，美国在处理移民和少数族裔政策时的重点一直是通过归化外来人口以创建新的美国身份，并使得新移民接受这一新身份、放弃旧有身份和与之对应的旧有文化及价值观。

尽管近年来以"大熔炉"概念为基石的身份政治政策在美国国内亦受到越来越多的批评，但该政策概念的支持者仍然坚定认为"大熔炉"政策有其必要性和合理性。一般而言，支持者主要认为，美国之所以能够成为一个统一的国家，就是因为美国实现了统一的国家身份认同。他们同时认为，归化才可以确保所有人得到同等的对待；否则如果基于各自的民族和身份将社会加以区隔，政府只可能保障最主流群体成员的利益，而边缘化少数群体。多元文化主义的支持者则大多批评"大熔炉"政策和归化过程会损害少数族裔的文化，并导致主流文化对少数族裔文化的压迫。他们认为，不少归化行为其实都是强制性的，这可能会严重影响移民与其海外亲友和家庭之间的联系。另外，这种强制性的归化很多时候可能会在少数族裔中激起反抗和保护少数族裔身份文化认同的运动，其结果也未必可以形成"大熔炉"政策支持者所意在实现的"同质化"社会。

基于这一讨论，美国社会近年来逐渐开始反思其传统上绝对主义的"大熔炉"归化政策。20世纪90年代以来的主流政治观点已经逐步开始认为，移民并不需要放弃原有的文化以求融入美国社会，任何文化群体都有权自由保留其文化和价值体系。因此，虽然美国社会仍然拥有以"大熔炉"为基础的文化和种族政策，但实践中美国也已经开始触及另一种对待移民和少数族裔的观点，即"沙拉碗"或"文化马赛克"政策。这种政策实际上在许多其他国家已长期实行。

欧洲不少国家和加拿大采取与美国不同的、多元文化主义的移民政策。这种移民政策也被形象地称为"沙拉碗"（Salad Bowl），因为各种身份认同就像蔬菜沙拉里的各种原料一样，杂处于一国之内，力求相互之间和谐共存，而不被要求必须融合进某个主流文化。这盘五色沙拉把不同蔬菜摆在一起，经过简单搅拌就成了一盘新菜；类似地，不同身份的移民共同生活在同一个国家制度框架内，求同存异，最终也就形成了一个多元文化主义的国家。与"大熔炉"政策不同，"沙拉碗"这一政策概念认为应该将各个族群按照类似沙拉的方式融合在一起，即互相联系和融合，但保留各自独特的文化和价值体系。在加拿大，这种政策概念更多被称为"文化马赛克"（Cultural Mosaic），但含义与"沙拉碗"相似。

早在20世纪早期，"沙拉碗"（或者"文化马赛克"理念）就已经在加拿大兴起，作为一种替代美国式"大熔炉"移民政策的方案。然而，直到20世纪60年代，来到加拿大的外国移民和其国内少数族裔依然被要求归化到加拿大主流文化和身份体系中去。其结果是，加拿大仍然存在不同种族受到差别对待的现象：英国移民的后裔在社会经济结构中处于优势地位，而土著居民则相对最为劣势。这种不同种族间经济条件的不平等使得加拿大进一步试图寻找解决种族问题的良方。70年代开始，加拿大政府开始正式实行以"文化马赛克"理念为导向的多元文化主义的移民和社会政策。时至今日，加拿大境内的各种族裔，无论从主流的盎格鲁白人族群到法语族群，还是因纽特人这样的土著族裔，都得以一定程度保留其特有的文化和身份因素，同时分享共同的加拿大身份和文化认同。

欧洲不少国家也奉行相似的"沙拉碗"政策。这些政策允许新移民保留其原有的文化和身份认同，同时尽力使他们分享欧盟的主流文化。然而，面对近年来日趋严重的新移民（特别是东欧和穆斯林移民）融入欧洲社会的问题，许多欧洲国家开始逐步调整其移民政策和对待多元文化社群的态度，更多强调移民和少数族裔对主流文化的融入。例如，自2011年起，英国开始对移民进行必要的英语和英国文化考核，这被视为是英国开始逐渐倾向于移民和少数族群须归化和融入英国的主流文化和社群。

作为"大熔炉"政策的对立面,"沙拉碗"政策自然受到"大熔炉"政策支持者的批评。"大熔炉"政策的支持者认为,建立一个单一的、同质化的主流身份和文化,有利于国家的稳定和社会的融合。然而近年来的社会实践中,对少数族裔和移民原有身份和文化的保护渐渐变成一种政治潮流,因此对"大熔炉"政策的反思和对"沙拉碗"政策的推崇也日趋明显。有学者就认为,任何国家要成为具有全球统治力量的超级大国,其前提之一就是"文化容忍",即允许不同社会文化的存在。许多持有类似观点的学者都呼吁美国应该继续成为一个允许不同种族和文化以它们特有的形式共存的社会,而非要求少数族裔融合进由占统治地位的多数群体所创造的所谓主流文化中去。[14]

这些争论都反映出多元文化和种族议题中身份政治的复杂性。在对少数族裔权益保护显得日益重要的当代,"沙拉碗"政策因其对各个族群特有身份和文化的保护,获得越来越多的支持。加拿大、澳大利亚和欧洲诸多国家都采取了类似的政策来保护境内不同种族的独有文化和身份认同。然而,仍然有大量的国家,例如巴西、俄罗斯、以色列和众多伊斯兰世界国家,依旧致力于维护本国单一的、同质化的身份和文化,强调任何移民和社会群体都必须完成归化主流文化和重塑身份认同的过程。

无论是"大熔炉"还是"沙拉碗",有一点是共通的,即:现代的多元文化国家必须要富有宽容性和包容性,才可能达致社会的和谐和安宁。社会宽容绝不仅是简单的政治口号,而是需要在现实政治当中经受重重挑战才能实现。不同身份群体之间的历史纠葛错综复杂,各种成见和仇恨或隐或现,却难以根绝。许多多元社会同时也是被历史割裂的社会,它们在通往和谐的道路上背负着沉重的历史包袱。对这些国家而言,妥善处理族群之间的历史纠葛是首要的政治任务。宽容的多元主义社会须拥有高水准的全民教育。如果一个社会的草根阶层没有机会接受现代的、开放性的高等教育,就很难拥有开放的心态,去了解、理解、谅解其他"他者"的身份认同,从而导致族群隔阂、彼此相厌,并最后导致纷争、冲突、屠杀甚至战争。

经济困难往往是多元主义社会里宽容的敌人。每当一个社会的经济遭遇滑坡时,外来移民永远都是本地人发泄不满的替罪羊。一旦本地人承受到极大的经济压力,会很自然地寻找宣泄口去发泄自己的情绪,而身份差别就是一个相当方便的发泄口。政治操控也可能是社会宽容的阻碍。很常见的情况是,偏保守的政治党派会顺应甚至煽动不同身份认同群体之间的对立情绪,把矛头对准某些外来者和新来者,借此动员本地人口和老移民的政治支持,登上执政宝座。

最后,许多前现代的农业社会所遗留下来的社会关系和风俗,也是建设宽容的多元文化主义社会的障碍。比如,人类古代社会以乡村社区为主要活动场域,人们的社会关系网络以血缘与地域为基础,这种网络关系甚至在人们离开本地之后仍保持强韧。每个人都是这网络关系上的一个点,都依赖着网络中的其他人得以生存,并且对网络之外的"他者"保持着本能的排斥。网络内的互助是生存的关键,而网络之外则统统都是"他者"。即便在现代社会,这种前现代的、排他的网络关系也从未完全消失,在社会弱势群体、难民社区中,这种前现代的熟人关系甚至更显坚韧。如果类似这样的封闭、排他的传统社会关系网络能在现代经济和社会力量的冲击下被逐渐打开,社会的总体宽容水准一定可以得到进一步的提高。

认同政治与未来

罗莎·帕克斯(Rosa Parks)是美国亚拉巴马州蒙哥马利市的一名普通办公室职员——她是一名混血的非洲裔美国人。20世纪50年代的美国南部施行种族隔离制度,任何公共场所都分开设置供白人与有色人种使用的设施。在蒙哥马利市，当地法令规定在公共汽车上实行种族隔离制度。具体来说，就是公车的前排座位应依法保留给白人，而有色人种的座位通常设置在车厢尾部，并有明显标识。当前排白人专属的座位不敷使用时，司机有权移动有色人种座位标识，并要求有色人种将座位让给白人。尽管当地非裔美国人社区多年来对这项制度表达不满，但是由于缺乏有力的抗争行动，该制度被一直保留下来。

1955年12月1日，在一个繁忙而劳累的工作日之后，帕克斯在傍晚六点左右结束了一整天工作，坐上公车准备回家。她购买了车票，坐在指定给有色人种座位的第一排。随着公车开往下几个车站，车上的乘客逐渐增多，白人专属的座位不够使用。于是司机按惯例把有色人种座位的标识移动到后排，并要求帕克斯让出座位，但帕克斯拒绝让出座位。她后来在自传中写道："人们总说我不让座是因为我累了，但这不是真相……（不让座）仅仅是因为我对屈服感到厌倦。"[15]她被警察拘捕。12月5日，罗莎·帕克斯被当地法院指控扰乱社会秩序并处以10美元罚款。她不服判决提出上诉，正式掀开对种族隔离制度的挑战。帕克斯的遭遇激发了全国性的强烈政治反响：她是美国公民，依照美国的立国文献，她应该享有与任何其他美国人一样的平等的公民权利，但现实显然并非如此。在帕克斯被捕后，当地平权运动组织发起了声势浩大、长达381天的蒙哥马利公车抵制运动，并由此引发了席卷全美国的抗议浪潮。最终美国联邦最高法院在1956年11月13日通过"布劳德诉盖尔"案（Browder v. Gayle）判决公车种族隔离法例违宪，开启了美国平权运动的崭新篇章。这样重大的历史事件正由帕克斯一个人的行动触发，而触发点则是她本人所具有的种族和公民身份之间的冲突和张力。罗莎·帕克斯被称为是美国民权运动之母。她的遭遇是有关个人身份的偶发事件，但其结果却改变了美国历史。

罗莎·帕克斯被捕之后，一位黑人牧师在蒙哥马利市的抗议运动中崭露头角,并且逐渐成长为全国的平权运动领袖,他就是马丁·路德·金(Martin Luther King)。八年之后,马丁·路德·金在华盛顿林肯纪念堂前发表了人类历史上最著名的演说之一。在这篇题为《我有一个梦想》的演说中,马丁·路德·金诉诸美国宪法的政治理想,强调人人不分肤色和种族身份都应享有平等权利。他说:

> 就某种意义来说,我们来到我们国家的首都是为了要兑现一张支票。当我们共和国的缔造者写下宪法和独立宣言上庄严的文句时,他们已经签署了每一个美国人都有权承继的支票簿。这份票据的应许是对所有人(是的,黑人和白人)的生命、自由以及寻求幸福的不可剥夺之权力的保证书。
>
> 今天,显而易见的是美国在她属于有色人种的公民中没有履行这份承诺。美国未能兑现这份神圣的契约,而是给了黑人一张被退回的无效支票,上面标示着"资金不足"。但我们决不相信公义的银行会破产。我们决不相信在这个国度伟大机遇的宝库中会资金不足。所以我们来兑现这张支票——一张将为我们带来宝贵的自由和公义之保障的支票。
>
> 我有一个梦,那就是有一天这个国家会兴起,将"我们拥有这不证自明的真理:人人被造而平等"之信念的本意彰显于世。
>
> 我有一个梦,那就是有一天在乔治亚州的红色丘陵上,奴隶的后代与奴隶主的后代将会环坐在兄弟相爱的桌前。
>
> 我有一个梦,有朝一日甚至连密西西比州,这个如今仍在不公和压迫的酷热中的沙漠之州,会转化成自由与公义的绿洲。
>
> 我有一个梦,我的四个孩子有一天会生活在这样一个国家:不是根据他们的肤色而是根据他们的品德与性格来评判他们。[16]

在民权运动之后的半个多世纪以来,一方面以身份认同为基础的政治活动蓬勃发展,从最初的争取性别平等、种族平等,发展到争取性向平等、语言平等、生活方式平等,这些政治活动从根本上不断改写着人类对于平等权利的书写和对于个体尊严的追寻。但另一方面,以宗教、种族等身份认同为基础的极端主义、恐怖主义组织和他们所发动的反人类暴力活动也日益挑战人类文明的底线,成为全世界爱好和平与自由的人们的共同敌人。身份政治,必将是21世纪人类社会所需要面对的最重要的共同议题之一。

注释

[1] Friedrich Nietzsche, *On the Genealogy of Morals*, London: Penguin Books, 2013, p. 3.

[2] R. R. Anspach, "From Stigma to Identity Politics: Political Activism among the Physically Disabled and Former Mental Patients," *Social Science & Medicine. Part A: Medical Psychology & Medical Sociology*, 13, pp. 765-773. 对身份政治概念的回顾,参见 M. Bernstein, "Identity Politics," *Annual Review of Sociology* (2005), pp. 47-74。

[3] Wendy Brown, *States of Injury: Power and Freedom in Late Modernity*, Princeton, NJ: Princeton University Press, 1995.

[4] C. Heyes, "Identity Politics," *The Stanford Encyclopedia of Philosophy* (2014 Winter). Retrieved February 28, 2015, from http://plato.stanford.edu/archives/win2014/entries/identity-politics.

[5] Brown, *States of Injury: Power and Freedom in Late Modernity*, Princeton, NJ: Princeton University Press, 1995; S. M. Wildman, *Privilege Revealed: How Invisible Preference Undermines A-*

merica, New York: New York University Press, 1996; I. M. Young, Justice and the Politics of Difference, Princeton, NJ: Princeton University Press, 1990.

[6] Bernstein, "Identity Politics", *The Stanford Encyclopedia of Philosophy* (2014 Winter). Retrieved February 28, 2015, from http://plato.stanford.edu/archives/win2014/entries/identity-politics.

[7] Brown, *States of Injury: Power and Freedom in Late Modernity*, Princeton, NJ: Princeton University Press, 1995.

[8] T. Spragens, "Identity Politics and the Liberalism of Difference: Missing the BigPicture," *Responsive Community*, 9 (1999): 12 – 25.

[9] T. Gitlin, "From Universality to Difference: Notes on the Fragmentation of the Idea of the Left," in *Social Theory and the Politics of Identity*, edited by Craig Calhoun (Cambridge, MA: Blackwell Publishers, 1994), pp. 150 – 174; David Harvey, *Justice, Nature and the Geography of Difference*, Cambridge, MA: Blackwell, 1996; L. A. Kauffman, "The Antipolitics of Identity," *Socialist Review*, 20 (1) (1990): 67 – 80.

[10] S. Bickford, "Anti-Anti-Identity Politics: Feminism, Democracy, and theComplexities of Citizenship," *Hypatia*, 12 (4) (1997): 111 – 131.

[11] K. A. Cerulo, "Identity Construction: New Issues, New Directions," *Annual Review of Sociology* (1997), pp. 385 – 409; F. Polletta and J. M. Jasper, "Collective Identity and Social Movements," *Annual Review of Sociology* (2001), pp. 283 – 305.

[12] M. Bernstein, "Celebration and Suppression: The Strategic Uses of Identity by the Lesbian and Gay Movement," *American Journal*

of Sociology, 103（3）（1997）：531 – 565.

［13］ Calhoun, *Social Theory and the Politics of Identity*；Bernstein,"Identity Politics", *The Stanford Encyclopedia of Philosophy*（2014 Winter）. Retrieved February 28, 2015, from http：//plato. stanford. edu/archives/win2014/entries/identity-politics.

［14］ Amy Chua, *Day of Empire：How Hyperpowers Rise to Global Dominance—And Why They Fall*, New York：Anchor Books, 2009.

［15］ Rosa Parks and James Haskins, *Rosa Parks：My Story*, New York：Dial Books, 1992, p. 116.

［16］ 中文译文参考以下译本：钱满素选编：《我有一个梦想》，载《世界散文随笔精品文库：美国卷》，中国社会科学出版社1993年版，第330—334页；裴孝贤编著：《美国历史文献选集》，今日世界出版社1987年版，第180—185页。

第十讲
写在后面的话

植根于人类历程的政治学

政治学的轮廓

政治学与我们

写在后面的话

植根于人类历程的政治学

当代政治学是人类社会在整个20世纪政治生活丰富历程的结晶。在过去的一百多年里，随着政治学家对人类社会观察和思考的不断深入，政治学本身也从早期政治哲学对抽象及终极问题的探究，逐渐转为对现实政治世界的科学描述与解释。在本书的第一讲中，我们介绍了现代政治学若干不同于传统政治学的、最重要也是最基本的特征。第一，现代政治学的首要任务在于寻找政治现象及政治事件彼此之间的因果联系。第二，现代政治学往往通过比较研究来找寻和建立因果联系。第三，在政治学中，我们运用许多不同的研究路径来定义政治概念、阐释政治现象。比如，经济路径倾向于采用经济因素来解释政治结果，而文化路径则关注不同的文化诱因对政治发展的影响。还有，学者则通过制度路径——即政治生活的不同组织方式——来研究政治现象和政治事件背后的因果联系。当代政治学就研究路径而言可谓是百花齐放、精彩纷呈。第四，政治学所涉及的因果联系并非绝对的因与果；即使在最理想的状况下，政治学也并非一门完美的"科学"。政治学对事物的解释和预测，并不能做到像化学方程式或者几何定理那样清晰而确定；政治学中讲到的因果联系，永远只是一种对概率意义上可能性大小的推断。因而，在政治学的世界里，没有任何一种理论完美到足以排除一切例外状况，而个别例外状况的存在也不可能否定一个政治学的结论。

但最重要的是，现代政治学是一门实证科学，它所考察的是"实然问题"。譬如：某一国家的政治文化"是什么"？某一次革命的原因"是什么"？某个国家的政治组织结构"是什么"？当代政治学与传统政治哲学不同，后者是从"应然"角度出发的研究，考察"应该如何"的问题。譬如，一个好的政府的权力结构"应该是怎样的"？人类为保护公共事务中的"善"和"德行"而能够安排的最佳制度"应该是什么"？怎样的国家政体最能保证每个人的自由发展？等等。传统政治哲学中的种种"主义"（-ism）都会包含一长串关于"应然"的问题及相对应的回答。现代政治学则不然——作为一种实证科学，现代政治学的直接任务是解释现象，而非直接指导实践行动。绝大多数现代政治学中的"主义"或者模型都是解释路径，而非道德原则。与政治哲学不同，尽管现代政治学有其价值前提，但作为学科我们很少对政治事物、现象或者过程做出直接的道德判断，也不会给任何一个政党、人物、现象或者制度简单贴上"好"与"坏"、"善"与"恶"的标牌。

不丹国王吉格梅·凯萨尔·纳姆耶尔·旺楚克曾直接推动了该国由专制君主制到立宪君主制的转变，但他是一个"好"的或者"善"的、有"德行"的国王么？这个问题超出了现代政治学的关注范畴。我们只会评价说，作为一个政治领袖在实证意义上确实起到了自上而下推动政治改革的作用；至于这其中蕴含的道德价值和意义，我们不得而知——或许国王推动改革是出于某种责任感或者信仰，又或许是因为他能从中得到某种满足，也未必不是时势使然、不得不为之——可以说一千个人眼中有一千个哈姆雷特。道德或价值判断永远属于主观世界，而现代政治学希望探讨的则是客观规律和联系。因此，在实证主义统领下的当代政治学研究中，我们倾向于不相信任何政治行为体（无论个人还是集团）会仅仅基于其善意（good will）而采取政治行动；正如亚当·斯密在《国富论》中所说，任何商人出售给我们物品、满足我们的需要、提高我们的福祉，都是出于实现其自身利益的需要而参与市场交易，而非出于"利他"之动机。这种理性人假设——即理性个体的行为动机来源于对自身利益最大化的考量和追求——也基本适用在今天的政治学研究中。

政治学的轮廓

20世纪人类的历程为当代政治学提供了丰富的素材。从殖民主义的崩溃到民族解放运动的兴起、从科学技术的跃进到两次世界大战的创伤、从传统君主制的式微到现代社会民主主义的发展，更不用说20世纪波澜壮阔的、席卷东方和西方的社会革命浪潮，这些精彩纷呈的人类政治历史画卷也塑造了21世纪政治学的基本框架。今天的政治学已经从对理念——如善、自由、正义——抽象研究为主的形而上讨论中逐步脱离，成为问题导向型、面向现实生活并与人类社会一同进步的崭新学科。正如在本书的前九章里所分别介绍的那样，今天的政治学基本上可以划分为四个基本范畴，即：（1）发展理论，（2）政体和民主理论，（3）制度主义和国家理论，（4）政治社会理论。这四个基本范畴实际上也就是20世纪人类政治生活的四大主题，当代政治学就是实实在在根植于20世纪的人类政治和社会历程之中的。

本书介绍的第一个理论范畴是有关"发展"的政治学，也是当代政治经济学研究的入门知识。现代政治学关于发展的理论以"现代化"和"现代性"两个概念为核心来构建，试图用比较的方法探讨为何这个世界上的国家有的穷、有的富？横亘在全球发达国家和发展中国家之间（也被称为全球北方与南方之间）的发展鸿沟因何而存在？另外，20世纪的人类历程又使得政治学家们疑惑，为何有些发展中国家可以迅速发展起来，而其他一些发展中国家甚难实现最基本的经济起飞？不同的学者试图探讨，人类社会究竟存不存在一个普适性的、最有效的发展模式？对现代性、发展要素和发展模式三个关键问题的探讨，构成了现代政治学发展理论的基石。本书介绍的第二个理论范畴是关于政体与民主理论的问题。这个范畴的内容以对现代民主制度的研究和批判为中心，其中包括对"民主"概念的解析、对现代民主制度核心价值的探讨、对"民主化"之诱因和演进模式的总结，以及对民主制度潜在威胁的反思。第三个理论范畴是关于政治制度、制度主义和"国家"理论的有关问题。在20世纪的一百年里，人类社会见证了传统的、松散的国家（或初级政治组织）转型为现代的、集权的、强大的国家机器，同时人类社会也饱受现代国家力量的侵害和侵蚀。对于政治制度组织和国家理论的研究，是对人类政治组织方式（也就是政治权力如何建构、分配和制衡）的探究，也是当代政治学的重点。第四个理论范畴则是关于社会面的政治学，是对政治社会的研究，主要包括市民社会理论、社会运动和社会革命理论，以及身份政治理论三个基本组件。以上的四个理论范畴构成了当代实证主义政治学的基本面貌。

政治学与我们

当代政治学在其关注的、最基础的四个理论范畴内都对人类社会既有的政治生活发出了一系列带有根本性质的追问。譬如，就发展问题而言，无论是关于发展鸿沟还是发展模式的探讨，现代政治学中的发展理论归根结底关注的是现代生活中政治国家和人类物质生活两者之间的关系，以及人在发展中的地位和价值，而非如其他学科一般关注纯然的经济效率。在过去的一百多年里，政治学家不断追问"发展"究竟是如何发生的？为何不同国家贫富有别，全球南方和北方之间发展程度如此悬殊？无论韦伯基于西方"新教伦理和资本主义精神"的文化解释，还是经典的现代化学派以西方发展模式为唯一路径的经验总结，或者后来的学者对后发国家发展"时机"的分析、依附理论对国际体系的批判等，这些不同的政治学发展理论都在试图解答人类文明社会向前发展的动力和逻辑问题。

政治学家们同样关注政治组织（尤其是现代国家）与发展之间的关系问题。在本书中，我们讨论过传统西方的发展道路，以及"亚洲四小龙"、日本等国采用的"发展型国家"路径，并以此为基础对比了以市场导向为主和以国家引导为主的两种发展理念，又在此基础上分析了政治学家们对"华盛顿共识"与"北京共识"两种发展模式的区分和探讨。这其中的关键问题是：政府在经济发展中究竟应当扮演什么样的角色？今天的发展中国家应当遵从密尔顿·弗里德曼等新古典学派的劝谕，将主导现代化的任务留给自由市场，还是应该将权威主义政治、国家强力干预与市场经济结合起来，以图实现经济的跨越式起飞？而政治权力的组织结构，究竟又与发展之间的关系为何？从经济到政治、从个人到社会、从政府形式到现代化演进，政治学在过去一个多世纪对发展问题的研究囊括了范围极为广泛的议题和概念，贡献出五彩缤纷的思想成果。

当代政治学对政体和民主的研究同样大大丰富了人类对于政治社会组织形式的了解和认知。当代政治学的民主理论以"民主"和"民主化"为两大基本议题，民主理论也围绕这两个核心得以展开。正如本书第三讲谈到的那样，民主制度的雏形虽来自古代希腊的城邦制度，现代民主制度的思想和政治基础却是来源于由三大革命所确立的三个思想支柱，即：由英国革命奠立的"权利"观、由法国大革命确立的"理性"以及基于理性的人类平等观、和来自美国革命的"独立"观（包括公民面对国家时的独立自主以及国家本身的主权独立)。英国、法国、美国三场革命开启了人类政治历史上现代民主的新篇。

但民主究竟是什么？查尔斯·蒂利提出了四种定义"民主"的方式：宪法方式、实质方式、程序定义方式以及过程导向方式。按照蒂利提出的"过程导向"方式，只有当国家与社会之间的公共协商兼备广泛、平等、保障以及双边约束这四项特征时，这个国家才能算作民主国家。而施米特和卡尔认为，民主是一种管理体制，其中的统治者须向公众负责，公民通过他们的代议士间接采取政治行动。罗伯特·达尔则提出了"多头政体"的概念。在众说纷纭中，你是否考虑过究竟应当如何定义民主呢？而现代民主制度亦面临一些潜在的威胁。譬如，民主制度如何才能远离多数暴政践踏少数群体权益，或暴民统治带来破坏性的暴力梦魇？为何法治在现代民主制度中须扮演如此重要的角色？所谓的"自由民主制"究竟具有怎样的意涵？

民主转型是指不民主或非民主的政体向民主政体的转变过程。本书特别介绍了四种不同的民主转型模式，包括：支撑非民主政体的外国势力消退后发生的民主化、外国军事入侵或占领带来的民主化、由人民力量（即街头社会运动）推动的民主化，以及由政治精英阶层自上而下推动的民主化改革。此外，本书还特别介绍了亨廷顿关于全球范围内民主转型以"波浪式"进行的独特观察，并探讨了导致民主化过程呈浪潮式发生的诱因。这些不同的民主化模型都是政治学家对20世纪各国政治发展经验的归纳和总结，值得深入了解。在微观层面上，罗伯特·达尔则将民主化过程细化为"政治竞争度提高"与"政治参与面扩展"两个维度，并以此为基础勾画出在不同国家民主化过程所呈现的三种主要路径，分别是：政治竞争度的开放先于政治参与面的扩展、政治参与面的扩展先于政治竞争度的开放，以及政治竞争度与政治参与面同时在极短时间内以爆炸式完成开放。三种路径各有成例，其历史背景和政治结果亦殊有不同。这些对民主理论的研究加深了我们对民主制度和政治发展的了解，随着21世纪政治生活的发展，这些理论探索也会不断向前迈进。

政治学对政治制度、制度主义和国家理论的研究则不断丰富我们对于政治权力组织形式的了解和认知。本书介绍了：政治学家怎样定义"制度"？为何制度主义作为解释路径，是结构论与唯意志论之间的"中间道路"？政权组织理论主要涉及三项最基本的国家制度：宪法架构、政党制度和选举制度。就最基本的两种宪法架构而言，议会制和总统制的主要区别是什么？为何有人认为议会制更容易为新兴民主国家带来政治稳定？而政党制度中的一党制、两党制、多党制分别具有怎样的特点？选举制度里的相对多数制与比例代表制各自产生什么样的政治效果？不同的选举制度又是如何塑造出不同的政党制度？就国家理论而言，处于其核心地位的"国家""政体"和"政府"这三个概念究竟如何区分？作为一种实在的政治制度，什么样的国家才能带来最优的治理效果？当代政治学常常用国家的规模和国家的能力两个向度来衡量"国家性"。一个国家有多"大"又有多"强"就是根据这两个指标来判定。而掠夺性国家和"失效国家"对人类社会又会造成怎样的危害？政治学家对上述问题的探讨都在本书中得到了介绍。

政治学的第四个理论范畴是政治学的社会面诸问题，亦可称为"政治社会"研究。在这一范畴之内，政治学相关理论围绕市民社会、社会运动和身份认同三个核心概念展开。市民社会是人们在国家机器和自由市场之外形成的公共领域。什么是市民社会？市民社会在现代政治中扮演怎样的角色？市民社会对民主制度的存续和发展究竟是利，是害，还是有利有弊？罗伯特·帕特南将"社会资本"的概念引入政治学中，并认为成熟、活跃的市民社会有助于积累"社会资本"，进而优化民主制度的存续；而谢瑞·伯曼则通过对魏玛德国的研究，指出在国家尚不够制度化的情况下，发达的市民社会恰恰可能成为摧毁民主制度的推手。那么究竟在现代社会中，市民社会的作用是什么？应该如何正确评价市民社会积极和消极的政治影响？就社会运动和革命而言，什么是社会革命？社会革命对国家的政治和社会发展来说，是建设性居多还是破坏性居多？社会革命为何得以爆发？第一代学者倾向认为，革命的根源在于社会高涨的不满和愤怒，第二代学者则更加关注作为革命之准备条件的资源动员状况，第三代学者则把目光投向文化、身份和意义构建在社会革命中所起到的重要作用。就身份政治而言，"身份"是什么？它来自何方？身份到底是"原生"的，传承自历史、文化；还是国家的政治工具，是人为的构建产物；抑或是随着个人的"社会化"过程慢慢积累形成的？身份政治在当今世界的政治生活中又有着怎样的位置？"大熔炉"和"沙拉碗"这两种有关身份的社会政策，究竟哪一种更加可取？这些研究把政治和社会密切联系起来，加深了我们对国家场域之外的政治组织、政治过程和政治行为的认知，是21世纪政治学的最新发展，也必将随着全球政治社会的不断复杂化而趋向深入。

无论学科如何进步，作为社会科学的政治学，其精髓仍然如伍德罗·威尔逊（Woodrow Wilson）在差不多一个世纪前说过的那样："政治学的方法无外乎对生活的诠释，它的工具乃是对事物的洞见——即对各种细微的、不规范状况的完美理解。"[1]

今天，作为重要社会科学门类的政治学已经被推进到一个全新的阶段。第一，政治学研究的广度和深度都经历了前所未有的大发展。20世纪初，现代政治学基本上还局限在对宪法和政体的研究上；而一百多年后，政治学的研究范畴已经从传统的政体、政党、议会、政府，扩展到社会、经济、心理、文化、身份认同等人类政治生活所能涉及的方方面面。政治学的学科内容不断丰富，政治学的研究成果也不断深化着人类对公共领域的认知程度。第二，一个世纪以来，政治学研究的方法得到了长足发展。从最早的文本研究发展到定性的实证研究,并进一步引入了大数据样本的统计研究,直到今天日臻成熟的实验方法等最新的科学主义研究方法,政治学方法论的发展可谓日新月异。实际上,过去一百年政治学发展的历程,本身就是其研究工具不断优化、完善和扩容的历史。第三,当代政治学研究也变得越来越全球化。政治学家们不再仅仅满足于对单一国家、单一地区甚至单一文化的研究,而是更加注重对跨国、跨地区、跨文化的政治行为、政治现象和政治过程的研究。在此基础上,全世界政治学家的交流、对话和合作也日益频繁,这些都为发展出既立足于本国国情,又具有世界眼光的、崭新的政治学具有重要意义。政治学在过去的一百年曾为人类社会奉献出无数精彩纷呈的思想成果,也必将在这个全球化时代为人类继续了解自身、探求真理和建设美好的公共生活作出自己独有的贡献。

注释

[1] Woodrow Wilson (1925), "A System of Political Science and Constitutional Law," in *College and State: Educational Literary and Political Paper* (1875–1913), Vol. 1, edited by R. S. Baker and W. E. Dodd, New York: Harper & Brothers Publishers, p. 195.

后 记

在 21 世纪的今天，政治学俨然已经成为一门显学。大到国计民生、小到小区邻里，上至气候变化、下至基层福利，莫不是政治学学者们所研究与关注的议题；而各种政治概念、论断、假说和名词也正以不同的准确程度在我们的日常生活、阅读和交流中被大规模、高频度地普及和使用。形形色色的媒体——从传统的电视台、电台到最新的社交网站、虚拟社区——常常成为政治学家们讨论的舞台甚至不同政治学话语交锋的战场。政治学，与现代生活息息相关。

随着政治生活在现代社会中重要性的不断提高，政治学——一个以人类政治为研究对象的学科——早已经从古希腊时期专注讨论德性、善和公共事务"应然之道"的形而上的学问之道转变为既具思想深度又根植于人类社会共同经验和历史进程、以理性的目光与科学的工具观察分析实际政治生活的现代学科。就当代高等教育的知识体系而言，政治学已经成为任何受教育的现代人所应该具有的知识储备中不可或缺的部分。

本书正是一部对于当代政治学学科的总体性和基础性的介绍。本书从政治学的基本研究方法和解释路径起笔，依次介绍了当代政治学八个主要领域的基础知识，包括：发展理论、民主理论、政权组织、国家理论、政治参与理论、市民社会理论、社会运动理论和政治认同理论，基本涵盖了当代政治学的主要研究范畴。通过阅读本书，读者可以比较方便地了解当代政治学作为一门社会科学学科的大致轮廓、主要概念、基本理论脉络和方法论，借此掌握当代政治学的入门门径，为进一步的学习和深造打下良好基础。

在大学中从事政治学的基础教学，最大的困难就是缺乏一本既能够反映学科最新发展成果，又能够深入简出的基础读物供学生参考。我之所以决定写作本书亦是希望在这一方面作出些许尝试。回想起来，我差不多是十几年前开始作为博士研究生在哈佛大学参加政治学基础课教学工作的。2009年博士毕业加入香港大学后，更是作为主讲教师几乎每年为全校主修和辅修政治学的大学一、二年级学生开设政治学的入门课程："走进政治学"（Making Sense of Politics）。寒来暑往，这门课程和一级又一级的修课学生一起成长起来，逐渐受到广大同学的欢迎和好评。因此，最近几年，在两位优秀的研究助理帮助下，我把课程讲义陆续进行了整理和编辑，以《当代政治学十讲》的形式呈现给广大读者。我希望本书的出版能够打开一扇门，令更多朋友们了解政治科学、学习政治科学、喜爱政治科学，亦为他们更好地认识和理解现代政治生活的现象和规律提供一些最基础的理论工具。

适值《当代政治学十讲》简体中文版面世之际，我要特别感谢中国社会科学出版社和香港中文大学出版社对本书在中国内地出版所给予的大力支持。衷心感谢简体中文版责任编辑赵丽博士为本书出版所付出的大量心血。北京大学燕京学堂院长袁明教授长期关怀和支持我的学术研究，并俯允为本书简体中文版作序；在此，我谨表示衷心谢意。我在香港大学的研究助理李嘉（现为美国芝加哥大学国际关系硕士研究生）和刘冬舒（现为美国雪城大学公共行政博士研究生）在整理、翻译及编辑"走进政治学"课程讲义及本书初稿过程中的出色工作是对我写作的极大帮助，我也向他们表示诚挚谢意。此外，我还要感谢 2009 年以来在我讲授"走进政治学"课程中曾给予我无私帮助、亲切指导和宝贵建议的同事、朋友和学生——他们毫无保留的分享和反馈正是我得以不断改进教学工作和提高教学质量的最大助力。当然，毋庸赘言，本书的所有观点及尚存的错漏均完全由我本人负责。

因为本书缘起于课程讲义，而我任教的香港大学又是一所以英文教学的大学，虽经反复校读，本书的行文在个别地方还是难免保留了一些口语化和英语化表述的特征。此点还要请读者诸君在阅读中惠予谅解。由于本人的学识与水平均属有限，本书中仍然存在的其他问题，亦请广大读者朋友们不吝指正，以待将来修订。

阎小骏

2016年11月于香港薄扶林

延伸阅读书目

当代政治学的文献十分庞杂，实可谓汗牛充栋。这里由于篇幅所限，不可能列出所有值得一读的著作。因此，以下列出的仅是**本书提及又与每章节主题直接相关**的极少量较**适合大众阅读需要**的著作或篇目，供有兴趣的读者参考使用。考虑到实用性，除总结全书的《写在后面的话》一章外，每章的延伸阅读书目均择其要，按出版年份排序，并控制在五至六个篇目之内。

第一讲 走进政治学

Aristotle (1984), *Politics*, edited by Lord Carnes, Chicago: University of Chicago Press.

Plato (1991), *The Republic*, edited by Allan Bloom, New York: Basic Books.

Max Weber (2002), *The Protestant Ethic and the Spirit of Capitalism*, London, UK: Penguin Books.

第二讲 发展理论：现代化之批判

Daniel Lerner (1958), *The Passing of Traditional Society*, New York: The Free Press.

W. W. Rostow (1960), *The Stages of Economic Growth*, Cambridge,

UK: Cambridge University Press.

Alex Inkeles (1966), "The Modernization of Man," in *Modernization: The Dynamics of Growth*, edited by Myron Weiner, New York: Basic Books.

Amartya Sen (1999), *Development as Freedom*, New York: Anchor Books.

Milton Friedman (2002), *Capitalism and Freedom*, Chicago: The University of Chicago Press.

第三讲 民主与转型理论：现实与迷思

Robert A. Dahl (1972), *Polyarchy*, New Haven, CT: Yale University Press.

R. K. Sinclair (1988), *Democracy and Participation in Athens*, Cambridge, UK: Cambridge University Press.

Philippe C. Schmitter and Terry L. Karl (1991), "What Democracy Is… and Is Not," *Journal of Democracy*, 2 (3): 75 – 88.

Abraham Lincoln (1991), "The Perpetuation of Our Political Institutions," in *Great Speeches*, Mineola, NY: Dover Publications, pp. 1 – 8.

Samuel P. Huntington (1993), *The Third Wave: Democratization in the Late 20th Century*, Norman, OK: University of Oklahoma Press.

Charles Tilly (2008), *Democracy*, New York: Cambridge University Press.

第四讲 政权组织形式：新制度主义的框架

Juan Linz (1990), "The Perils of Presidentialism," *Journal of Democracy*, 1 (1): 51 – 69.

Giovanni Sartori (1994), "Neither Presidentialism nor Parliamentarism," in *The Failureof Presidential Democracy* (Vol. 1), edited by Juan Linz and Arturo Valenzuela, Baltimore, MD: Johns Hopkins University Press, pp. 106 – 118.

Arend Lijphart (1996), "Constitutional Choices for New Democracies," in *The Global Resurgence of Democracy*, edited by Larry Diamond and Marc F. Plattner, Baltimore, MD: Johns Hopkins University Press, pp. 162 – 174.

John Carey (1997), "Institutional Design and Party Systems," in *Consolidating the Third Wave Democracies: Themes and Perspectives*, edited by Larry Diamond et al., Baltimore, MD: Johns Hopkins University Press, pp. 67 – 92.

Francis Fukuyama (2014), *Political Order and Political Decay: From the Industrial Revolution to the Globalization of Democracy*, New York: Farrar, Straus and Giroupx.

第五讲 国家理论：从利维坦到福利国家

Charles Tilly (1975), *The Formation of Nation States in Western Europe*, Princeton, NJ: Princeton University Press.

Karl Marx and Friedrich Engels (1978), "The Eighteenth Brumaire of Louis Bonaparte," in *The Marx-Engels Reader*, edited by Robert C. Tucker, second edition, New York: W. W. Norton & Company, pp. 594 – 617.

Thomas Hobbes (1998), *Leviathan*, Oxford, UK & New York: Oxford University Press.

Gianfranco Poggi (1990), *The State: Its Nature, Development and Prospects*, Stanford, CA: Stanford University Press.

Robert H. Bates (2008), *When Things Fell Apart*, New York: Cambridge University Press.

Francis Fukuyama (2014), *State-Building: Governance and World Order in the 21st Century*, Ithaca, NY: Cornell University Press.

第六讲 政治参与理论：为什么和怎么样？

Samuel Hungtington and Joan Nelson (1976), *No Easy Choice: Political Participation in Developing Countries*, Cambridge, MA: Harvard University Press.

Lester W. Milbrath (1982), *Political Participation*, Lanham, MD: University Press of America.

Bryan Caplan (2011), *The Myth of Rational Voter*, Princeton, NJ: Princeton University Press.

第七讲 在国家和市场之外：建设美好社会

Antonio Gramsci (1971), *Selections from the Prison Notebooks*, edited by QuintinHoare and Geoffrey Nowell Smith, New York: International Publishers.

Robert D. Putnam (1993), *Making Democracy Work: Civic Traditions in Modern Italy*, Princeton, NJ: Princeton University Press.

Sheri Berman (1997), "Civil Society and the Collapse of the Weimar Republic," *World Politics*, 49 (3): 401-429.

Robert D. Putnam (2000), *Bowling Alone: The Collapse and Revival of American Community*, New York: Simon & Schuster.

第八讲 社会运动理论：对抗性政治简析

Karl Marx and Friedrich Engels (1978), "The Communist Manifesto," and Karl Marx, "The Class Struggle in France: 1848-1850," in *The Marx-Engels Reader*, edited by Robert C. Tucker, second edition, New York: W. W. Norton & Company, pp. 469-500, 586-593.

Theda Skocpol (1979), *States and Social Revolutions: A Comparative Analysis of France, Russia and China*, New York: Cambridge University Press.

Vladimir Ilich Lenin (1988), *What Is to Be Done?*, London, UK: Penguin Books.

毛泽东:《湖南农民运动考察报告》,载《毛泽东选集》(第一卷),人民出版社1991年版。

Elizabeth J. Perry (2008), "Reclaiming the Chinese Revolution," *Journal of Asian Studies*, 67 (4): 1147–1164.

Ted Robert Gerr (2011), *Why Men Rebel*, London, UK: Routledge.

第九讲 政治认同理论:我们是谁?

Susanne H. Rudolph and Lloyd I. Rudolph (1993), "Modern Hate," *The New Republic*, 208 (12): 24–29.

Samuel P. Huntington (2005), *Who Are We: The Challenges to America's NationalIdentity*, New York: Simon & Schuster.

Friedrich Nietzsche (2013), *On the Genealogy of Morals*, London, UK: Penguin Books.

索 引

一画

一党执政、多党参政 130

两画

十月革命 152,207

人民力量革命(或称"黄色革命") 91

"9·11"事件 11,26,220

三画

三权分立 119-120

工业化 21,31,46,49,53,54,63,99,151,193,195,210

工业革命 34,51,54,60,210

工具主义说 224

大卫·杜鲁门(David B. Truman) 171

大众民主(populist democracy) 73

大航海 33

"大熔炉"政策 231-234

小布希(或译小布什、小布殊,George W. Bush) 116

马丁·路德·金(Martin Luther King) 237

马克思主义 100,210,212

马克斯·韦伯(Max Weber) 6,44,46,145,149

马里与瑞典 40

四画

天命 166-167,213-214

专制主义 42

"五五体制" 126,130

"五阶段经济腾飞模型" 46–47

不丹民主转型 91–92

不确定性 27

戈尔(Albert Arnold "Al" Gore, Jr.) 116

比较 17–20

比较政治学 11,17

日本自由民主党 130

日本战后民主转型 90

日本战后经济复苏 60

中观理论 11

中国(内地)政权架构 121–122

中国革命 159,208

贝尼格诺·阿基诺(Bennigno Aquino) 91

贝娜齐尔·布托(Benazir Bhutto) 26

内贾德(Mahmoud Ahmadi Nejad) 172

毛泽东 108–110,215

公开竞争 96

公民身份(citizenship) 117,173–174

　　共和主义公民概念 174;

　　自由主义公民概念 174;

　　重要性 174

公共行政学 11,12

公共资源配置及再分配 5

公众舆论 173

"风能进,雨能进,英国国王不能进" 79

丹尼尔·勒纳(Daniel Lerner) 48

文化马赛克 232,233

文化容忍 234

文化解释 6,20,22–25

认同政治 217,224,227,235

认受性 4,5,9,63,73,74,94,133,158,166,167,197

巴基斯坦 26

以人为本的发展观 68

五画

艾美黛(或译伊梅尔达·马克斯,Imedla Romuáldez Marcos) 91

古德诺(Frank J. Goodnow) 14

本·阿里(Ben Ali) 88

可持续(sustainability) 43,68–70,158,159,199

可持续发展 43

可能性 26

"左右共治"（cohabitation） 124

布莱恩·卡普兰（Brian Kaplan） 173

平等 79

东亚经验 61

卡扎菲（Muammar Gaddafi） 89

卡尔·马克思（Karl Marx）卡尔·马克思 33,206

北京共识（the Beijing Consensus） 64,67-69,247

失败国家 141,154-159

"失败国家指数排名" 158

市民社会（civil society） 179-199

基本类型 180-182；全球化的市民社会 182-183；定义 183-185；三个特征 184；关于特征的共识 184-185；市民社会与政党 185；社会资本 188；市民社会与治理绩效 188-192；市民社会的功能 198-199

市场驱动 57,58,60,62,64,67,187

立法子系统 118-119

半总统制 124

议会内阁制与总统制比较 25

议会制 79,113,114,122-126,249

议会制的弱点 124-125

《永葆美国政治制度之青春》（The Perpetuation Speech） 87

司法子系统 119

尼采（Friedrich Nietzsche） 219

民主 73-101

词源 74-75；由来（雅典民主） 71,74,103；现代民主的再兴 77-80；定义 81-84；过程导向型的定义 83-84；民主政体的特点 85-86；民主的"能"与"不能" 85-86；多数暴政 86-87；暴民统治 87-88；自由民主制度 87-88；法治 87-88

民主转型 89-101

民主化、民主转型 88-89；路线图 89-92；民主转型的三个阶段 92；民主转型的三次浪潮 93-95；第三次民主转型浪潮的成因 94-95；民主转型的三种路径 95-97；

解释民主转型　99-102

民族国家　226-232,234,238,247,249-250

加尔文教派　45

加拿大自由党与保守党　131

发展　31-44

 一般概念　31-32;现代化　31;近百年世界飞跃发展的原因　32-34;南北鸿沟　29,37;非均衡性　37;南北关系　41;南北矛盾　41,43;按照发展程度的国家与地区分类　44

发展型国家　29,60-64,153,154,247

圣雄甘地（Mohandas Karamchand Gandhi，或 Mahatma Gandhi）　173,203,205

对抗性政治　173,179,201,203,204,206,209,210

六画

吉格梅·辛格·旺楚克国王（Jigme Singye Wangchuck）　91

吉格梅·凯萨尔·纳姆耶尔·旺楚克国王（Jigeme Khesar Namgyel Wangchuck）　92,244

老威廉·皮特（William Pitt）　79

地理大发现　31,33

亚历山大·格申克隆（Alexander Gerschenkron）　52

亚历山大·温特（Alexander Wendt）　221

亚当·斯密（Adam Smith）　58,65,245

亚伯拉罕·林肯（Abraham Lincoln）　87

"亚洲四小龙"（the Asian Tigers）　6,22,27,34,51,56,57,61,68

"亚洲发展模式"　68

"亚洲价值观"　22,68

"芝加哥男孩"（"The Chicago Boys"）　65,66

权力　4,8,65,95-97,143-148,220,244,247,249

权利、自然权利　77,78,79,81,86

权威　4,5,32,49,68,75,79,94,125,147-149,152,167,247

再分配　5,59,132

西达·斯科奇波尔（Theda Skocpol） 206

"西敏寺制度"（the Westminster System） 123

西缪·马丁·李普赛特（Seymour Martin Lipset） 99

列宁 212

托马斯·霍布斯（Thomas Hobbes） 147

托克维尔（Alexis de Tocqueville） 87,188,193,197

执政联盟 130-132

因果关系 14-16,17-20,26-27

因果联系 12-16,17-20,26-27

因变量（dependent variable） 14-16

朱利安尼（Rudy Giuliani） 18-20

乔凡尼·萨托利（Giovanni Sartori） 123

"传统式"生活方式 48

伍德罗·威尔逊（Woodrow Wilson） 250

华盛顿共识（the Washington Consensus） 29,64-69,247

自由主义 78,99-100,174,225-226

自杀式恐怖袭击 21

自变量（independent variable） 15-16

伊比利亚文化圈（Iberian culture） 25

伊朗的"绿色革命" 172

后发国家 49-54,56,57,63,64,100,247

后发效应 53

行政子系统 119,125

全球产业分工 57

全球治理 43

多元文化主义 232,235

多元政体 84-85

问题导向型学科 107-108

《论美国的民主》（De la démocratie en Amérique） 87

约书亚·库珀·雷默（Joshua Cooper Ramo） 67

约翰·凯瑞（John M. Carey） 138

约翰·塞尔（John R. Searle） 111

孙中山 6,27

七画

苏加诺(Sukarno) 74

苏维埃 207

苏维埃民主 74

极权 98,153,195

极权主义国家(totalitarian state) 153

李光耀 22,68

两德统 90,103

抗议 10,166,204

抗命 203－206,209

利益团体 9,170,171

利维坦 141,143,147,148

私刑(lynching) 87

《我有一个梦想》("I Have a Dream") 237－240

身份认同(identity) 10,117 118,173－174,226－235 一般概念 10,117－118, 173－174;身份认同与当代政治学 219 237,国家认同 221;身份认同概念的三层次意涵 221－222;关于身份认同的三个直接推论 222－223;身份认同的来源 223－224;身份认同对政治的影响 225－227

身份政治 224－232,234,238, 246,250

身份政治与政策 230－237

亨利·大卫·梭罗(Henry David Thoreau) 204－205

庇隆主义(Peronism) 73

"应然"与"实然" 11,107

间接游说、基层游说 170

冷战 60,89,91,158

"沙拉碗"政策 231,233,234

社会 180

社会建构说 223,224

社会革命 206－215

社会保障体系 42

社会鸿沟 41

阿马蒂亚·森(Amartya Sen) 69

"阿拉伯之春"(the Arab Spring) 88－90

阿波罗神庙 219

阿莱克斯·英格尔思(Alex Inkeles) 47－48 英格尔思主张定义"现代人"的十一项标准 48

阿基诺夫人(Corazon Aquino) 91,101

纳粹党 9,195,196

八画

现代人 47-49

现代化与西方化 49-50

现代化理论 20,21,48-52

现代生活方式 48

现代性 47-52

规则 4,24-25,110-111

若望二十三世(Pope John XXIII) 95,104

英国资产阶级革命、光荣革命 78,79,118

非洲人国民大会 130

非暴力不合作运动(Satyagraha) 205

国际关系学 11

国家认同 221

国家机器 63,127,143-147

国家 147-159

 早期的政治国家理论与利维坦 147-148;国家的起源 147-148;国家的功能 149-150;福利国家 151;国家性 152,153;国家规模 58,153;国家能力 58,152;国家的四种假想类型 153-155

国家自主(state autonomy) 63

国家建构 215,226

《国富论》(The Wealth of Nations) 58,245

昂山素季(Aung San Suu Kyi) 84

"固打制"(马来西亚) 117

罗伯特·韦德(Robert Wade) 59

罗伯特·达尔(Robert Dahl) 84,95,169,248

罗伯特·帕特南(Robert D. Putnam) 9,186,249

罗莎·帕克斯(Rosa Parks) 235,236

罗斯托(W. W. Rostow) 46,47,49

制度(institution) 111-113

 制度解释 20,24,25;制度主义 8,16,24,102,105,107,108,110,111,114,115;制度性效果 111,112,143;制度设计 24,101,114,116,117,135,136,138,139,188,197;制度效能 85,114,115;制度构建物 112-118,143;制度化政治 9,203

《使民主运转起来》(Making Democracy Work) 186-188 依

附理论(dependency theory) 53-54,247

法兰西斯·福山(Francis Fukuyama) 74,111,159

法国大革命 79-80

治理 3-6,158-159,167-169,173,174,179,186-190,192-194,197-199,221

定性研究 16

定量研究 16

实证研究 5,16,251

经典现代化学派、经典现代化理论 46,48-52,54,56,57,60

经济鸿沟 41

经济解释 20-24

九画

政权 3-7,95-97,118-119,221,248-249

政体(regime) 143-147
政体、政府与国家机器的关系 147

政府(government) 145

政治 7

政治认同 10-12,107,117,118,174,208,217,219,221,253,259

政治动机 117

政治制度(political institution) 24-25,111-118,249-250
制度主义解释 25;制度 111-113;政治制度 112-113;制度主义政治学研究 113-115;制度与政治 115-118

政治的参与面 97

政治学 3-14,20-27
一般定义 3;现代政治学的目的 3-4;核心问题 11,211;政治学发展轨迹的三个趋向 5;政治学的研究对象 7;主要分支学科 11-12;政治学的主要任务 12;实证政治学 12-14;理论政治学 13;描述与解释 243;解释路径 1,20-24;不完美的科学 25-27;植根于人类历程 243-244

政治参与 163-169
一般概念 163-164;大众政治参与发展的原因 164;定义 164-168;政治参与者的类型 165-166;重要性 166-168;形式 168-173

政治哲学 11,12,17,60,107,147,

243,244
政治鸿沟 42
政治策略 101,117,170,229
政党制度 126-133
 政党的概念 126-127;政党的特征 126-127;政党的作用 127-129;政党制度 130;一党制 114,130,132;两党制 130-132;"两个半"政党制 130,131;多党制 132
革命的作用 207-209
革命的缘由 209-214
胡安·庇隆(Juan Perón) 73
查尔斯·蒂利(Charles Tilly) 81,149,248
相对剥夺(relative deprivation) 16,210,211
柏林围墙 90,103,104
威权主义 22,42,57,62,94,156
指导式民主(印度尼西亚) 73,74
思想启蒙运动 79
"看不见的手" 58
选举人团(美国) 116,117
选举工程(electioneering) 171
选举制度 133-139
 选举的作用 133,134;选举资格的限制 134-135;选举程序的操纵 135-136;相对多数制 136-139;比例代表制 114,136-139;混合选举制 138;简单多数制 138;两轮绝对多数制 138;迪维尔热定律(Duverger's Law) 138;迪维尔热猜想(Duverger's Hypothesis) 138,139
香港特别行政区政府架构 120
香港特别行政区基本法 116,120,146
科学主义 13-15,251
保守派政党与自由派政党 130-131
保守党或工党 131
信约 148
独立 80
《独自去打保龄球》(Bowling Alone) 177,192,193
美军对伊拉克的入侵 90
美国民主党和共和党 131-132
美国政权架构 119-120
美国革命 80
总统制 113,114,122-126

总统制的弱点 124-125

宪法架构 119,120

结构论 100-102,108-111

结构论和唯意志论 110,111

统合主义 62,152

十画

泰德·古尔(Ted Gurr) 210

袁世凯 14

莱斯特·米尔布雷斯(Lester W. Milbrath) 163

格瓦拉(或译哲·古华拉, Che Guevara) 209

核心国家、半边缘国家与边缘国家 54

原生主义说 223

离群值(outlier) 27

资本主义精神 6,45,247

陶片放逐法(ostracism) 86,103

通商产业省 61

十一画

理性 79

萨达姆·侯赛因(Saddam Hussein) 82,90

萨利赫(Ali Abudullah Saleh) 89

掠夺型国家 155

救赎 45

唯意志论 101,102,108-111

第二次梵蒂冈大公会议(梵二公会) 95,104

"第三波"民主化 94

密尔顿·弗里德曼(Milton Friedman) 65

十二画

琼·纳尔逊(Joan M. Nelson) 164

葛兰西(Antonio Gramsci) 212,213

殖民主义 33,34,157,207,245

"搭便车者问题"("The Free Rider Problem") 190

雅典民主 75-77

民主的起源 74-75;雅典民主的结构 76-77;雅典的公民和公民权 76;雅典民主的局限 77;雅典民主的意义 76-77

斐迪南·马科斯(Ferdinand Marcos) 91

"跛脚鸭"（lame duck） 125
智利奇迹 65,66
奥古斯托·皮诺切特（Augusto Pinochet） 65
"愤怒导向对抗" 210
《道德的谱系》（Zur Genealogie der Moral） 219
游说（lobbying） 168,170,171
谢瑞·伯曼（Sheri Berman） 9,194,249

十三画

摇摆州（swing states） 117
魁北克的独立运动 11
新古典主义 59,68,152,153
新加坡人民行动党 130
新托克维尔主义 197
新兴工业国家和地区 34
新社会运动 10,228,229
《新教伦理与资本主义精神》（Dieprotestantische Ethik und der Geist des Kapitalismus） 44
意义构建 213
意识形态霸权 213
数字鸿沟 42,43
《塑造民主》（To Craft Democracies） 101
塞缪尔·亨廷顿（Samuel P. Huntington） 93,164

十四画

裴宜理（Elizabeth J. Perry） 213,214
管治能力 129

十五画

德意志民主共和国（东德） 89,90
颜色革命 173,203

十六画

穆巴拉克（Hosni Mubarak） 89
穆萨维（Abbas al-Musawi） 172

十七画

戴·帕尔马（Giuseppe Di Palma） 101
魏玛共和国 9,98,194-196
赢者全得（或译胜者囊括,winner-take-all） 116